초보를 위한
젠킨스 2 활용 가이드 2/e

초보를 위한
젠킨스 2 활용 가이드 2/e

지속적인 통합과 배포

니킬 파타니아 지음

이상욱 옮김

i!i
에이콘

| 지은이 소개 |

니킬 파타니아^{Nikhil Pathania}

현재 지멘스^{Siemens Gamesa Renewable Energy}에서 데브옵스^{DevOps} 일을 하고 있다. SCM 관리자로 일하기 시작해 데브옵스와 자동화 분야로 옮겨 다양한 도구와 기술을 활용하고 있다. 일하면서 다양한 IT 프로젝트에서 CI^{Continuous Integration}와 CD^{Continuous Delivery} 솔루션을 개발하고 적용하고 있다.

수작업으로 해야 하는 부분을 자동화시키는 것과 여러 지표를 이용해 팀원들이 소프트웨어 개발 주기를 이해할 수 있도록 돕는 데 관심이 많다. 최근에는 일래스틱 스택^{Elastic Stack}과 컨테이너 기술을 데브옵스에 적용시키는 일을 하고 있다.

시간이 날 때마다 책을 읽거나 쓰고 명상을 하며, 열정적인 등산가로 자전거 타기나 등산을 즐겨한다. 트위터 @otrekpiko를 통해 연락할 수 있다.

먼저 아름다운 나의 아내 카리쉬마^{Karishma}의 사랑과 지원이 없었다면 이 책이 출판될 수 없었을 것이다.

집필 과정에서 유용한 피드백을 전달해 준 딥 메타^{Deep Metha}에게도 고마운 마음을 전한다. 또한 독자들에게 최고의 경험을 전달하기 위해 힘써준 샤론 라즈^{Sharon Raj}와 쿠슈부 수타^{Khushbu Sutar}, 팩트출판사의 기술 팀에 감사한다.

마지막으로 이렇게 멋진 소프트웨어를 만들어 준 젠킨스 커뮤니티에 감사한다.

| 기술 감수자 소개 |

딥 메타^{Deep Metha}

데브옵스 엔지니어로 CI와 CD 분야에서 일하고 있고 현재 샌프란시스코 베이 에어리어 Bay Area에서 근무하고 있다. 최선의 마이크로서비스 패턴과 자가 치유가 가능한 인프라를 찾아 고객사가 견고한 인프라를 만드는 것을 돕는 일을 하고 있다. 주된 관심사는 대규모의 분산 처리, 데이터 과학, 클라우드 및 시스템 관리다.

이 책을 출판하는 데 도움을 준 부모님과 동생에게 감사의 마음을 전한다.

| 옮긴이 소개 |

이상욱(pos236@gmail.com)

2010년부터 LG CNS, 뷰웍스Vieworks를 거쳐 현재는 호주로 이주해 엑스그룹Axegroup에서 소프트웨어 개발을 하고 있다. 다양한 개발 도구에 관심이 많으며, 특히 자동화 도구에 관심이 많다. 에이콘출판사가 펴낸 『Yocto 프로젝트를 활용한 임베디드 리눅스 개발』 (2014년)을 번역했다.

| 옮긴이의 말 |

소프트웨어 개발 방법론은 급격한 변화의 시기를 겪으며 현재 애자일로 수렴하고 있는 추세다. 아마도 소프트웨어 업계 중 가장 큰 영역을 차지하는 것이 웹 개발이고, 이 분야의 특징인 잦은 요구 사항 변경과 빠른 개발 주기에 애자일이 가장 잘 부합하기 때문일 것이다. 애자일 방법론에는 기술적인 요소보다 기술적이지 않은 요소가 더 많지만, 가장 중요한 기술적인 요소 한 가지가 꼭 필요하다. 흔히 지속적인 통합, 혹은 지속적인 배포라고 불리는 요소로 소프트웨어 빌드, 테스트, 배포를 자동화하는 부분이다.

젠킨스는 이 지속적 통합 분야에서 사실상 업계 표준으로 자리잡았다. 2005년 허드슨이란 이름으로 처음 프로젝트가 시작된 후, 2011년에 젠킨스로 이름을 바꾼 후에도 계속해서 시장 점유율을 늘려가고 있다. 오픈소스인 점, 플러그인을 통해 다양한 프로그램과의 호환성이 보장되는 것, 설치가 쉽고, 사용이 용이하다는 점이 젠킨스를 계속해서 사용하게 한다.

젠킨스가 소프트웨어 개발의 자동화를 도와주는 것은 분명하지만, 젠킨스를 관리하는 부분은 여전히 많은 수작업을 요한다. 수많은 노드의 생성, 관리, 빌드와 배포 환경의 복잡함을 지원하기 위해 점차 지저분해지는 젠킨스 내부 설정 등 젠킨스 자체를 사용하는 것은 마치 젠킨스 도입 전 소프트웨어 개발 환경처럼 많은 수작업이 필요했다.

이 책에서는 이런 문제를 해결하기 위해 젠킨스를 사용하는 세 가지 방향을 제시한다. 첫 번째는 도커를 이용해 노드 관리를 자동화하는 것이고, 두 번째는 젠킨스 파일을 도입해 스크립트 관리 기능을 향상시키는 것이다. 마지막은 젠킨스의 새 버전(2.0)에서 도입된 젠킨스 블루오션이라는 새로운 UI를 통해 복잡한 작업 흐름을 관리하는 방법이다.

이미 젠킨스를 사용하고 있는 독자라면 저자가 제시하는 방법을 도입해 관리의 효율성을 향상시킬 수 있을 것이고, 도입을 고려하고 있는 독자라면 가장 효율적인 방법으로 시행 착오 없이 자동화를 구축할 수 있을 것이다. 지속적인 통합을 처음 접하는 독자도 전체적인 개념을 이해하고 자동화를 구축하는 데 이 책이 도움이 될 것이다.

추가로 이렇게 좋은 책을 출간한 저자와, 한국어로 번역할 기회를 주신 에이콘출판사에 감사하며, 마지막으로 이 책을 번역하는 동안 옆에서 힘이 돼준 민이에게 가장 큰 감사와 사랑을 전한다.

이상욱

차례

| 들어가며 |

최근 몇 년 동안 애자일 방법론은 전 세계적으로 성장했다. 이런 현상의 원인 중 하나는 전자상거래 영역에서 잦은 변경에 빠르게 대응할 수 있는 소프트웨어 배포 솔루션을 원하기 때문이다. 그 결과 지속적 통합^{CI, Continuous Integration}과 지속적 배포^{CD, Continuous Delivery} 방법론은 사람들의 관심을 받게 됐다.

대다수 프로젝트가 정도의 차이는 있지만 이런 방법론의 효과를 보고 있다. 이슈의 조기 발견, 지저분한 코드가 상용 코드에 들어가는 것을 막고, 빠르게 배포하는 것을 통해 생산성을 향상시키고 있다.

이 책은 CI와 CD를 넘어 배포 자동화^{Continuous Deployment}까지 나아가는 과정을 예제를 통해 단계별로 설명한다. 전체적으로 20%의 이론과 80%의 실습으로 이뤄져 있고, CI의 개념과 애자일 방법론에서 CI가 중요한 이유를 한 장에 걸쳐 설명한다. 또한 젠킨스^{Jenkins}를 설치하고 설정하는 방법을 다루고, 이를 이용해 CI와 CD를 적용시키는 방법을 설명한다. 마지막으로 Continuous Delivery와 Continuous Deployment[1]의 차이점을 다룬다.

▌ 이 책의 내용

1장, 지속적 통합의 개념 최근 유행하는 방법론이 어떻게 CI로 이어졌는지를 설명한다. 그런 다음 CI를 구성하는 방법과 다양한 요구 조건을 다룬다.

2장, 젠킨스 설치 젠킨스를 도커^{Docker}를 비롯한 다양한 환경에 설치하는 방법을 단계별로 설명한다.

---

1 아직 Continuous Deployment와 Continuous Delivery를 명확히 구분하는 용어가 한국에 없지만, 이 책에서는 Continuous Deployment는 배포 자동화로, Continuous Delivery는 지속적 배포로 구분해 표기한다. – 옮긴이

3장, 새로운 젠킨스　젠킨스 2.x 버전 인터페이스의 개요와 주요 기능을 다루고, 새로 추가된 기능을 살펴본다.

4장, 젠킨스 설정　젠킨스 관리자가 알아야 하는 부분을 개략적으로 설명한다.

5장, 분산 빌드　도커를 이용한 빌드 환경의 설정 방법을 배우고 새로운 머신을 젠킨스 슬레이브slave로 추가하는 방법을 다룬다.

6장, 소나큐브와 아티팩토리 설치　소나큐브SonarQube와 아티팩토리Artifactory를 CI에 적용하기 위해 설치하고 설정하는 방법을 배운다.

7장, 젠킨스를 이용한 CI　CI의 개념과 젠킨스를 이용해 이를 구성하는 방법을 데브옵스 도구와 연계해 설명한다.

8장, 젠킨스를 이용한 CD　CD의 개념과 젠킨스를 이용해 이를 구성하는 방법을 데브옵스 도구와 연계해 설명한다.

9장, 젠킨스를 이용한 배포 자동화　지속적 배포와 배포 자동화의 차이점을 다룬다. 또한 젠킨스를 이용한 배포 자동화의 구성 방법을 자세히 설명한다.

부록, 그 밖의 도구와 설치 방법　외부에서 젠킨스 서버에 접근하는 방법과 깃Git 설치 방법을 설명한다.

▌ 준비 사항

이 책의 내용을 따라 하려면 다음 사항이 필요하다.

- 운영체제
  - 윈도우 7/8/10
  - 우분투 14나 상위 버전
- 하드웨어 요구 사항

- 4GB 이상의 램과 멀티코어 CPU
- 기타 요구 사항
  - 깃허브 계정(사설이나 공개 계정)

┃ 이 책의 대상 독자

이 책은 애자일, CI, CD 경험이 거의 없는 독자를 대상으로 썼다. 관련 분야를 처음 접하거나 CI와 CD를 이용해 생산성 향상과 배포 시간 단축을 얻고 싶은 독자에게 좋은 입문서가 될 것이다.

빌드와 릴리스 담당자나 데브옵스 엔지니어, SCM^Software Configuration Management 엔지니어, 개발자, 테스트 담당자, 프로젝트 관리자 모두 이 책에서 유용한 내용을 얻게 될 것이다.

젠킨스를 이용해 CI를 구성해본 독자라면 CD 구성 방법에 관한 내용을 이 책에서 배울 수 있다.

이번에 발행된 2판의 내용은 초판의 내용과 많은 부분이 다르다. 특히 코드로 동작하는 파이프라인, 멀티브랜치 파이프라인, 젠킨스 블루오션^Blue Ocean, 도커를 이용한 분산 빌드 서버 등의 유용한 내용을 많이 추가했다.

┃ 이 책의 편집 규약

이 책에서는 독자의 이해를 돕고자 다루는 정보에 따라 다음과 같이 글꼴 형식을 다르게 적용했다. 다음은 다르게 적용된 스타일의 예제와 의미 설명이다.

문장 중에 사용된 코드, 데이터베이스 테이블 이름, 사용자 입력, 트위터 처리 등은 다음과 같이 표기한다.

먼저 `ip route` 명령을 통해 IP를 알아낸다.

코드 블록은 다음과 같이 표기한다.

```
stage ('Performance Testing'){
    sh '''cd /opt/jmeter/bin/
    ./jmeter.sh -n -t $WORKSPACE/src/pt/Hello_World_Test_Plan.jmx -l
    $WORKSPACE/test_report.jtl''';
    step([$class: 'ArtifactArchiver', artifacts: '**/*.jtl'])
}
```

코드 영역에서 특정 부분을 강조할 때에는 진한 글씨로 표기한다.

```
stage ('Performance Testing'){
    sh '''cd /opt/jmeter/bin/
    ./jmeter.sh -n -t $WORKSPACE/src/pt/Hello_World_Test_Plan.jmx -l
    $WORKSPACE/test_report.jtl''';
    step([$class: 'ArtifactArchiver', artifacts: '**/*.jtl'])
}
```

커맨드라인에서 사용된 추가 기호 '\'는 명령어가 다음 줄까지 이어질 때에만 사용된다.
커맨드라인 입력값은 다음과 같이 표기한다.

```
cd /tmp
    wget https://archive.apache.org/dist/tomcat/tomcat-8/ \
    v8.5.16/bin/apache-tomcat-8.5.16.tar.gz
```

화면상에 출력된 메뉴나 대화상자 문구를 문장 중에 사용할 때는 다음과 같이 표기한다.

"젠킨스에서 Manage Jenkins ➤ Plugin Manager ➤ Available 탭을 클릭한다."

주의해야 하거나 중요한 내용은 이와 같이 표기한다.

 참고 사항이나 요령은 이와 같이 표기한다.

독자 의견

이 책에 대한 독자의 의견은 언제나 환영이다. 좋은 점 또는 고쳐야 할 점에 대한 솔직한 의견은 앞으로 더 좋은 책을 발행하는 데 큰 도움이 된다. 독자 의견을 보낼 때는 이메일 제목란에 구입한 책 제목을 적은 후 feedback@packtpub.com으로 전송한다. 독자가 특정 분야의 전문가로서 저자가 되고 싶다면 http://www.packtpub.com/authors를 참조한다.

고객 지원

이 책을 구입한 독자라면 다음과 같은 지원을 받을 수 있다.

예제 코드 다운로드

http://www.packtpub.com에 등록된 계정으로 로그인한 다음 구입한 모든 팩트 책의 예제 코드 파일을 다운로드할 수 있다. 다른 곳에서 이 책을 구입한 경우에는 http://www.packtpub.com/support를 방문해 이메일 주소를 등록하면 예제 코드 파일을 내려받는 링크를 받을 수 있다. 에이콘출판사 도서정보 페이지 http://www.acornpub. co.kr/book/integration-jenkins에서도 내려받을 수 있다.

예제 코드를 다운로드하는 방법은 다음과 같다.

1. 이메일 주소와 비밀번호를 이용해 웹사이트에 로그인하거나 계정을 등록한다.
2. 상단의 SUPPORT 탭에 마우스 포인터를 올려놓는다.
3. Code Downloads & Errata를 클릭한다.
4. Search 영역에 책의 제목을 입력한다.
5. 예제 코드를 내려받을 책을 선택한다.
6. 드롭다운 메뉴에서 책을 구입한 장소를 선택한다.
7. Code Download를 클릭한다.

파일을 내려받은 후 다음과 같이 운영체제에 맞는 최신 버전의 압축 해제 프로그램을 통해 압축을 푼다.

- 윈도우: WinRAR / 7-Zip
- 맥OS: Zipeg / iZip / UnRarX
- 리눅스: 7-Zip / PeaZip

이 책의 코드 묶음은 https://github.com/PacktPublishing/Learning-Continuous-Integration-with-Jenkins-Second-Edition에 있는 깃허브에서도 제공된다. 또한 https://github.com/PacktPublishing/에서 다양한 도서와 비디오 카탈로그의 코드 묶음도 제공된다. 해당 사이트를 방문해 확인해보자!

이 책의 컬러 이미지 다운로드

이 책에서 쓰인 컬러 화면과 그림 이미지가 담긴 PDF 파일을 제공한다. PDF 파일의 컬러 이미지를 통해 결과의 변경 내용을 좀 더 쉽게 이해할 수 있다. PDF 파일은 https://www.packtpub.com/sites/default/files/downloads/LearningContinuousIntegrationwithJenkinsSecondEdition_ColorImages.pdf에서 다운로드할 수 있다. 또한 에이콘출판사의 도서정보 페이지 http://www.acornpub.co.kr/book/integration-jenkins에서도 컬러 이미지를 내려받을 수 있다.

▌ 오탈자

정확한 편집을 위해 세심한 주의를 기울였음에도 실수가 발생하곤 한다. 본문에서 발견한 오류 혹은 코드상 오류에 대해 보고해주시면 매우 감사하겠다. 독자의 참여를 통해 또 다른 독자들이 느낄 불편을 최소화해주고 이 책의 후속 판을 개선하는 데 도움이 된다. 오탈자를 발견하면 http://www.packtpub.com/submit-errata에 신고해주기 바란다. 해당 서적을 선택한 후에 Errata Submission 링크를 클릭하고, 오류에 대한 자세한 내용을 기술하면 된다. 오류 내용이 확인되면 웹사이트에 그 내용이 올라가거나 해당 서적의 정오표에 내용이 추가될 것이다. https://www.packtpub.com/books/content/support로 가서 검색어 항목에 서적을 입력하면 지금까지의 정오표를 확인할 수 있다. 한국어판은 에이콘출판사 도서정보 페이지 http://www.acornpub.co.kr/book/integration-jenkins에서도 찾아볼 수 있다.

▌ 저작권 침해

인터넷을 통한 저작권 침해는 모든 매체가 골머리를 앓고 있는 심각한 문제점이다. 팩트 출판사에서는 저작권 및 라이선스 관련 문제를 매우 심각하게 생각한다. 인터넷에서 어떤 형태로든 팩트 책의 불법 복제본을 발견한다면, 적절한 조치를 취할 수 있게 주소나 웹사이트명을 즉시 알려주길 부탁드린다. 불법 복제물로 의심되는 링크를 copyright@packtpub.com으로 보내주기 바란다. 더 좋은 책을 만들기 위한 팩트출판사와 저자들의 노력을 배려하는 마음에 깊은 감사의 뜻을 전한다.

▌ 질문

이 책에 관련된 질문이 있다면 questions@packtpub.com으로 문의하기 바란다. 최선을 다해 답하겠다. 한국어판에 관한 질문은 이 책의 옮긴이나 에이콘출판사 편집 팀(editor@acornpub.co.kr)으로 문의할 수 있다.

01

지속적 통합의 개념

1장에서는 소프트웨어 개발에서 가장 중요한 두 가지 방식인 폭포수 방법론과 애자일 방법론의 개요를 살펴본다. 두 방법론의 개념과 영향을 알아봄으로써 지속적 통합CI, Continuous Ingetration이 어떻게 발생됐는지 이해할 수 있다.

그 후에는 CI의 개념과 구성 요소를 자세히 다룬다. 이를 통해 CI가 애자일 프로젝트를 수행하는 데 도움이 되는 방법을 살펴본다. 1장에서 다루는 내용은 다음과 같다.

- CI가 발생된 이유
- CI의 정의
- CI의 구성 요소

▎소프트웨어 개발 주기

소프트웨어 개발 주기[SDLC, Software Development Life Cycle]부터 살펴보자. SDLC는 소프트웨어 개발의 계획, 개발, 테스트, 배포 단계를 총칭하는 말이다.

팀원들은 각 단계에 따라 일을 하고, 다음 그림에서 보는 것처럼 각 단계는 이전 단계의 결과물을 이용한다.

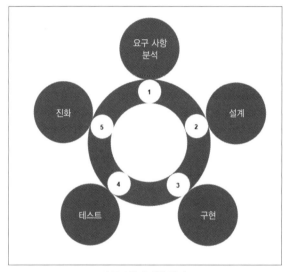

소프트웨어 개발 주기

소프트웨어 개발 주기의 각 단계를 좀 더 자세히 알아보자.

요구 사항 분석

요구 사항 분석은 전체 과정 중 첫 번째 단계다. 이 단계에서 비즈니스 조직(주로 업무 분석가)은 해당 프로젝트에서 달성해야 하는 요구 사항을 분석한다. 요구 사항은 조직 내부에서 나올 수도 있고 외부 고객으로부터 주어질 수도 있다. 이 조사에는 요구 사항의 성질과 범위를 결정하는 것도 포함된다. 수집된 정보를 바탕으로 새로운 시스템을 만들 것인지, 아니면 기존 시스템을 업그레이드할 것인지를 결정해서 제안한다. 이 과정에서 프로젝트의 비용과 프로젝트로 얻을 수 있는 결과가 계산되고, 프로젝트의 목표를 설정한다.

설계

두 번째 단계는 설계다. 시스템 아키텍트와 설계자가 정교하게 구현해야 할 기능들을 정리하고 프로젝트 전체 계획을 만든다. 프로세스 그림이나 전체적인 인터페이스, 레이아웃 디자인, 그리고 여러 종류의 문서가 이 단계에서 결정된다.

구현

세 번째 단계는 구현이다. 구현 단계에서 프로젝트 매니저는 어떤 일을 할지 결정해서 개발자에게 분배한다. 개발자들은 설계 단계에서 정의된 과제와 목표에 따라 개발을 진행한다. 이 과정은 프로젝트에 따라 수개월에서 일 년 정도 진행된다.

테스트

네 번째 단계는 테스트다. 모든 기능이 구현된 후 테스트 팀이 이 역할을 맡는다. 몇 개월 동안 모든 기능을 하나하나 테스트한다. 소프트웨어의 모든 모듈을 테스트하고, 이 과정에서 버그가 발견될 경우 이슈로 기록된다. 테스트에 실패한 내용은 개발 팀에서 빠르게 수정하고, 테스트가 완료된 코드는 프로덕션 환경에 배포된다.

진화

마지막 단계는 진화Evolution 혹은 유지 보수다. 사용자나 고객으로부터 수집된 피드백을 분석해 개발, 테스트, 새로운 기능이나 버그를 수정하는 패치를 릴리스하는 사이클이 반복된다.

▌ 소프트웨어 개발에서의 폭포수 모델

소프트웨어 개발 방법론 중에서 가장 널리 사용되는 것은 폭포수^{Waterfall} 모델이다. 폭포수 모델은 한 방향으로 쭉 흘러가는 방식으로 제조업에서 사용되는 방식을 소프트웨어 업계에서 차용했다. 이 방식에서는 명확하게 정의된 절차가 한 방향으로 진행된다. 이 방법론은 소프트웨어 개발 방법론이 전무하던 시절 생겨났는데, 그 때에 소프트웨어 개발에 가장 쉽게 적용할 수 있어 보였던 제조 과정의 방법론을 적용함으로써 탄생했다.

폭포수 모델의 단계는 다음 그림과 같다.

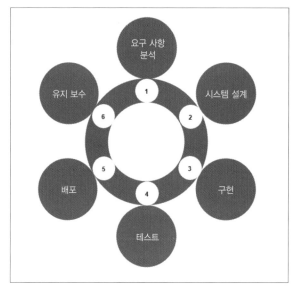

폭포수 모델

폭포수 모델은 각 단계가 SDLC와 유사해 매우 직관적으로 이해할 수 있다.

요구 사항 분석 단계는 설계 단계로 이어진다. 분석, 설계 영역에 상당한 시간이 할당된다. 이 작업이 끝난 후에는 어떤 추가나 수정도 허용되지 않는다. 즉, 개발이 시작된 이후에는 시스템 설계에 어떤 수정도 발생하지 않는다.

그 이후 개발 단계에서 실질적인 개발이 진행된다. 개발 기간은 3–6개월 정도 소요된다. 이 기간 동안 테스트 팀이 할 일이 생기는 경우는 드물다. 개발 단계가 끝나면 몇 주의 시간을 할당해 소스코드를 통합하는데, 이때 다양한 통합 이슈가 발생하고 수정된다. 그다음 테스트 단계가 이어진다.

테스트 단계는 소프트웨어의 특성에 따라 3개월 혹은 그 이상의 시간이 소요된다. 테스트가 성공적으로 끝나면 프로덕션 환경에 소스코드를 배포한다. 배포하는 데 며칠이 소요되며 이때 배포 이슈가 발생할 수 있다. 배포가 완료되고 소프트웨어를 사용자가 이용하기 시작하면 팀은 피드백이나 이슈를 받게 된다.

마지막은 유지 보수 단계다. 사용자나 고객으로부터 수집된 피드백을 분석해 개발, 테스트, 새로운 기능이나 버그를 수정하는 패치를 릴리스하는 주기가 반복된다.

폭포수 모델은 수십 년 동안 훌륭히 작동했다. 분명히 단점이 있음에도 불구하고, 오랜 기간 동안 이를 무시하고 계속해서 사용했다. 그 시절에는 소프트웨어를 개발하는 데 충분한 시간과 자원이 주어졌다.

하지만 최근 몇 년 간 소프트웨어 기술이 급속하게 발전하면서, 폭포수 모델은 현재 시대의 요구를 더 이상 충족하지 못한다는 게 업계의 중론이다.

폭포수 모델의 단점

다음은 폭포수 모델의 단점이다.

- 실제로 동작하는 소프트웨어가 SDLC의 마지막에 가서야 완성되는데, 대부분의 경우 이 결과물이 1년 전후의 시간이 지나면 더 이상 동작하지 않는다.
- 불확실성이 매우 크다.
- 새로운 요구 사항이 자주 발생하는 전자상거래 영역의 경우에 적합하지 않다.
- 전체 개발이 끝난 후에야 통합이 진행된다. 그 결과 수많은 통합 이슈가 가장 마지막 단계가 돼서야 발견된다.

- 역추적이 불가능하다.
- 각 단계에서 진행 현황을 알기 힘들다.

폭포수 모델의 장점

폭포수 모델의 장점을 살펴봄으로써, 다음과 같은 상황에서 폭포수 모델이 적합한 방법론임을 알 수 있다.

- 요구 사항이 문서로 잘 정리되고 변하지 않는다.
- 관리자, 테스트 팀, 개발 팀, 빌드, 릴리스 팀과 배포 팀을 유지할 자원이 충분히 주어진다.
- 기술이 고정돼 잘 변하지 않는다.
- 모호한 요구 사항이 존재하지 않는다. 가장 중요한 것은 요구 사항 분석 단계 이후에 새로운 요구 사항이 발생하지 않는다.

▌ 애자일 방법론의 대두

애자일이란 용어는 빠르고 쉬움을 뜻한다. 이 방법론은 SOT^self-organized team[1]의 협업을 통해 소프트웨어가 개발되는 방법론이다. 애자일 방식의 핵심은 빠르고 유연하며 조금씩 발전되는 소프트웨어 개발을 통해 목표를 계속 수정해나가는 것이다.

애자일 방법론은 기존에 논의된 폭포수 방법론의 대안으로 자리잡고 있다.

---

1 애자일 방법론에서 사용하는 용어로 모든 구성원이 참여해 문제를 정의하고 해결하는 팀을 지칭한다. 기존의 관리자–개발자 방식과 다르게 개발자도 참여해 문제를 분석하고 일정을 조율한다. – 옮긴이

열두 가지 애자일 원칙

다음은 열두 가지 애자일 원칙이다.

- 고객을 만족시키기 위해 소프트웨어를 빠르고 지속적으로 배포한다.
- 새로운 요구 사항은 개발 후기에도 기꺼이 받아들인다.
- 동작 가능한 소프트웨어를 몇 달 주기가 아닌 몇 주 주기로 배포한다.
- 업무 담당자와 개발자 간의 긴밀한 소통을 지향한다.
- 믿을 수 있는 동기부여된 개인들로 구성된 팀이 소프트웨어를 개발한다.
- 직접 만나 얼굴을 보며 이야기하는 것이 최선의 의사소통이다.
- 동작하는 소프트웨어가 가장 중요한 진척의 척도다.
- 일정한 속도를 유지함으로써 지속 가능한 개발을 추구한다.
- 좋은 기술과 설계를 향해 지속적으로 관심을 기울인다.
- 단순함(하지 않는 일을 늘리는 기법)을 중요시한다.
- SOT를 추구한다.
- 새로운 환경에 지속적으로 적응한다.

 애자일 원칙을 자세히 알고 싶다면 http://www.agilemanifesto.org를 참고한다.

열두 가지 애자일 원칙은 최근의 소프트웨어 업계의 목표와 이 방법론이 기존 폭포수 모델과 비교해 어떤 장점이 있는지를 나타낸다.

애자일 방법론의 동작 방식

애자일 방법론에서는 소프트웨어 애플리케이션이 여러 가지의 기능feature과 모듈로 분류된다. 그리고 이런 기능이 이터레이션iteration을 반복하며 배포된다. 각각의 이터레이션은 3주 동안 진행되며 계획 세우기, 요구 사항 분석, 설계, 코딩, 단위 테스트, 사용자 인수 테스트를 동시에 진행하는 복합 기능 팀이 이를 수행한다.

결과적으로 특정 기간에 할 일이 없어 놀고 있는 팀원이 생기지 않는다. 개발 시기 동안 개발 팀이 바쁜 방면에 테스트 팀과 상용화 팀이 거의 놀게 되는 폭포수 모델과는 달리 이 부분에서 큰 차이가 발생한다. 애자일 방법론은 다음 그림과 같다.

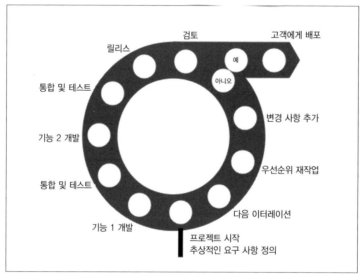

애자일 방법론

위 그림을 보면 요구 사항 분석이나 설계에 쓰이는 시간이 없다. 대신 프로젝트의 범위를 대략적으로 정할 최소한의 시간만 사용해 추상적인 계획을 세운다.

그 이후 팀은 이터레이션을 반복한다. 이터레이션은 시간 계획에 따라 한 달로 설정되거나, 성숙한 프로젝트의 경우 한 주로 잡히기도 한다. 이 기간 동안 프로젝트 팀은 기능을 개발하고 테스트한다. 목표는 하나의 이터레이션에서 기능의 개발, 테스트, 릴리스를 완료하는 것이다. 이터레이션이 마무리될 때 새 기능의 데모를 진행하고, 고객이 새 기능에 만족하면 프로덕션 서버에 반영한다. 데모에서 고객이 만족하지 못하게 되면 해당 기능은 백로그backlog로 들어가고, 우선순위가 다시 매겨져 나중에 이후의 이터레이션에서 구현된다.

개발과 테스트를 동시에 진행하는 것도 가능하다. 하나의 이터레이션에서 하나 이상의 기능을 동시에 구현하고 테스트하는 것도 가능하다.

애자일 방법론의 장점

애자일 방법론의 장점을 알아보자.

- **기능의 빠른 구현과 데모**: 애자일 방법론에서는 소프트웨어 프로젝트가 기능으로 구분되는데, 모든 기능의 집합을 백로그라고 한다. 하나 혹은 그 이상의 기능을 한 주 혹은 한 달 동안 구체화하고 배포하는 것이 주요한 개념이다.

- **적은 리소스 소요**: 애자일 방식에서는 개발 팀과 테스트 팀이 구분되지 않는다. 또한 빌드나 릴리스, 배포 팀이 따로 구분되지 않는다. 대신 하나의 팀이 약 여덟 명으로 구성되며, 각각의 구성원은 모든 역할을 수행할 수 있다.

- **팀워크 향상과 상호 교육**: 하나의 팀에 여덟 명 정도의 소수 인원만 있기 때문에 각 팀원이 역할을 바꿔가며 프로젝트를 진행하고, 이 과정에서 서로가 모두의 경험을 공유하며 배운다.

- **요구 사항이 자주 변경되는 프로젝트에 적합**: 애자일 방법론에서는 소프트웨어를 기능별로 묶어서 구분하므로, 각 기능은 짧은 시간에 개발되고 배포된다. 따라서 기능을 변경하거나, 아예 제거해도 전체 프로젝트에 큰 영향을 주지 않는다.

- **최소한의 문서**: 애자일 방법론은 방대한 문서 대신 동작하는 소프트웨어 전달을 목표로 한다. 문서는 있지만 전체 기능에 관한 문서만 있다.

- **계획이 없거나 최소한의 계획**: 기능이 하나씩 구현되기 때문에 방대한 계획은 존재하지 않는다.
- **동시 개발**: 하나 혹은 그 이상의 기능의 집합으로 구성된 이터레이션이 순차적으로 혹은 동시에 진행된다.

▌ 스크럼 프레임워크

스크럼scrum은 복잡한 소프트웨어를 개발하고 유지하는 애자일 방법론에 기반을 둔 프레임워크다. 이것은 단순한 절차가 아닌, 정해진 역할과 임무, 팀으로 이뤄진 프레임워크로 **켄 슈와버**Ken Schwaber와 **제프 서덜랜드**Jeff Sutherland가 '스크럼 지침서The Scrum Guide'를 작성해 탄생시켰다.

스크럼 프레임워크에서는 개발 팀이 어떻게 개발할지를 결정한다. 직면한 문제를 개발 팀이 가장 잘 안다는 전제를 기반으로 한다. 나는 대부분의 독자가 이런 내용에 만족할 것으로 기대한다.

스크럼에서는 SOT와 복합 기능 팀이 중요하다. 스크럼 팀은 SOT이기에 누가 무엇을 할지 결정하고 어떻게 문제를 해결할지 결정하는 팀 리더가 존재하지 않는다.

스크럼 프레임워크의 주요 용어

다음은 스크럼 프레임워크에서 사용되는 주요 용어다.

- **스프린트**Sprint: 스프린트는 유용하고 릴리스 가능한 결과를 생산하는 데 할당된 기간을 의미한다. 이전 스프린트가 끝나면 곧바로 새 스프린트가 시작된다. 하나의 스프린트는 스크럼의 지식에 따라 2주부터 한 달까지 변동 가능하다.

- **프로덕트 백로그**Product Backlog : 프로덕트 백로그는 개발할 소프트웨어에 필요한 모든 기능의 집합이다. 이것은 끊임없이 변동 가능하다. 즉, 고객이나 팀 구성원이 언제든지 새로운 목록을 프로덕트 백로그에 추가하거나 삭제할 수 있다는 의미다.

- **스프린트 백로그**Sprint Backlog : 스프린트 백로그는 스프린트에서 진행하기로 결정된 기능의 집합이다.

- **인크리먼트**Increment : 인크리먼트는 전체 프로덕트 백로그 중 이번 스프린트에서 완료된 기능과 이전 모든 스프린트에서 완료된 기능을 의미한다.

- **개발 팀** : 개발 팀은 스프린트 마지막에 릴리스 가능한 인크리먼트를 개발하는 역할을 한다. 오직 개발 팀만이 인크리먼트를 만든다. 개발 팀은 그들의 일을 관장하고 관리할 권리를 부여받는다. 그 결과 개발 팀의 효율성과 효과성이 최적화된다.

- **프로덕트 오너** : 프로덕트 오너는 스크럼 팀과 그 외 사람들의 중재자다. 프로덕트 오너는 스크럼 팀의 외부 담당자로서 고객사, 인프라스트럭처 팀, 관리자, 그외 스크럼과 관계된 모든 사람과의 의사소통을 담당한다.

- **스크럼 마스터** : 스크럼 마스터는 스크럼을 이해시키고 진행하는 역할을 맡는다. 스크럼의 이론과 역할 및 올바른 수행 방법을 주지시키는 방법으로 이 역할을 수행한다.

스크럼의 동작 방식

프로덕트 오너 그리고 스크럼 마스터와 스크럼 팀은 소프트웨어 기능을 만들기 위해 엄격한 절차를 따른다. 스크럼 절차는 다음 그림과 같다.

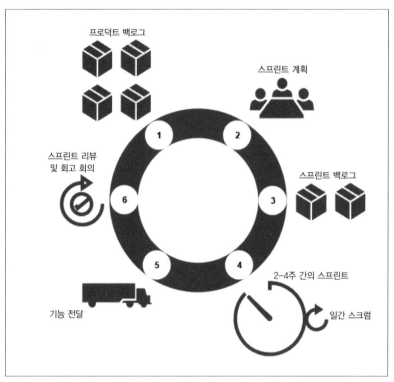

프로덕트 백로그

스프린트 계획

스프린트 리뷰
및 회고 회의

스프린트 백로그

2-4주 간의 스프린트

기능 전달

일간 스크럼

스크럼 방법론

이번에는 스크럼 방법론의 절차를 자세히 알아보자.

스프린트 계획

스프린트 계획은 스크럼 팀이 이번 스프린트 주기에 포함시킬 기능을 결정하는 기회다. 스프린트 계획은 개발자들이 주도한다. 계획을 세운 후에 스크럼 마스터와 프로덕트 오너에게 보여준다. 스프린트 계획은 정해진 시간 안에 이뤄지는 행위로, 한 달짜리의 스프린트라면 약 8시간 정도가 투입된다. 스크럼 마스터는 모든 팀원이 스프린트 계획을 짜는 데 참여하게 하는 역할을 해야 한다.

회의 시간에 개발 팀이 고려할 사항은 다음과 같다.

- 기존 백로그의 기능이나 신규로 백로그에 추가된 기능 중 이번 스프린트에 작업될 기능 목록
- 이전 스프린트의 팀의 작업 실적
- 개발 팀의 예상 능력

스프린트 주기

스프린트 주기 기간 동안 개발자는 단순히 스프린트 계획을 통해 이번 스프린트에 작업하기로 결정된 기능을 구현한다. 스프린트 기간은 결정된 작업량에 따라 2주에서 한 달 사이로 정해진다.

일간 스크럼 회의

스크럼 회의는 매일 진행한다. 회의 시에는 개발 팀이 어제 달성한 작업을 논의하고, 오늘 작업할 내용을 말한다. 또한 작업을 진행하는 데 있어 막히는 부분도 논의한다. 개발 팀은 스크럼 회의 이외의 회의에는 참여하지 않는다.

스프린트 진척 관리

일간 스크럼에서 스프린트의 진척을 관리한다. 스크럼 팀은 남은 작업량을 추적해 스프린트 목표 달성 가능성을 예측할 수 있다.

스프린트 리뷰

스프린트 리뷰에서는 개발 팀이 작업을 끝낸 기능의 데모를 진행한다. 프로덕트 오너는 프로덕트 백로그를 최신으로 변경한다. 이 변경 작업은 제품이 실제 사용되는 환경에서 성능이나 사용성에 의거해 변경된다. 스프린트 리뷰는 한 달짜리 스프린트를 기준으로 했을 때 4시간이 소요된다.

스프린트 회고

스프린트 회고 회의에서 팀은 잘된 점과 개선이 필요한 점을 논의해 다음 스프린트에서 개선할 점을 결정한다. 회고 회의는 주로 스프린트 리뷰와 스프린트 계획 사이에 한다.

▌ 지속적 통합

지속적 통합CI, Continuous Integration은 개발자들이 빠른 주기로 작업한 내용을 통합 브랜치에 통합하고 빌드하는 개발 방식을 의미한다.

통합integration은 개인이 작업한 코드를 공용 작업 환경에 올리는 것을 의미한다. 이 과정은 개인 브랜치를 중앙 브랜치에 병합merge하는 과정으로 이뤄진다. 개인 브랜치를 원격 브랜치에 올린다고 표현하기도 한다.

CI는 통합 과정에서 발생하는 이슈를 가능한 빨리 발견하기 위해 필요하다. 이것은 CI 사이클에서 발생하는 다양한 이슈를 설명한 다음 그림을 통해 이해할 수 있다.

코드가 잘못 반영되거나 개발자가 수동으로 빌드할 때 실수를 하면 빌드는 실패한다. 개발자가 개인 개발 환경을 통합 환경에 맞게 주기적으로 리베이스하지 않으면 통합 이슈가 발생한다. 코드가 단위 테스트케이스나 통합 테스트케이스를 통과하지 못하면 테스트 이슈가 발생한다.

이슈가 발생하면 개발자는 코드를 수정해 문제를 해결해야 한다.

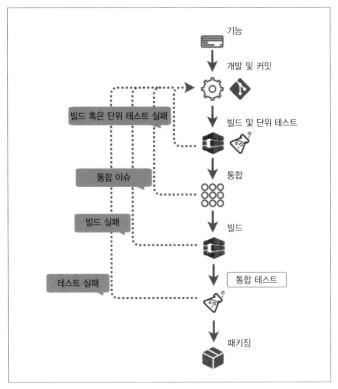

CI 절차

CI를 이용한 애자일

애자일 개발 방법론은 빠른 배포를 기반으로 하는데, CI는 애자일에서 필요한 속도를 얻는 데 도움을 준다. 하지만 어떻게 CI가 이 과정에 도움이 될까? 간단한 예제를 통해 알아보자.

기능을 개발할 때는 코드를 여러 번 수정하게 되는데, 이 과정에서 코드를 반영하고, 버전 관리 시스템에서 변경 사항을 가져오고, 소스코드를 빌드하고, 단위 테스트를 진행하고, 통합하고, 통합된 코드를 빌드하고, 이를 묶어 배포하는 등 여러 과정을 수행한다. CI 환경에서는 젠킨스 같은 도구를 이용해 모든 과정을 빠르게 에러 없이 진행할 수 있다.

알람을 추가하면 이 과정은 더욱 빨라진다. 팀원이 빌드, 통합, 배포 실패를 빨리 알아차릴수록 더 빨리 대응할 수 있다. CI에서 수행되는 모든 절차는 다음 그림과 같다.

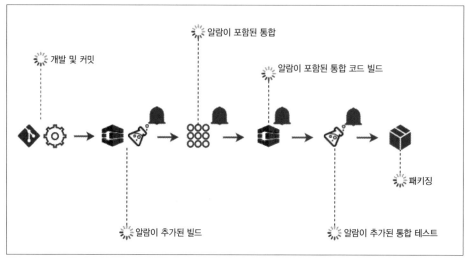

알람이 추가된 CI 절차

이런 방법을 통해 팀은 기능을 빠르게 개발할 수 있다. 즉, 애자일 방법론의 **기민함**은 CI를통해 달성된다고 볼 수 있다.

CI를 통해 이득을 볼 수 있는 프로젝트 종류

자동차에 탑재된 임베디드 시스템은 전투기에 탑재된 것보다도 많다. 최근에는 전통적인제품이나 최신 제품 모두에 임베디드 소프트웨어가 탑재되고 있다. 자동차나 TV, 냉장고,손목시계 혹은 자전거 모두 크고 작은 차이는 있지만 소프트웨어 관련 기능이 포함돼 있다. 소비자 제품은 매일매일 더 스마트해지고 있고, 최근에는 제품의 하드웨어 성능보다소프트웨어 기능을 강조한 것도 나오고 있다. 예를 들어 에어컨은 무선 조정 기능을 홍보하고 있고, TV는 자체 내장 웹 브라우저를 홍보하는 등 제품의 소프트웨어 기능이 마케팅에 이용되고 있다.

새로운 제품을 홍보해야 하는 상황이 늘어남에 따라 제품은 점점 복잡해지고 있다. 30-40 명의 팀이 작은 프로젝트를 진행할 때에만 애자일 방식을 쓰던 시기도 있었지만, 소프트 웨어가 점점 더 복잡해짐에 따라 애자일 방법론과 CI가 대중의 관심을 받기 시작했다. 웹 기반 프로젝트, 전자상거래 프로젝트, 모바일 애플리케이션 개발 등 거의 모든 종류의 프 로젝트에서 CI를 활용할 수 있다.

CI와 애자일 방법론은 자바, 닷넷, 루비 온 레일즈^{Ruby on Rails} 등 현존하는 모든 종류의 프 로그래밍 언어를 사용하는 프로젝트에서 사용할 수 있다. 다만 레거시^{legacy2} 시스템에서만 사용되지 않고 있을 뿐이다. 하지만 레거시 시스템조차도 점점 애자일로 넘어가고 있다. SAS, Mainframe도 차츰 CI를 사용하고 있다.

▌ CI의 구성 요소

CI 절차의 주요 구성 요소를 알아보자.

버전 관리 시스템

버전 관리 시스템^{Version Control system}은 CI를 구성하는 데 가장 기본이자 중요한 요소다. **버전 관리 시스템**은 때때로 리비전 관리 시스템^{Revision Control System}으로 불리기도 하는데, 코드의 이력을 관리하는 도구로 비분산형과 분산형이 있다. 비분산형 중 가장 유명한 것은 SVN과 IBM Rational ClearCase이고, 분산형은 GIT과 머큐리얼^{Mercurial}이 유명하다.

기본적으로 소프트웨어 빌드와 관련된 모든 것은 버전 관리가 돼야 한다. 버전 관리 도구 는 태깅, 분기 등 많은 기능을 제공한다.

---

2 이전부터 존재해온 시스템 - 옮긴이

브랜칭 전략

버전 관리 시스템을 사용할 때는 브랜치를 최소화하는 것이 좋다. 몇몇 회사는 오직 하나의 브랜치만 유지하며 모든 개발이 이 브랜치 위에서 일어난다. 하지만 대부분의 회사는 여러 브랜치를 사용하는 전략을 유지한다. 이런 전략을 택하는 이유는 팀의 일부가 릴리스 브랜치에서 작업할 때 다른 팀원은 또 다른 릴리스 브랜치에서 작업해야 하는 경우가 생기기 때문이다. 또한 오래된 릴리스 버전에서 작업해야 하는 경우도 있다. 이런 일로 인해 대부분의 회사가 여러 브랜치를 유지한다.

GitFlow는 여러 브랜치를 이용해 코드를 관리하는 방식이다. 이 방법에서 마스터와 프로덕션 브랜치에는 언제나 릴리스 가능한 깨끗한 코드만 있다. 다른 개발 패치는 기능 브랜치와 기능을 통합할 통합 브랜치에 반영된다. 일반적인 버전의 GitFlow는 다음 그림과 같다.

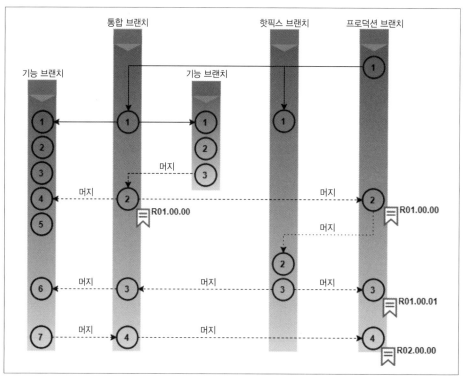

브랜칭 전략

GitFlow 브랜칭 모델

다음 그림은 가장 확장된 방식의 GitFlow다. 마스터와 프로덕션 브랜치에는 언제든 최종 배포가 가능한 코드만 있다. 기능 브랜치에는 모든 개발 내용이 들어간다. 통합 브랜치에서 모든 코드를 통합하고 품질을 위해 테스트를 한다. 이전 방식과 달리 릴리스 브랜치가 더 있는데, 통합 브랜치에서 안정적인 릴리스 버전이 생길 때 이 버전에 기반해 릴리스 브랜치를 생성한다. 릴리스된 코드의 버그 픽스는 릴리스 브랜치에 통합된다. 마스터나 프로덕션 브랜치에 핫픽스가 필요한 경우에도 각각의 브랜치를 기반으로 핫픽스 브랜치가 생성된다.

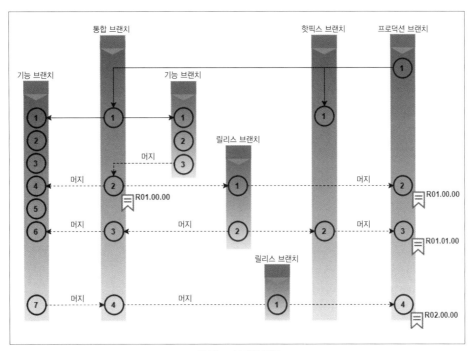

GitFlow 브랜칭 전략

CI 도구

CI 도구는 단순히 지휘자 역할을 한다. CI 도구는 CI 시스템의 중심에 위치해 버전 관리 시스템, 빌드 도구, 바이너리 관리 도구^{Binary Repository Manager tool}, 테스트 및 프로덕션 환경, 소스코드 분석 도구 및 자동화 테스트 도구 등을 연결한다. 빌드 포지^{Build Forge}, 뱀부^{Bamboo}, 팀시티^{TeamCity} 등의 CI 도구가 있지만 이 책에서는 주로 젠킨스를 다룬다.

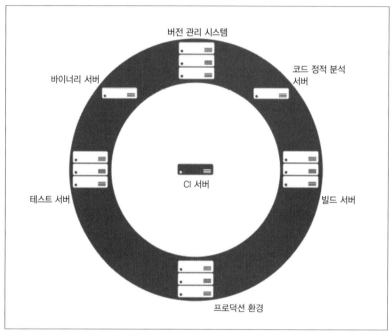

중앙 제어 CI 서버

CI 도구는 파이프라인^{pipeline}을 생성하는 방법을 제공한다. 각 파이프라인에는 고유한 목적이 있는데 CI를 관리하거나, 소작업을 관리하거나, 배포를 관장한다. 기술적으로 파이프라인은 연속된 작업의 흐름이다. 각 작업은 연속해서 수행되는 소작업의 모음이다. CI 도구 사용의 핵심은 스크립트 언어를 이용해 다양한 소작업을 수행하는 것이다. 소작업은 폴더나 파일을 복사하는 등의 간단한 것부터 파일 수정을 담당하는 서버를 모니터링하는 것처럼 복잡한 펄 스크립트일 수도 있다. 하지만 점점 젠킨스의 플러그인plugin이 스크립트를 대체하고 있다. 더 이상 자바 코드를 빌드하는 스크립트를 짤 필요 없이 플러그인을 설치한 후 설정한 다음 원하는 작업을 실행시키면 된다. 기술적으로, 플러그인은 자바로 쓰여진 작은 모듈이다. 하지만 이런 플러그인을 통해 개발자가 스크립트를 짜는 부담으로부터 자유로워질 수 있다. 파이프라인은 2장에서 더 자세히 알아본다.

자동으로 시작되는 빌드

다음으로 중요한 내용은 자동으로 시작되는 빌드다. 빌드 자동화는 코드를 컴파일하고 실행 파일을 만들어내는 여러 단계를 자동화하는 것이다. 주로 앤트Ant나 메이븐Maven 같은 빌드 도구로 자동화한다. 자동으로 시작되는 빌드는 CI 시스템에서 가장 중요한 부분으로, 다음 두 가지 조건이 충족돼야 한다.

- 빠른 속도
- 코드나 통합 이슈를 최대한 빨리 잡아내는 것

빌드가 하루에 100번에서 200번 발생하는 프로젝트도 있는데, 이 경우에는 속도가 매우 중요하다. 빌드를 자동화하면 많은 시간을 절약할 수 있고, 빌드를 시작시키는 행위도 자동화되면 변화는 더욱 커진다. 코드가 변화하면 자동으로 빌드가 시작되게 하는 시스템은 더욱 많은 시간을 절약시켜 준다.

빌드가 자주 발생하고 빠르게 수행되면 SDLC 프레임워크에서 에러(빌드 에러, 컴파일 에러 혹은 통합 에러)를 발견할 확률이 높아지고 발견되는 시점도 빨라진다.

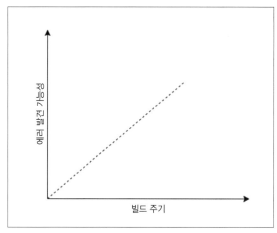

에러 발견 가능성과 빌드의 상관 관계 그래프

코드 커버리지

코드 커버리지^{Code coverage}는 테스트 케이스가 커버하는 코드의 양을 백분율로 나타낸 값이다. 커버리지 리포트에서 보게 될 지표는 다음 표에서 정의된 내용과 유사하다.

커버리지 종류	설명
함수(Function)	작성된 모든 함수 중 테스트가 수행된 함수의 수
명령문(Statement)	전체 명령문 개수 중 실제로 수행된 명령문의 수
브랜치(Branches)	수행된 브랜치[3]의 수
조건(Condition)	true와 false 값이 모두 테스트된 조건문의 수
라인(Line)	전체 코드 라인 중 테스트된 라인의 수

코드 커버리지의 종류

---

3 조건문에 따라 분기되는 코드 블록 – 옮긴이

이런 커버리지 백분율은 전체 수 중 테스트된 수의 비율로 계산된다. 다음 화면은 소나큐브의 코드 커버리지 리포트다.

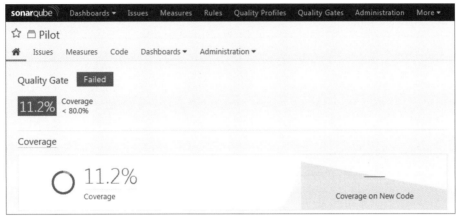

소나큐브의 코드 커버리지 리포트

코드 커버리지 도구

사용하는 프로그래밍 언어에 따라 다양한 코드 커버리지 생성 도구를 찾을 수 있다. 유명한 도구는 다음과 같다.

언어	도구
자바	Atlassian Clover, Cobertura, JaCoCo
C#/닷넷	OpenCover, dotCover
C++	OpenCppCoverage, gcov
파이썬	Coverage.py
루비(Ruby)	SimpleCov

코드 정적 분석

정적 분석은 **화이트 박스**white-box 테스트라고 부르기도 하는데, 코드의 구조적인 품질을 측정하는 소프트웨어로 코드가 얼마나 견고하고 지속 가능한지를 알려준다. 코드 정적 분석은 실제로 프로그램을 수행하지 않고 실행된다. 이것은 기능을 테스트하는 동적 테스트와는 달리 소프트웨어의 기능적인 부분을 분석하지 않는다.

코드 정적 분석은 소프트웨어의 내부적인 구조를 평가한다. 예를 들어 반복적으로 사용되는 코드나 주석 처리된 라인의 수, 코드의 복잡성 등이 측정된다. 사용자 정의된 메트릭을 통해 분석 결과가 생성돼 유지 보수성에 대한 코드의 품질을 알려준다. 단 이 방법에서는 코드의 기능성은 분석되지 않는다.

소나큐브 같은 코드 정적 분석 도구는 대시보드가 함께 제공되며, 이를 통해 다양한 메트릭과 각 분석 결과를 통계로 보여준다. 코드 정적 분석은 일반적으로 CI의 일부로써 빌드할 때마다 같이 수행된다. 이전에 논의된 것처럼 코드 정적 분석은 개발자가 개발한 코드를 올리기 전에 수행되도록 설정될 수 있기에, 낮은 품질의 코드가 머지되는 것을 미리 예방할 수 있다.

이런 도구는 자바, C/C++, 오브젝티브 C, C#, PHP, 플렉스Flex, 그루비Groovy, 자바스크립트, 파이썬, PL/SQL, 코볼COBOL 등 여러 프로그래밍 언어를 지원한다. 다음 화면은 소나큐브를 이용한 코드 정적 분석 결과다.

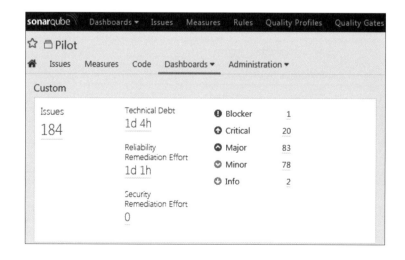

	May 16 2017 1.4	Jul 06 2017 1.24	Jul 11 2017 1.25
Lines of Code	1,131,082	117,555	117,555
Unit Tests			
Complexity	187,206	14,528	14,528

Complexity
14,528

/Function	/Class	/File
1.8	7.8	6.5

File Distribution / Complexity

1,457	334	249	89	68	12	14
0	5	10	20	30	60	90

코드 정적 분석 리포트

자동화된 테스트

테스트는 SDLC에서 중요한 역할을 한다. 소프트웨어의 품질을 유지하려면 다양한 테스트 시나리오를 통해 소스를 테스트해야 한다. 테스트를 간과하면 납기 지연이나 고객 불만족이 야기될 수 있다.

테스트는 수작업이고, 오랜 시간이 소요되는 반복적인 일이기 때문에 테스트 과정을 자동화하면 소프트웨어 배포에 걸리는 시간을 대폭 단축시킬 수 있다. 하지만 테스트를 자동화하는 일은 빌드, 릴리스, 배포를 자동화하는 것보다 훨씬 어렵다. 프로젝트에서 사용되는 모든 테스트 케이스를 자동화하는 것은 엄청난 노력이 들고, 오랜 시간이 걸리는 작업이다.

따라서, 처음 테스트를 자동화할 때에는 몇 가지 사항을 고려해야 한다. 중요하고 구현하기 쉬운 테스트 케이스를 먼저 자동화하는 것이 현명한데, 모든 테스트 절차가 동일하지만 다양한 데이터를 통해 테스트되는 케이스가 좋은 예제다. 그다음으로는 소프트웨어의 기능 중 여러 플랫폼에서 테스트되는 케이스를 자동화하는 것이 좋다. 또한, 다양한 설정이 적용돼 실행되는 소프트웨어의 테스트를 자동화하는 것이 좋다.

예전에는 대부분의 소프트웨어가 PC에서 실행됐다. GUI 기반의 시스템을 테스트하는 것은 상당히 어려운 작업이다. 왜냐하면 마우스와 키보드 입력 정보를 스크립트로 만들어 GUI 애플리케이션을 테스트해야 했기 때문이다. 하지만 최근 소프트웨어는 거의 대부분 웹과 모바일 기반으로 변경됐으므로, 테스트 자동화 도구를 통해 테스트를 자동화하기 쉬워졌다.

코드가 빌드, 패키징, 배포를 거친 후, 소프트웨어를 검증하려면 반드시 테스트를 거쳐야 한다. 기술적으로 이런 과정에서 SIT, UAT, PT, 사전 프로덕션pre-production 환경이 필요하다. 첫 단계로 릴리스된 코드는 SIT^{System Integration Test}를 거쳐 통합된 코드가 기능적으로 잘 동작하는지 검증한다. 통합 테스트를 통과한 후, 코드는 다음 단계인 UAT^{User Acceptance Test}를 거친다. 마지막으로 PT^{Performance Test}를 거쳐 성능을 확인하게 된다. 이런 과정으로 테스트의 우선순위가 매겨진다.

때때로 모든 테스트를 자동화하는 것이 불가능할 수도 있다. 중요한 것은 가능한 많은 부분을 자동화하는 것이다. 이전에 논의된 방법들을 수행하려면 다양한 테스트 환경과 이 환경에 자동으로 소스코드를 배포해야 한다. 이런 복잡함을 피하는 방법으로, 하나의 환경에 빌드된 결과를 배포하고 여기서 기본적인 테스트를 자동으로 수행한 후 오래 걸리는 나머지 테스트는 수동으로 실행하는 경우도 있다.

바이너리 관리 도구

SDLC의 일부로써 소스코드는 CI를 통해 주기적으로 빌드돼 바이너리 파일[4]로 만들어진다. 따라서 이렇게 빌드된 바이너리를 저장할 공간이 필요하다. 이런 역할을 하는 바이너리 관리 도구란 무엇일까?

바이너리 관리 도구는 바이너리 파일의 버전 관리 시스템이다. 이것은 이전에 논의된 버전 관리 시스템과는 다른 개념이다. 버전 관리 시스템은 소스코드의 버전 관리를 담당하

---

4 컴파일돼 기계어로 변환된 파일이다. – 옮긴이

고, 바이너리 관리 시스템은 .rar, .war, .exe, .msi 등의 파일을 관리한다. 이 시스템은 빌드된 바이너리를 관리하기도 하지만, 빌드에 필요한 서드파티 바이너리 파일도 관리할 수 있다. 예를 들어, 메이븐은 소스코드를 빌드할 때 필요한 플러그인을 항상 인터넷에서 다운로드해 내 폴더에 복사한다. 플러그인을 매번 다운로드하는 대신 저장소 관련 도구를 이용할 수도 있다.

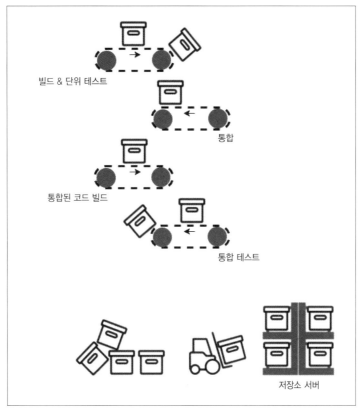

저장소 관련 도구

위 그림을 보면, 빌드가 수행되고 필요한 검증이 진행된 후, 빌드된 바이너리 파일들이 바이너리 관리 도구로 복사된다. 이를 통해 개발자나 테스터가 수동으로 필요한 바이너리를 골라 배포하고 테스트할 수 있다. 자동화된 테스트가 구성돼 있다면 빌드된 바이너리 파일은 자동으로 적합한 테스트 환경에 배포된다. 그렇다면 바이너리 저장소를 사용하는 방법의 이점은 무엇일까?

바이너리 관리 도구는 다음과 같은 역할을 한다.

- 빌드된 바이너리가 생성될 때마다 바이너리 관리 도구에 저장된다. 빌드 결과물을 저장하는 것의 이점은 여러 가지가 있는데, 가장 중요한 것은 결과물이 중앙 서버에 저장돼 필요할 때마다 쉽게 접근 가능해지는 것이다.
- 빌드 시 필요한 서드파티의 바이너리 플러그인이나 모듈을 저장한다. 따라서 빌드 도구가 빌드 시 플러그인을 다운로드할 필요가 없어진다. 바이너리 관리 도구가 온라인에 연결돼 플러그인들을 항상 최신 버전으로 유지하는 역할을 한다.
- 누가, 언제, 어떤 바이너리를 만들었는지 기록한다.
- 릴리스를 더 쉽게 관리할 수 있게 스테이징 환경을 제공하고, CI 절차의 속도 향상에 도움을 준다.
- 빌드의 주기가 빠른 CI 환경에서는 매 빌드 시 패키지가 만들어진다. 이렇게 만들어진 모든 패키지가 한 장소에 존재하기에, 개발자가 다음 단계에 적용시킬 바이너리를 쉽게 고를 수 있다.

패키징 자동화

빌드가 여러 종류의 결과물을 가지게 되는 경우가 있다. 예를 들어, .rar 파일, 유닉스 설정 파일, 릴리스 노트, 실행 파일, 데이터베이스 수정 쿼리를 결과물로 생성하는 경우를 살펴보자. 이 모든 결과물을 하나로 묶는 작업을 패키징이라고 부른다. 이 과정도 CI 도구를 이용해 자동화하면 많은 시간을 단축할 수 있다.

▍ CI 사용의 장점

다음은 CI를 사용함으로써 얻을 수 있는 간략한 장점이다.

복잡하고 어려운 통합으로부터 해방

폭포수 모델처럼 통합을 자주 하지 않으면 머지 지옥에 빠질 수 있다. 머지 지옥은 머지 과정에서 나온 이슈를 해결하기 위해 몇 주를 소요하게 되는 현상을 말한다.

반면에, 기능 브랜치에 올려진 모든 커밋을 통합 브랜치에 통합하고 테스트하면, CI 도구가 통합 이슈를 즉시 알려준다.

메트릭

젠킨스, 소나큐브, 아티팩토리, 깃허브 같은 도구는 작업 기간 동안의 추세를 기록하고 보여준다. 이 추세를 통해 프로젝트 관리자와 팀원들은 프로젝트의 진행 방향 및 속도를 확인할 수 있다.

이슈의 조기 발견

CI를 잘 구성함으로써 얻을 수 있는 가장 큰 이득이다. 모든 머지 이슈나 통합 이슈가 바로 발견되고, CI 시스템이 빌드 실패 즉시 알람을 통해 이를 알려준다.

빠른 개발

기술적 관점에서 보면, CI는 팀원들을 좀 더 효율적으로 일할 수 있게 도와준다. CI를 사용하는 프로젝트는 빌드, 테스트, 소스코드 통합을 자동으로 하는 환경이 되고, 빠른 개발로 이어진다.

개발자들은 빌드, 패키징, 통합, 배포가 자동화돼 있기에 오직 개발에만 집중해 시간을 사용할 수 있다. 이것은 지리적으로 떨어져서 일하는 조직에도 적합하다. 좋은 소프트웨어 개발 환경software configuration management process이 정착돼 있으면, 분산된 팀에서 일하는 것도 가능해진다.

기능 추가에 집중하기

과거에는 빌드와 릴리스는 개발자와 개발 팀이 주기적으로 작업하는 일이었다. 이후 빌드, 릴리스 및 배포를 전담하는 팀이 생기는 방향으로 변화됐다. 이런 변화에서 의사소통 문제 및 개발자, 릴리스 엔지니어, 테스터 사이의 협업 부재가 나타났다. 하지만 CI 도구를 이용함으로써 빌드, 릴리스, 배포 작업이 자동화됐고, 개발 팀이 기능 개발 이외의 것에 신경 쓸 이유가 사라졌다. 대부분의 경우 테스트조차도 자동화됐다. 따라서 CI 절차를 따라감으로써 개발 팀은 코드 개발에 더 많은 시간을 할애할 수 있게 됐다.

▌ 요약

"모든 성공한 애자일 프로젝트에는 CI 절차가 있다."

이번 장에서는 소프트웨어 개발 방법론의 역사를 살펴보고 CI와 이를 구성하는 요소를 알아봤다.

이 장에서 다룬 다양한 개념과 용어는 다음 장에서 다루는 내용의 근간을 이룬다. 다음 장에서는 이런 개념을 기반으로 기술의 노하우를 다룬다.

2장에서는 젠킨스를 다양한 플랫폼에 설치하는 방법을 알아본다.

02

젠킨스 설치

2장에서는 젠킨스를 여러 플랫폼에 설치하는 방법을 알아본다. 이 장에서 다루는 내용은 다음과 같다.

- 젠킨스를 서블릿 컨테이너에서 실행하는 방법(아파치 톰캣Apache Tomcat)
- 젠킨스를 스탠드얼론 애플리케이션으로 윈도우/우분투/레드햇 리눅스/페도라 에서 실행하는 방법
- 젠킨스를 리버스 프록시 서버 뒤에서 실행하는 방법(Nginx)
- 젠킨스를 도커를 이용해 실행하는 방법
- 도커 데이터 볼륨data volumes의 이점을 살리는 방법
- 도커를 이용해 개발, 스테이징, 프로덕션 환경의 젠킨스 실행 방법

▌ 서블릿 컨테이너를 이용해 젠킨스 실행하기

젠킨스는 다음 서블릿 컨테이너에서 실행 가능하다.

- 아파치 제로니모Apache Geronimo 3.0
- 글래스피시GlassFish
- IBM 웹스피어WebSphere
- 제이보스JBoss
- 제티Jetty
- 요나Jonas
- 리버티 프로파일Liberty profile
- 톰캣Tomcat
- 웹로직WebLogic

이번 절에서는 아파치 톰캣 서버를 이용해 젠킨스를 설치하는 방법을 알아본다. 이 과정은 상당히 간단하다. 젠킨스를 기존에 설치돼 있는 아파치 톰캣 서버 위에 다른 서비스들과 같이 실행시키거나, 젠킨스만을 위한 아파치 톰캣을 설정할 수도 있다.

전제 조건

시작하기 전에 다음 조건을 충족하는지 확인한다.

- 4GB 이상의 메모리와 멀티코어 CPU
- 팀의 인프라스트럭처 상황에 따라 AWS나 디지털오션DigitalOcean 같은 클라우드 인스턴스나 VM웨어나 브이스피어vSphere 같은 VM, 혹은 일반 PC
- 우분투 16.04 LTS가 설치된 머신
- 설치 과정에서 관리자 아이디와 패스워드를 물을 경우를 대비한 관리자 권한

자바 설치

다음과 같이 자바를 설치한다.

1. 패키지 인덱스를 업데이트한다.

   ```
   sudo apt-get update
   ```

2. 자바를 설치한다. 다음 명령어를 이용해 JRE^{Java Runtime Environment}를 설치한다.

   ```
   sudo apt-get install default-jre
   ```

3. JAVA_HOME 환경 변수를 설정하기 위해 다음 명령어로 자바 설치 경로를 알아낸다.

   ```
   update-java-alternatives -l
   ```

4. 이전 명령어에서 머신에 설치된 자바 목록과 경로를 보여줄 것이다. 터미널에 나타난 자바 경로를 복사한다.

   ```
   java-1.8.0-openjdk-amd64   1081
   /usr/lib/jvm/java-1.8.0-openjdk-amd64
   ```

5. /etc/environment 파일을 수정하기 위해 연다.

   ```
   sudo nano /etc/environment
   ```

6. 이전에 복사한 자바 경로를 위에서 연 파일에 추가한다.

   ```
   JAVA_HOME="/usr/lib/jvm/java-1.8.0-openjdk-amd64"
   ```

7. Ctrl + X와 Ctrl + Y를 눌러 파일을 저장하고 닫는다.

8. 다음 명령어를 이용해 변경한 사항을 적용시킨다.

```
sudo source /etc/environment
```

아파치 톰캣 설치

다음 단계를 통해 우분투 머신에 아파치 톰캣을 다운로드해 설치한다.

1. /tmp 폴더로 이동한 후 다음과 같이 wget 명령어를 통해 톰캣을 다운로드한다.

```
cd /tmp
wget https://archive.apache.org/dist/tomcat/tomcat-8/ \
v8.5.16/bin/apache-tomcat-8.5.16.tar.gz
```

 아파치 톰캣의 모든 버전을 살펴보려면 다음 링크를 방문한다.

https://archive.apache.org/dist/tomcat/

2. /opt/tomcat 폴더를 생성한다.

```
sudo mkdir /opt/tomcat
```

3. /opt/tomcat 경로에 압축 파일을 해제한다.

```
sudo tar xzvf apache-tomcat-8*tar.gz \
-C /opt/tomcat --strip-components=1
```

4. systemd 서비스[1] 파일을 생성한다.

sudo nano /etc/systemd/system/tomcat.service

5. 다음 내용을 파일 안에 복사한다.

```
[Unit]
Description=Apache Tomcat Web Application Container
After=network.target

[Service]
Type=forking

Environment=JAVA_HOME=/usr/lib/jvm/java-1.8.0-openjdk-amd64
Environment=CATALINA_PID=/opt/tomcat/temp/tomcat.pid
Environment=CATALINA_HOME=/opt/tomcat
Environment=CATALINA_BASE=/opt/tomcat
Environment='CATALINA_OPTS=-Xms512M -Xmx1024M
-server -XX:+UseParallelGC'
Environment='JAVA_OPTS=-Djava.awt.headless=true
-Djava.security.egd=file:/dev/./urandom'

ExecStart=/opt/tomcat/bin/startup.sh
ExecStop=/opt/tomcat/bin/shutdown.sh

RestartSec=10
Restart=always

[Install]
WantedBy=multi-user.target
```

6. Ctrl + X와 Ctrl + Y를 눌러 파일을 저장하고 닫는다.

---

1 서비스란 시스템의 백그라운드에서 돌아가는 프로그램을 의미한다. – 옮긴이

7. systemd 데몬 변경 사항을 적용한다.

```
sudo systemctl daemon-reload
```

8. 톰캣 서비스를 다시 실행한다.

```
sudo systemctl start tomcat
```

9. 톰캣 서비스 상태를 확인한다.

```
sudo systemctl status tomcat
```

10. 다음 결과가 나타난 것을 확인한다.

```
● tomcat.service - Apache Tomcat Web Application Container Loaded: loaded
  (/etc/systemd/system/tomcat.service; disabled; vendor preset: enabled)
  Active: active (running) since Mon 2017-07-31 21:27:39 UTC; 5s ago
  Process: 6438 ExecStart=/opt/tomcat/bin/startup.sh (code=exited,
          status=0/SUCCESS)
Main PID: 6448 (java)
            Tasks: 44
           Memory: 132.2M
              CPU: 2.013s
           CGroup: /system.slice/tomcat.service
               └─6448 /usr/lib/jvm/java-1.8.0-openjdk-amd64/bin/java
-Djava.util.logging.config.file=/opt/tomcat/conf/logging.properties
-Djava.util.logging.manager=org.apache.juli.ClassLoaderLogMan
```

방화벽과 8080 포트 활성화

아파트 톰캣은 8080 포트를 이용해 동작한다. 방화벽이 비활성화돼 있다면 다음 명령으로 활성화시킨다.

1. 방화벽을 활성화시킨다.

   sudo ufw enable

2. 8080 포트를 연다.

   sudo ufw allow 8080

3. OpenSSH를 활성화시켜 SSH 연결을 가능케 한다.

   sudo ufw enable "OpenSSH"

4. 방화벽 상태를 확인한다.

   sudo ufw status

5. 결과는 다음과 같다.

   ```
   Status: active
   To              Action  From
   --              ------  ----
   8080            ALLOW   Anywhere
   OpenSSH         ALLOW   Anywhere
   8080 (v6)       ALLOW   Anywhere (v6)
   OpenSSH (v6)    ALLOW   Anywhere (v6)
   ```

6. 다음 경로를 통해 아파치 톰캣 서버에 접속할 수 있다.

   ```
   http://<IP address of the Apache Tomcat>:8080
   ```

아파치 톰캣 서버 설정하기

이번에는 아파치 톰캣 관리자와 호스트 관리자를 활성화시켜 보자.

1. /opt/tomcat/conf 폴더에서 tomcat-users.xml 파일을 수정하기 위해 연다.

   ```
   sudo nano /opt/tomcat/conf/tomcat-users.xml
   ```

2. 코멘트를 제외하면 파일은 다음과 유사할 것이다.

   ```
   <?xml version="1.0" encoding="UTF-8"?>
   . . .
   <tomcat-users xmlns="http://tomcat.apache.org/xml"
   xmlns:xsi="http://www.w3.org/2001/XMLSchema-instance"
   xsi:schemaLocation="http://tomcat.apache.org/xml tomcat-users.xsd"
   version="1.0">
   . . .
       <!--
           <role rolename="tomcat"/>
           <role rolename="role1"/>
           <user username="tomcat" password="<must-be-changed>"
           roles="tomcat"/>
           <user username="both" password="<must-be-changed>"
           roles="tomcat,role1"/>
           <user username="role1" password="<must-be-changed>"
           roles="role1"/>
       -->
   </tomcat-users>
   ```

3. 이 파일 안에서 role과 user 관련 내용이 주석 처리된 것을 볼 수 있다. 톰캣 관리자 앱 페이지에 접근하기 위해 이 두 가지를 활성화시키자.

   ```
   <role rolename="manager-gui"/>
   <role rolename="admin-gui"/>
   <user username="admin" password="password"
       roles="manager-gui,admin-gui"/>
   ```

4. 마지막으로, 코멘트를 제외하고 보면 파일은 아래와 유사해야 한다.

```
<?xml version="1.0" encoding="UTF-8"?>
<tomcat-users xmlns="http://tomcat.apache.org/xml"
xmlns:xsi="http://www.w3.org/2001/XMLSchema-instance"
xsi:schemaLocation="http://tomcat.apache.org/xml tomcat-users.xsd"
version="1.0">
    <role rolename="manager-gui"/>
    <role rolename="admin-gui"/>
    <user username="admin" password="password"
      roles="manager-gui,admin-gui"/>
</tomcat-users>
```

5. Ctrl + X와 Ctrl + Y를 눌러 파일을 저장하고 닫는다.

6. 기본적으로 톰캣 관리자와 호스트 관리자 애플리케이션은 아파치 톰캣 서버를 통해서만 접근하게 돼 있다. 후에 원격 머신에서 아파치 위에서 동작될 서비스를 관리할 것이기 때문에, 이 제약을 해제해야 한다.

7. /opt/tomcat/webapps/manager/META−INF/context.xml 파일과 /opt/tomcat/webapps/host−manager/META−INF/context.xml 파일을 연다.

8. 파일 안에서 다음 영역을 주석 처리한다.

```
<Context antiResourceLocking="false" privileged="true" >
  <!--<Valve className="org.apache.catalina.valves.RemoteAddrValve"
  allow="127\.\d+\.\d+\.\d+|::1|0:0:0:0:0:0:0:1" />-->
  <Manager sessionAttributeValueClassNameFilter="java\.lang\
        .(?:Boolean|Integer|Long|Number|String)|org\.apache\.catalina\
        .filters\.CsrfPreventionFilter\$LruCache(?:\$1)?|java\.util\
        .(?:Linked)$
</Context>
```

9. Ctrl + X와 Ctrl + Y를 눌러 파일을 저장하고 닫는다.

10. 톰캣 서버를 다시 시작한다.

```
sudo systemctl restart tomcat
```

11. 톰캣 관리자와 호스트 관리자 앱을 아파치 톰캣 서버 홈페이지를 통해 접근해 보자.

아파치 톰캣 서버 위에 젠킨스 설치

젠킨스를 스탠드얼론 형태가 아닌 아파치 톰캣 위에서 다른 서비스와 같이 실행시키려면 다음과 같이 한다.

1. /tmp 폴더로 이동한 후 wget 명령어를 통해 젠킨스 앱을 다운로드한다.

```
cd /tmp
wget http://mirrors.jenkins.io/war-stable/latest/jenkins.war
```

2. 최신 jenkins.war 파일이 내려받아졌을 것이다.
3. 이 파일을 /tmp 폴더에서 /opt/tomcat 폴더로 이동시킨다.

```
sudo mv jenkins.war /opt/tomcat/webapps/
```

4. /opt/tomcat/webapps/ 폴더 내에 있는 파일을 살펴본다.

```
sudo ls -l /opt/tomcat/webapps
```

결과는 다음과 같다.

```
total 68984
-rw-rw-r--   1 ubuntu ubuntu 70613578 Jul 19 22:37 jenkins.war
drwxr-x---   3 root   root       4096 Jul 31 21:09 ROOT
drwxr-x---  14 root   root       4096 Jul 31 21:09 docs
drwxr-x---   6 root   root       4096 Jul 31 21:09 examples
```

```
drwxr-x---   5 root    root       4096 Jul 31 21:09 manager
drwxr-x---   5 root    root       4096 Jul 31 21:09 host-manager
drwxr-x---  10 root    root       4096 Jul 31 22:52 jenkins
```

 jenkins.war 파일을 webapps 폴더로 옮기면 jenkins 폴더가 자동으로 생성된다. 이것은 war 파일이 webapps 폴더로 이동되면 즉시 압축이 해제되는 웹 애플리케이션 포맷이기 때문이다. 즉, 방금 진행한 일은 아주 간단한 배포 행위다.

5. 이제 다 됐다. http://⟨IP address of Tomcat server⟩:8080/jenkins를 통해 젠 킨스에 접근할 수 있다.

젠킨스를 아파치 톰캣 서버에 독립적으로 설치하기

젠킨스만을 위한 아파치 톰캣 서버를 설정하려면 다음 과정을 따라 진행한다.

1. /tmp 폴더로 이동한 후 wget 명령어를 이용해 젠킨스 애플리케이션을 다운로 드한다.

```
cd /tmp
wget http://mirrors.jenkins.io/war-stable/latest/jenkins.war
```

2. 다운로드한 jenkins.war 패키지의 이름을 ROOT.war로 변경한다.

```
sudo mv jenkins.war ROOT.war
```

3. root 사용자로 전환해 /opt/tomcat/webapps 폴더 안의 모든 내용을 삭제한다.

```
sudo su -
cd /opt/tomcat/webapps
sudo rm -r *
```

4. 위에서 이름을 변경한 ROOT.war 파일을 /tmp 폴더에서 /opt/tomcat/webapps 폴더로 이동시킨다.

```
sudo mv /tmp/ROOT.war /opt/tomcat/webapps/
```

5. /opt/tomcat/webapps 폴더 안의 내용을 살펴보면 아래처럼 ROOT 폴더가 자동으로 생성된 것을 볼 수 있다.

```
total 68964
drwxr-x---   10 root    root        4096 Jul 31 23:10 ROOT
-rw-rw-r--    1 ubuntu ubuntu   70613578 Jul 19 22:37 ROOT.war
```

 젠킨스만을 위해 서버를 할당하는 것을 권장한다.

6. http://〈IP address of Tomcat server〉:8080/을 통해 접속하면 추가 경로 없이 젠킨스에 접근할 수 있다. 아파치 서버가 젠킨스만을 위한 서버로 설정된 것을 알 수 있다.

/opt/tomcat/webapps 폴더 안에 있는 모든 내용을 삭제하고(ROOT 폴더와 ROOT.war 파일 제외) jenkins.war 파일을 webapps 폴더 안으로 이동시키면 젠킨스만을 위한 아파치 톰캣 서버를 설정할 수 있다. jenkins.war 파일을 ROOT.war 파일로 변경하는 것은 http://〈IP address of Tomcat server〉:8080/을 통해 젠킨스에 접근하고 싶을 때에만 필요하다.[2]

---

2 파일 명을 변경하지 않으면 ~:8080/jenkins/와 같이 추가 URL을 통해서만 젠킨스에 접근할 수 있다. - 옮긴이

젠킨스 홈 경로 설정

젠킨스를 사용하기 전 jenkins_home 경로를 꼭 설정해야 한다. 젠킨스를 톰캣 위에 서비스로 설치할 경우 jenkins_home 경로는 자동으로 /root/.jenkins/로 설정된다. 여기에 모든 젠킨스의 설정 파일, 로그, 빌드 결과가 저장된다. 젠킨스 대시보드에 관한 모든 것도 여기에 저장된다.

이 경로를 좀 더 접근하기 편하게 만들 필요가 있다. 다음 과정을 통해 /var/jenkins_home으로 경로를 변경해보자.

1. 아파치 톰캣 서버를 멈춘다.

```
sudo systemctl stop tomcat
```

2. /opt/tomcat/conf 경로에서 context.xml 파일을 연다.

```
sudo nano /opt/tomcat/conf/context.xml
```

3. 코멘트를 제외하면 다음과 같이 생겼을 것이다.

```
<?xml version="1.0" encoding="UTF-8"?>
<Context>
    <WatchedResource>WEB-INF/web.xml</WatchedResource>
    <WatchedResource>${catalina.base}/conf/web.xml</WatchedResource>
</Context>
```

4. <Context> </Context> 사이에 다음 내용을 추가한다.

```
<Environment name="JENKINS_HOME" value="/var/jenkins_home"
type="java.lang.String"/>
```

5. 톰캣 서비스를 시작한다.

```
sudo systemctl start tomcat
```

█ 윈도우에 스탠드얼론 젠킨스 설치

윈도우에 젠킨스를 설치하는 방법은 간단하다. 설치를 진행하기 전 전제 조건을 살펴보자.

전제 조건

다음 전제 조건을 만족시키는지 확인해보자.

- 4GB 이상의 메모리와 멀티코어 CPU
- 팀의 인프라스트럭처 상황에 따라 AWS나 디지털오션 같은 클라우드 인스턴스나 VM웨어나 브이스피어 같은 VM, 혹은 일반 PC
- 윈도우 7/8/10의 최신 버전이나, 윈도우 서버 2012/2012 R2/2016 최신 버전
- 설치 과정에서 관리자 아이디와 패스워드를 물을 경우를 대비한 관리자 권한
- 포트 8080이 열려 있어야 한다.

자바 설치

다음과 같이 자바를 설치하자.

1. https://java.com/en/download/manual.jsp에서 최신 버전의 자바 JRE를 다운로드(OS의 상황에 따라 x86이나 x64 중 선택)한다.
2. 설치 과정을 따라간다.

3. 다음 명령을 실행해 자바가 잘 설치됐는지 확인한다.

```
java -version
```

4. 결과가 다음과 같아야 한다.

```
java version "1.8.0_121"
Java(TM) SE Runtime Environment (build 1.8.0_121-b13)
Java HotSpot(TM) 64-Bit Server VM (build 25.121-b13, mixed mode)
```

5. JAVA_HOME을 설정하기 위해 다음 명령을 이용해 윈도우에서 자바 설치 경로를 알아낸다.

```
where java
```

6. 위 명령어는 다음과 같이 자바 설치 경로를 알려줄 것이다. \bin\java를 제외한 부분을 복사한다.

```
C:\Program Files\Java\jdk1.8.0_121\bin\java
```

7. 명령 프롬프트^{Command Prompt}를 관리자 권한으로 연 후, 다음 명령을 실행해 JAVA_HOME 경로를 설정한다. 본인의 화면에 나온 자바 설치 경로를 이용하는지 확인하자.

```
setx -m JAVA_HOME "C:\Program Files\Java\jdk1.8.121"
```

최신 안정 버전 젠킨스 설치

최신 안정 버전 젠킨스를 다음과 같이 설치해보자.

1. 최신 안정 버전 젠킨스를 젠킨스 공식 웹사이트 https://jenkins.io/download/ 에서 다운로드한다. 이를 위해서 LTS^{Long Term Support} 릴리스를 내려받는다. 최신 버전을 원한다면 주간 릴리스 버전을 다운로드한다.

2. 내려받은 파일의 압축을 해제하면 jenkins.msi 파일을 볼 수 있다.

3. jenkins.msi를 실행시켜 다음 단계를 진행한다.

4. 설치 과정 중 젠킨스 설치 폴더를 선택할 수 있다. 기본적으로 C:/Program Files/Jenkins나 C:/Program Files (x86)/Jenkins가 선택될 것이다. 이대로 Next 버튼을 눌러 진행한다.

5. Finish 버튼을 눌러 설치를 완료한다.

윈도우에서 젠킨스를 시작, 중지, 재시작하기

기본적으로 젠킨스는 설치 직후 실행된다. 이번에는 젠킨스를 시작, 중지, 재시작시키고 이를 확인하는 명령어를 알아보자.

1. 커맨드 프롬프트에서 다음 명령어를 이용해 Services 윈도우를 연다.

```
services.msc
```

2. jenkins라는 이름의 서비스를 찾는다.

3. jenkins 서비스를 우클릭해 Properties(속성)를 클릭한다.

4. General(일반) 탭에서 젠킨스 서비스 명과 실행 파일의 위치, 서비스 상태, 시작 파라미터를 볼 수 있다.

5. Startup type 옵션을 이용해 젠킨스가 윈도우 위에서 어떻게 실행될 것인지 선택할 수 있다. Automatic(자동), Manual(사용자 설정), Automatic(Delayed Start) 중에서 선택 가능하다. 항상 Automatic을 선택하자.

6. 다음 서비스 상태에서 젠킨스를 Start(시작), Stop(중지), Pause(정지), Resume(재시작)시킬 수 있다.

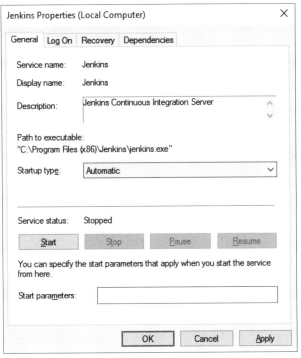

젠킨스 서비스 startup 옵션 설정

7. Log On 탭으로 이동해 젠킨스를 시작시킬 사용자 이름을 정한다.

8. Local System Account(로컬 시스템 계정)를 사용할 수도 있지만 권장하지 않고, 새로 사용자를 만들어 특별한 권한을 주는 것을 권장한다.

항상 젠킨스만을 위한 사용자 생성을 하도록 하자. Local System account는 관리가 힘들기 때문이다. 이 계정은 회사 정책에 의해 삭제되거나 암호가 만료될 수 있는 반면, 젠킨스만을 위한 계정은 원하는 정책과 권한을 설정할 수 있다.

젠킨스 서비스 Log On 옵션 설정

9. 다음은 Recovery(복구) 탭이다. 여기서 젠킨스 서비스가 시작되는 과정에서 문제가 생길 경우 해야 할 일을 정의할 수 있다.

10. 여기 예제를 보면, 첫 번째 실패가 발생하면 젠킨스를 재시작시키고, 두 번째 실패 때는 컴퓨터를 다시 시작한다. 마지막으로 그 다음 실패가 일어나면 이슈를 디버그하기 위해 특정 프로그램을 실행시키거나, 젠킨스 실패 로그를 특정 젠킨스 관리자에게 메일로 보내 조사를 진행할 수 있다.

젠킨스 서비스 Recovery 옵션 설정

▌우분투에 스탠드얼론 젠킨스 설치하기

우분투에 젠킨스를 설치하는 것은 상당히 쉽다. 설치 전에 다음 전제 조건을 확인해보자.

전제 조건

시작하기 전에 다음 조건을 충족하는지 확인한다.

- 4GB 이상의 메모리와 멀티코어 CPU
- 팀의 인프라스트럭처 상황에 따라 AWS나 디지털오션 같은 클라우드 인스턴스나 VM웨어나 브이스피어 같은 VM, 혹은 일반 PC

- 우분투 16.04 LTS가 설치된 머신
- 설치 과정에서 관리자 아이디와 패스워드를 물을 경우를 대비한 관리자 권한
- 포트 8080이 열려 있어야 한다.

자바 설치

다음과 같이 자바를 설치한다.

1. 패키지 인덱스를 업데이트한다.

   ```
   sudo apt-get update
   ```

2. 자바를 설치한다. 다음 명령어를 이용해 JRE^{Java Runtime Environment}를 설치한다.

   ```
   sudo apt-get install default-jre
   ```

3. JAVA_HOME 환경 변수를 설정하기 위해 다음 명령어로 자바 설치 경로를 알아낸다.

   ```
   update-java-alternatives -l
   ```

4. 이전 명령어에서 머신에 설치된 자바 목록과 경로를 보여줄 것이다. 터미널에 나타난 자바 경로를 복사한다.

   ```
   java-1.8.0-openjdk-amd64  1081
   /usr/lib/jvm/java-1.8.0-openjdk-amd64
   ```

5. /etc/environment 파일을 수정하기 위해 연다.

   ```
   sudo nano /etc/environment
   ```

6. 위에서 연 파일에 이전에 복사한 자바 경로를 추가한다.

```
JAVA_HOME="/usr/lib/jvm/java-1.8.0-openjdk-amd64"
```

7. Ctrl + X와 Ctrl + Y를 눌러 파일을 저장하고 닫는다.
8. 다음 명령어를 통해 변경된 내용을 적용시킨다.

```
sudo source /etc/environment
```

젠킨스 최신 버전 설치

다음과 같이 최신 버전의 젠킨스를 설치한다.

1. 시스템에 저장소 키를 추가한다.

```
wget --no-check-certificate -q -O \
- https://pkg.jenkins.io/debian/jenkins-ci.org.key | \
sudo apt-key add -
```

2. OK라고 결과가 나와야 한다. 그 이후 다음 명령을 통해 데비안 패키지 저장소 주소를 추가하자.

```
echo deb http://pkg.jenkins.io/debian binary/ | \
sudo tee /etc/apt/sources.list.d/jenkins.list
```

3. 패키지 인덱스를 업데이트한다.

```
sudo apt-get update
```

4. 젠킨스를 설치한다.

```
sudo apt-get install jenkins
```

5. 젠킨스를 다시 시작해야 하는 경우에는 '우분투에서 젠킨스 시작, 종료, 재시작
   하기' 절(81쪽)을 참고한다.

6. 이제 젠킨스가 준비됐다. 기본적으로 젠킨스는 8080 포트로 동작한다. 웹 브라우
   저에 http://localhost:8080/이나 http://⟨Jenkins server IP address⟩:8080/을
   입력해 젠킨스에 접근하자.

젠킨스 최신 안정 버전 설치

다음과 같이 안정 버전의 젠킨스를 설치한다.

1. 시스템에 저장소 키를 추가한다.

   ```
   wget --no-check-certificate -q -O - \
   https://pkg.jenkins.io/debian-stable/jenkins-ci.org.key | \
   sudo apt-key add -
   ```

2. OK라고 결과가 나와야 한다. 그 이후 다음 명령을 통해 데비안 패키지 저장소
   주소를 추가하자.

   ```
   echo deb http://pkg.jenkins.io/debian-stable binary/ | \
   sudo tee /etc/apt/sources.list.d/jenkins.list
   ```

3. 패키지 인덱스를 업데이트한다.

   ```
   sudo apt-get update
   ```

4. 젠킨스를 설치한다.

   ```
   sudo apt-get install jenkins
   ```

5. 젠킨스를 다시 시작해야 하는 경우에는 '우분투에서 젠킨스 시작, 종료, 재시작하기' 절을 참고한다.

6. 이제 젠킨스가 준비됐다. 기본적으로 젠킨스는 8080 포트로 동작한다. 웹 브라우저에 http://localhost:8080/이나 http://⟨Jenkins server IP address⟩:8080/을 입력해 젠킨스에 접근하자.

 /var/log/jenkins/jenkins.log에 접근해 젠킨스의 문제점을 해결해보자. 젠킨스 서비스는 설치 과정에서 자동으로 생성된 Jenkins 사용자로 실행된다.

우분투에서 젠킨스 시작, 종료, 재시작하기

기본적으로 젠킨스는 설치되고 나면 자동으로 실행된다. 젠킨스의 시작, 종료, 재시작, 상태 확인 명령어는 다음과 같다.

1. 다음 명령어를 사용해 젠킨스를 시작한다.

```
sudo systemctl start jenkins
```

2. 다음 명령어를 사용해 젠킨스를 종료한다.

```
sudo systemctl stop jenkins
```

3. 다음과 같이 명령어를 사용해 젠킨스를 다시 시작한다.

```
sudo systemctl restart jenkins
```

4. systemctl 명령어를 사용해 상태를 확인한다.

```
sudo systemctl status jenkins
```

5. 결과는 다음과 같다.

```
● jenkins.service - LSB: Start Jenkins at boot time
Loaded: loaded (/etc/init.d/jenkins; bad; vendor preset: enabled) Active:
active (exited) since Wed 2017-07-19 22:34:39 UTC; 6min ago Docs:
man:systemd-sysv-generator(8)
```

▌레드햇 리눅스에 스탠드얼론 젠킨스 설치하기

이번 절에서는 레드햇 리눅스에 젠킨스를 설치하는 방법을 알아보자. 여기 나온 설명은 페도라에도 동일하게 적용된다.

전제 조건

시작하기 전에 다음 조건을 충족하는지 확인한다.

- 4GB 이상의 메모리와 멀티코어 CPU
- 팀의 인프라스트럭처 상황에 따라 AWS나 디지털오션 같은 클라우드 인스턴스나 VM웨어나 브이스피어 같은 VM, 혹은 일반 PC
- 레드햇 7.3이 설치된 머신
- 설치 과정에서 관리자 아이디와 패스워드를 물을 경우를 대비한 관리자 권한
- 포트 8080이 열려 있어야 한다.

자바 설치

다음과 같이 자바를 설치한다.

1. /tmp 폴더로 이동해 자바를 다운로드한다.

```
cd /tmp
wget -O java_8.131.rpm \
http://javadl.oracle.com/webapps/download/AutoDL? \
BundleId=220304_d54c1d3a095b4ff2b6607d096fa80163
```

2. 자바를 설치한다. 다음 명령어는 JRE를 설치한다.

```
sudo rpm -ivh java_8.131.rpm
```

3. JAVA_HOME 환경 변수를 설정하기 위해 다음 명령어로 자바 설치 경로를 알아낸다.

```
sudo alternatives --config java
```

4. 이전 명령어에서 머신에 설치된 자바 목록과 경로를 보여줄 것이다. 터미널에 나타난 자바 경로를 복사한다.

```
There is 1 program that provides 'java'.
Selection    Command
-----------------------------------------------
*+ 1             /usr/java/jre1.8.0_131/bin/java
```

5. 이전에 복사한 자바 경로를 /etc/environment 파일에 추가한다.

```
sudo sh \
-c "echo JAVA_HOME=/usr/java/jre1.8.0_131 >> 
/etc/environment"
```

최신 버전 젠킨스 설치하기

다음 단계를 통해 최신 버전의 젠킨스를 설치하자.

1. 젠킨스 저장소를 yum 저장소에 추가한다.

```
sudo wget -O /etc/yum.repos.d/jenkins.repo \
 http://pkg.jenkins-ci.org/redhat/jenkins.repo
sudo rpm --import https://jenkins-ci.org/redhat/jenkins-ci.org.key
```

2. 젠킨스를 설치한다.

```
sudo yum install jenkins
```

3. 젠킨스 재시작이 필요하다면 '레드햇 리눅스에서 젠킨스 시작, 종료, 재시작하기' 절을 참고한다.

이제 젠킨스가 준비됐다. 기본적으로 젠킨스는 8080 포트로 동작한다. 웹 브라우저에 http://localhost:8080/이나 http://〈Jenkins server IP address〉:8080/을 입력해 젠킨스에 접근하자.

최신 안정 버전 젠킨스 설치하기

다음과 같이 안정적인 버전을 설치한다.

1. 젠킨스 저장소를 yum 저장소에 추가한다.

```
sudo wget -O /etc/yum.repos.d/jenkins.repo \
 http://pkg.jenkins-ci.org/redhat-stable/jenkins.repo
sudo rpm --import https://jenkins-ci.org/redhat/jenkins-ci.org.key
```

2. 젠킨스를 설치한다.

```
sudo yum install jenkins
```

3. 젠킨스 재시작이 필요하다면 '레드햇 리눅스에서 젠킨스 시작, 종료, 재시작하기' 절을 참고한다.

레드햇 리눅스에서 젠킨스 시작, 종료, 재시작하기

젠킨스의 시작, 종료, 재시작, 상태 확인 방법은 다음과 같다.

1. 다음과 같이 명령어를 사용해 젠킨스를 시작한다.

```
sudo systemctl start jenkins
```

2. 다음과 같이 명령어를 사용해 젠킨스를 종료한다.

```
sudo systemctl stop jenkins
```

3. 다음과 같이 명령어를 사용해 젠킨스를 다시 시작한다.

```
sudo systemctl restart jenkins
```

4. 다음과 같이 systemctl 명령어를 사용해 젠킨스의 상태를 확인한다.

```
sudo systemctl status jenkins
```

5. 결과는 다음과 같다.

```
● jenkins.service - LSB: Jenkins Automation Server
Loaded: loaded (/etc/rc.d/init.d/jenkins; bad;
vendor preset: disabled)
```

```
Active: active (running) since Wed 2017-07-19 18:45:47 EDT;
           2min 31s ago
       Docs: man:systemd-sysv-generator(8)
    Process: 1081 ExecStart=/etc/rc.d/init.d/jenkins start
    (code=exited, status=0/SUCCESS)
  CGroup: /system.slice/jenkins.service └─1706 /etc/alternatives/java
          -Dcom.sun.akuma.Daemon=daemonized -Djava.awt.headless=true
          -DJENKINS_HOME=/var/lib/j...
```

 /var/log/jenkins/jenkins.log에 접근해 젠킨스의 문제점을 해결해보자. 젠킨스 서비스는
설치 과정에서 자동으로 생성된 Jenkins 사용자로 실행된다.

▌ 젠킨스를 리버스 프록시 뒤에서 실행하기

이번에는 스탠드얼론 형태로 실행되는 Nginx 서버를 스탠드얼론으로 돌아가는 젠킨스 서
버 앞에 배치하는 방법을 알아보자.

전제 조건

시작하기 전에 다음 조건을 충족하는지 확인한다.

- 4GB 이상의 메모리와 멀티코어 CPU를 지원하는 서버 2대. 한 대는 Nginx를,
  나머지는 젠킨스를 실행한다.
- 팀의 인프라스트럭처 상황에 따라 AWS나 디지털오션 같은 클라우드 인스턴스나
  VM웨어나 브이스피어 같은 VM, 혹은 일반 PC
- 우분투 16.04 혹은 더 최신 버전이 설치된 머신

- 설치 과정에서 관리자 아이디와 패스워드를 물을 경우를 대비한 관리자 권한
- 두 머신 모두 같은 네트워크에 연결돼 위치해야 한다. 다음 설정에서는 모든 서비스에 연결된 인트라넷이 존재한다고 가정한다.

Nginx의 설치와 설정

Nginx를 우분투에 설치하는 것은 간단하다. 다음 단계를 통해 Nginx 서버를 우분투에 설치해보자.

1. 패키지 인덱스를 업데이트한다.

```
sudo apt-get update
```

2. nginx를 설치한다.

```
sudo apt-get install nginx
```

Nginx 서버 방화벽 설정

Nginx 서버에 접속하려면 방화벽을 설정해야 한다. 다음과 같이 방화벽을 설정한다.

1. 방화벽 상태를 ufw 명령어를 통해 확인한다.

```
sudo ufw status
```

결과는 다음과 같다.

```
Status: inactive
```

2. 활성화돼 있다면, 세 번째 단계로 이동한다. 활성화돼 있지 않은 경우 다음을 통해 활성화시킨다.

```
sudo ufw enable
```

결과는 다음과 같다.

```
Command may disrupt existing ssh connections.
Proceed with operation (y|n)? y
Firewall is active and enabled on system startup
```

3. 다음 명령어를 통해 설정 가능한 목록을 나열한다. 세 개의 Nginx 프로파일과 하나의 OpenSSH 프로파일이 나와야 한다.

```
sudo ufw app list
```

결과는 다음과 같다.

```
Available applications:
    Nginx Full
    Nginx HTTP
    Nginx HTTPS
    OpenSSH
```

Nginx Full 프로파일은 암호화되지 않은 80 포트와 443 포트(TLS/SSL)를 연다.

Nginx HTTP 프로파일은 암호화되지 않은 80 포트만 연다.

Nginx HTTPS 프로파일은 암호화되지 않은 443 포트(TLS/SSL)만 연다.

OpenSSH 프로파일은 22 포트(SSH)만 연다.

가장 제약이 많은 프로파일만 활성화시키는 것이 좋다.

4. 간단히 하기 위해 Nginx Full 프로파일을 활성화시키자.

```
sudo ufw allow 'Nginx Full'
Rules updated
Rules updated (v6)
```

5. 또한 OpenSSH 프로파일이 활성화돼 있지 않다면 활성화시키자. 이를 통해 Nginx 머신에 SSH를 통해 접근할 수 있다.

```
sudo ufw allow 'OpenSSH'
```

 OpenSSH가 비활성화돼 있다면 Nginx 머신에 로그인할 수 없다.

6. 변경된 내용을 확인한다. Nginx Full과 OpenSSH가 허용돼 있어야 한다.

```
sudo ufw status
```

다음 내용을 볼 수 있다.

```
Status: active
To                Action      From
--                ------      ----
OpenSSH           ALLOW       Anywhere
Nginx Full        ALLOW       Anywhere
OpenSSH (v6)      ALLOW       Anywhere (v6)
Nginx Full (v6)   ALLOW       Anywhere (v6)
```

7. Nginx 서비스가 동작하는지 systemctl 명령어를 통해 확인하자.

```
systemctl status nginx
```

결과는 다음과 같을 것이다.

```
● nginx.service - A high performance web server and a reverse proxy
server
        Loaded: loaded (/lib/systemd/system/nginx.service; enabled;
        vendor preset: enabled)
        Active: active (running) since Thu 2017-07-20 18:44:33 UTC;
45min ago
      Main PID: 2619 (nginx)
         Tasks: 2
        Memory: 5.1M
           CPU: 13ms
        CGroup: /system.slice/nginx.service
                ├─2619 nginx: master process /usr/sbin/nginx -g daemon on;
master_process on
                └─2622 nginx: worker process
```

8. 위 결과를 통해 Nginx 서비스가 잘 돌아가는 것을 알 수 있다. 브라우저를 통해 접근해보자. 먼저 ip route 명령을 통해 IP를 알아낸다.

```
ip route
```

결과는 다음과 같다.

```
default via 10.0.2.2 dev enp0s3
10.0.2.0/24 dev enp0s3  proto kernel
scope link src 10.0.2.15
192.168.56.0/24 dev enp0s8  proto kernel  scope link
src 192.168.56.104
```

9. 이제 http://<IP Address>:80을 통해 Nginx 홈페이지에 접속해보자. 다음과 유사한 화면이 나타날 것이다.

Nginx 인덱스 페이지

Nginx 서버 시작, 종료, 재시작하기

Nginx 서버가 설치됐으니, 이를 관리할 명령어를 알아보자. 젠킨스처럼 Nginx를 관리할 때에도 systemctl 명령어를 사용한다.

1. 다음 명령을 사용해 종료한다.

```
sudo systemctl start nginx
```

2. 종료된 상태에서 시작하려면 다음 명령어를 사용한다.

```
sudo systemctl stop nginx
```

3. 다음 명령어를 사용해 다시 시작한다.

```
sudo systemctl restart nginx
```

4. 설정을 변경한 후 이를 적용시키려면 다음 명령어를 사용한다.

```
sudo systemctl reload nginx
```

OpenSSL을 이용해 Nginx 보안을 유지하기

이번에는 Nginx 서버를 사용하기 위해 직접 서명한 SSL 증명서self-signed SSL certificate를 발급하는 방법을 알아보자.

SSL 증명서 만들기

다음 명령어로 OpenSSL을 이용해 직접 서명한 키와 증명서 조합을 만들어보자.

```
sudo openssl req -x509 -nodes -days 365 -newkey rsa:2048 \
   -keyout /etc/ssl/private/nginx-selfsigned.key -out \
   /etc/ssl/certs/nginx-selfsigned.crt
```

위 명령어에서 사용된 옵션의 의미는 다음 표와 같다.

파라미터	설명
req	이 옵션은 X.509 CSR(Certificate Signing Request) 관리 방법을 사용한다는 의미다.
-x509	이 옵션은 CSR을 생성하는 대신 직접 서명한 인증서를 만든다는 의미다.
-nodes	이 옵션은 패스워드를 이용해 증명서를 확인하는 것을 생략하게 해준다.
-days	이 옵션은 증명서가 유효한 기간을 설정한다.
-newkey rsa:2048	이 옵션은 OpenSSL이 새로운 증명서와 키를 동시에 생성하게 한다. rsa:2048 옵션은 RSA 키가 2048 비트의 길이가 되게 한다.
-keyout	이 옵션을 이용해 원하는 장소에 생성된 프라이빗 키를 저장할 수 있다.
-out	이 옵션을 이용해 원하는 장소에 생성된 증명서를 저장할 수 있다.

다음 명령어를 이용해 증명서와 프라이빗 키를 생성하는 순간, 필요한 정보를 입력하라고 나타난다. 다음과 같을 것이다.

```
Country Name (2 letter code) [AU]:DK
State or Province Name (full name) [Some-State]:Midtjylland
Locality Name (eg, city) []:Brande
```

```
Organization Name (eg, company) [Internet Widgits Pty Ltd]: Deviced.Inc
Organizational Unit Name (eg, section) []:DevOps
Common Name (e.g. server FQDN or YOUR name) []:<IP address of Nginx>
Email Address []:admin@organisation.com
```

 FQDN(Fully Qualified Domain Name)으로도 알려진 CN(Common Name) 항목은 매우 중요하다. Nginx 서버의 IP 주소나 도메인명을 작성한다.

/etc/ssl/private/ 폴더에는 nginx-selfsigned.key 파일, /etc/ssl/certs/ 폴더에는 nginx-selfsigned.crt 파일이 있을 것이다.

이제 클라이언트와 정보 교환 과정에서 **완전 순방향 비밀성**PFS, Perfect Forward Secrecy을 유지하기 위해 강력한 디피 헬먼Diffie-Hellman 그룹을 생성한다. 다음과 같이 openssl을 이용해 진행한다.

```
sudo openssl dhparam -out /etc/ssl/certs/dhparam.pem 2048
```

약간 시간이 소요될 수 있으며, 완료된 후 dhparam.pem 파일을 /etc/ssl/certs/ 폴더 안에서 찾아 볼 수 있다.

강력한 암호화 설정 생성하기

이번 절에서는 Nginx 서버의 보안을 유지할 수 있는 강력한 SSL 암호 세트를 설정해보자.

1. ssl-params.conf 설정 파일을 /etc/nginx/snippets/ 안에 다음과 같이 만든다.

   ```
   sudo nano /etc/nginx/snippets/ssl-params.conf
   ```

2. 다음 코드를 파일 안에 복사한다.

```
# from https://cipherli.st/
# and https://raymii.org/s/tutorials/
  Strong_SSL_Security_On_nginx.html

ssl_protocols TLSv1 TLSv1.1 TLSv1.2;
ssl_prefer_server_ciphers on;
ssl_ciphers "EECDH+AESGCM:EDH+AESGCM:AES256+EECDH:AES256+EDH";
ssl_ecdh_curve secp384r1;
ssl_session_cache shared:SSL:10m;
ssl_session_tickets off;
ssl_stapling on;
ssl_stapling_verify on;
resolver 8.8.8.8 8.8.4.4 valid=300s;
resolver_timeout 5s;
# disable HSTS header for now
#add_header Strict-Transport-Security "max-age=63072000;
 includeSubDomains; preload";
add_header X-Frame-Options DENY;
add_header X-Content-Type-Options nosniff;

ssl_dhparam /etc/ssl/certs/dhparam.pem;
```

3. Ctrl + X와 Ctrl + Y를 눌러 파일을 저장하고 닫는다.

 https://cipherli.st/에서 확인할 수 있는 레미 반 엘스트(Remy van Elst)의 조언을 참고했다.

Nginx 설정 변경

다음으로 SSL을 활성화시키기 위해 Nginx 설정을 변경해보자.

1. 먼저 /etc/nginx/sites-available/ 폴더에 default 파일명으로 존재하는 기존 Nginx 설정 파일을 백업하자.

```
sudo cp /etc/nginx/sites-available/default \
/etc/nginx/sites-available/default.backup
```

2. 다음으로 수정하기 위해 파일을 연다.

```
sudo nano /etc/nginx/sites-available/default
```

3. 주석 처리가 많이 돼 있는데, 이를 무시하면 대략 아래와 같은 내용을 볼 수 있다.

```
server {
    listen 80 default_server;
    listen [::]:80 default_server;

    # SSL configuration

    # listen 443 ssl default_server;
    # listen [::]:443 ssl default_server;

    . . .

    root /var/www/html;

    . . .

    index index.html index.htm index.nginx-debian.html;
    server_name _;

    . . .
```

4. 암호화되지 않은 HTTP 요청이 자동으로 암호화된 HTTPS로 리다이렉트되게 설정을 변경할 것이다. 강조된 다음 세 줄을 추가하자.

```
server {
        listen 80 default_server;
```

```
        listen [::]:80 default_server;
        server_name <nginx_server_ip or nginx domain name>;
        return 301 https://$server_name$request_uri;
}

        # SSL configuration

        # listen 443 ssl default_server;
        # listen [::]:443 ssl default_server;

        . . .
```

5. 이전 코드와 비교해보면 서버 블록을 닫은 것을 볼 수 있다.

6. 다음으로, 새로운 서버 블록을 시작하고, 포트 443을 사용하는 두 개의 listen 명령어의 주석을 해제한다. 그리고 https를 이 두 라인에 추가해 HTTP/2를 활성화시킨다.

```
server {
        listen 80 default_server;
        listen [::]:80 default_server;
        server_name <nginx_server_ip or nginx domain name>;
        return 301 https://$server_name$request_uri;
}

server {
        # SSL configuration

        listen 443 ssl http2 default_server;
        listen [::]:443 ssl http2 default_server;

        . . .
```

7. 다음으로 직접 서명한 증명서와 키가 있는 장소를 추가한다. 설정한 두 개의 파일을 추가한다.

```
server {
        listen 80 default_server;
        listen [::]:80 default_server;
        server_name <nginx_server_ip or nginx domain name>;
        return 301 https://$server_name$request_uri;
}
server {

        # SSL configuration

        listen 443 ssl http2 default_server;
        listen [::]:443 ssl http2 default_server;
        ssl_certificate /etc/ssl/certs/nginx-selfsigned.crt;
        ssl_certificate_key /etc/ssl/private/nginx-selfsigned.key;
        include snippets/ssl-params.conf;


        . . .
```

8. 다음으로 SSL 서버 블록 안 Nginx IP나 도메인명에 server_name 값을 추가한다.
   기본적으로 server_name은 아래처럼 밑줄(_)로 설정돼 있을 것이다.

```
server {
   # SSL configuration
   . . .
   server_name <nginx_server_ip or nginx domain name>;


   . . .
}
```

9. Ctrl + X와 Ctrl + Y를 눌러 파일을 저장하고 닫는다.

변경 사항을 적용하고 Nginx 설정을 테스트하기

새로운 변경 사항을 적용하기 위해 Nginx를 재부팅한다.

1. 먼저, 다음 명령어로 파일에 문법 오류가 있는지 확인한다.

```
sudo nginx -t
```

2. 모든 것이 성공적이면 아래와 같은 내용을 보여줄 것이다.

```
nginx: [warn] "ssl_stapling" ignored, issuer certificate not found
nginx: the configuration file /etc/nginx/nginx.conf syntax is ok
nginx: configuration file /etc/nginx/nginx.conf test is successful
```

3. Nginx를 다시 시작한다.

```
sudo systemctl restart nginx
```

4. http://<Nginx_IP_Address>:80을 이용해 Nginx 서버에 접속한다. 자동으로 https://<Nginx_IP_Address>:80으로 리다이렉트되는 것을 볼 수 있다.

5. 다음 화면과 같은 경고가 나타난다.

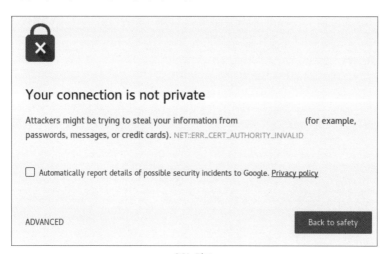

SSL 경고

6. 이것은 우리가 만든 증명서가 브라우저에서 신뢰할 수 있는 기관에서 인증된 것이 아니기 때문이다.

7. Advanced... 버튼을 누르고 Proceed to 192.168.56.104(unsafe) 버튼을 누른다.

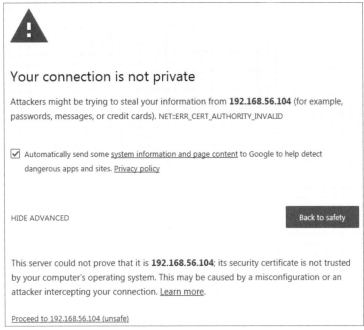

안전하지 않은 상태로 진행

8. 이제 다음 화면과 같이 Nginx 기본 페이지를 볼 수 있을 것이다.

SSL 암호화된 Nginx 첫 페이지

젠킨스 서버 설정

이번에는 젠킨스 서버에 여러 가지를 설정하는 방법을 알아보자. 이를 하기 전에 '우분투에 스탠드얼론 젠킨스 설치하기' 절을 참고하자.

실행되고 있는 젠킨스 서버가 있다면 다음과 같이 한다.

1. 젠킨스를 Nginx와 연동하려면 젠킨스 설정을 수정해 젠킨스 서버가 모든 인터페이스(0.0.0.0)가 아닌 젠킨스의 IP 주소나 도메인을 통해서만 동작하게 설정해야 한다. 그렇지 않고 모든 인터페이스를 통해 접근 가능하면 기존의 암호화되지 않은 8080 포트로 접근이 가능해진다.

2. 이를 위해 /etc/default/jenkins 설정 파일을 다음을 통해 변경한다.

```
sudo nano /etc/default/jenkins
```

3. 파일 안의 가장 아래로 이동해 JENKINS_ARGS가 있는 줄을 찾는다.

4. 기존 JENKINS_ARGS 뒤에 다음을 추가한다.

```
-httpListenAddress=<IP Address of your Jenkins>
```

5. 최종적으로 JENKINS_ARGS는 다음과 같이 한 줄로 보여야 한다.

```
JENKINS_ARGS="--webroot=/var/cache/$NAME/war
--httpPort=$HTTP_PORT
--httpListenAddress=192.168.56.105"
```

6. Ctrl + X와 Ctrl + Y를 눌러 파일을 저장하고 닫는다.

7. 변경 사항을 적용시키기 위해 젠킨스를 다시 시작한다.

```
sudo systemctl restart jenkins
```

8. 젠킨스가 잘 동작하는지 확인해본다.

```
sudo systemctl status jenkins
```

결과는 다음과 같다.

```
● jenkins.service - LSB: Start Jenkins at boot time
   Loaded: loaded (/etc/init.d/jenkins; bad;
   vendor preset: enabled)
   Active: active (exited) since Sat 2017-07-22 23:30:36 UTC; 18h ago
              Docs: man:systemd-sysv-generator(8)
```

Nginx 설정에 리버스 프록시 추가하기

다음은 Nginx 설정에 리버스 프록시를 추가하는 방법이다.

1. 수정을 위해 Nginx 설정 파일을 연다.

```
sudo nano /etc/nginx/sites-available/default
```

2. 모든 요청을 젠킨스 서버로 보내기 때문에, 기본 설정인 try_files 라인을 주석 처리한다.

```
location / {
    # 먼저 request를 파일로 처리하고,
    # 그 이후에는 폴더로, 마지막으로 404 에러를 보여준다.
    # try_files $uri $uri/ =404;
}
```

3. 프록시 설정을 추가한다.

```
location / {
    # 먼저 request를 파일로 처리하고, 그 이후에는 폴더로,
    # 마지막으로 404 에러를 보여준다.
    # try_files $uri $uri/ =404;
    include /etc/nginx/proxy_params;
    proxy_pass http://<ip address of jenkins>:8080; proxy_read_timeout
90s;
    # 잠재적인 "리버시 프록시 설정이 고장났습니다" 에러 수정
    proxy_redirect http://<ip address of jenkins>:8080
    https://your.ssl.domain.name;
}
```

4. Ctrl + X와 Ctrl + Y를 눌러 파일을 저장하고 닫는다.

5. Nginx 설정 파일에 문법 오류가 있는지 확인한다.

```
sudo nginx -t
```

결과는 다음과 같을 것이다.

```
nginx: [warn] "ssl_stapling" ignored, issuer certificate not found
nginx: the configuration file /etc/nginx/nginx.conf syntax is ok
nginx: configuration file /etc/nginx/nginx.conf test is successful
```

6. 결과에 에러가 없다면 Nginx를 재시작해 새 설정 파일을 적용한다.

```
sudo systemctl restart nginx
```

7. https://<nginx_ip_address>:80을 통해 Nginx 서버에 접속한다.

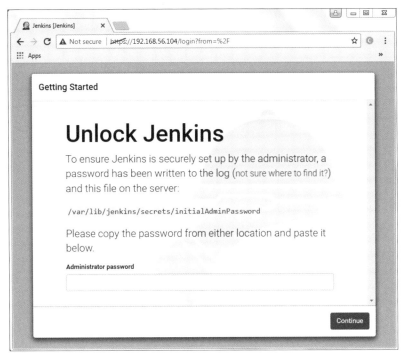

젠킨스 시작하기 페이지

젠킨스와 Nginx를 같은 머신에서 실행하기

젠킨스를 리버스 프록시(Nginx) 뒤에서 실행시키면서 두 서비스를 하나의 머신에서 실행
하고 싶다면 다음과 같이 한다.

1. 4GB 이상의 메모리와 멀티코어 CPU를 지원하는 서버
2. 팀의 인프라스트럭처 상황에 따라 AWS나 디지털오션 같은 클라우드 인스턴스나
   VM웨어나 브이스피어 같은 VM, 혹은 일반 PC
3. 우분투 16.04 혹은 더 최신 버전이 설치된 머신
4. 설치 과정에서 관리자 아이디와 패스워드를 물을 경우를 대비한 관리자 권한

5. 'Nginx 설치 및 설정하기' 절을 참고해 Nginx를 설치한다.

6. 'Nginx 서버 방화벽 설정하기' 절을 참고해 방화벽을 설정한다.

7. 'OpenSSL을 이용해 Nginx 보안을 유지하기' 절을 참고해서 OpenSSL을 이용해 Nginx 서버의 보안을 설정한다.

8. 포트 8080을 열기 위해 방화벽을 설정한다.

```
sudo ufw allow 8080
```

9. 방화벽 설정을 확인한다.

```
sudo ufw status
```

결과는 다음과 같을 것이다.

```
Status: active
To                 Action   From
--                 ------   ----
OpenSSH            ALLOW    Anywhere
Nginx Full         ALLOW    Anywhere
8080               ALLOW    Anywhere
OpenSSH (v6)       ALLOW    Anywhere (v6)
Nginx Full (v6)    ALLOW    Anywhere (v6)
8080 (v6)          ALLOW    Anywhere (v6)
```

10. '우분투에 스탠드얼론 젠킨스 설치하기' 절을 참고해 젠킨스를 설치한다.

11. '젠킨스 서버 설정하기' 절을 참고해 젠킨스를 설정한다. 이 과정을 진행할 때 〈IP Address of your Jenkins〉 부분에 127.0.0.1을 입력하는 것을 잊지 말자.

12. 'Nginx 설정에 리버스 프록시 추가하기' 절을 참고해 리버스 프록시 설정을 Nginx에 추가한다. 이 과정을 진행할 때 젠킨스 서버의 주소를 Nginx 설정 파일에 여러 번 입력해야 할 것이다. Nginx와 젠킨스가 같은 머신에서 돌아가기 때문에 〈IP Address of your Jenkins〉 부분의 값은 localhost이다.

▌ 도커에서 젠킨스 실행하기

젠킨스를 도커 위에서 실행하는 것의 가장 큰 장점은 프로덕션용 젠킨스 서버에 여러 개의 개발 및 스테이징 인스턴스를 만들 필요가 생겼을 때다. 또한 중요한 젠킨스 서버를 유지 보수해야 할 때, 트래픽을 두 번째 젠킨스로 분산시키는 경우에도 유용하다. 이런 경우는 일단 제쳐두고, 먼저 젠킨스를 도커에서 실행해보자.

전제 조건

시작하기 전에 다음 조건을 충족하는지 확인한다.

- 4GB 이상의 메모리(성능이 좋을수록 좋다)와 멀티코어 CPU
- 팀의 인프라스트럭처 상황에 따라 AWS나 디지털오션 같은 클라우드 인스턴스나 VM웨어나 브이스피어 같은 VM, 혹은 일반 PC
- 우분투 16.04 혹은 더 최신 버전이 설치된 머신
- 설치 과정에서 관리자 아이디와 패스워드를 물을 경우를 대비한 관리자 권한

도커 호스트 설정

이번 절에서는 저장소 방식과 데비안 패키지 방식을 이용해 도커를 설치하는 방법을 알아 본다. 다음과 같이 도커 호스트를 설정한다.

저장소 설정

다음과 같이 저장소를 설정하자.

1. apt가 저장소를 사용할 수 있게 한다.

```
sudo apt-get install apt-transport-https ca-certificates
```

2. 도커 공식 GPG 키를 등록한다.

```
curl -fsSL https://yum.dockerproject.org/gpg | sudo apt-key add -
```

3. 등록한 키 ID가 58118E89F3A912897C070ADBF76221572C52609D와 일치하는지 다음을 통해 확인한다.

```
apt-key fingerprint 58118E89F3A912897C070ADBF76221572C52609D
```

결과는 다음과 같다.

```
pub   4096R/2C52609D 2015-07-14
Key fingerprint = 5811 8E89 F3A9 1289 7C07  0ADB F762 2157 2C52
                  609D
uid   Docker Release Tool (releasedocker) docker@docker.com
```

4. 도커를 다운로드하기 위해 안정 버전 저장소를 추가한다.

```
sudo add-apt-repository \
        "deb https://apt.dockerproject.org/repo/ubuntu-$(lsb_release \
        -cs) main"
```

 항상 안정 버전 저장소를 사용하는 것을 추천한다.

도커 설치하기

저장소 설정을 완료한 후, 다음과 같이 설치한다.

1. 패키지 인덱스를 업데이트한다.

```
sudo apt-get update
```

2. 최신 버전 도커를 설치한다.

```
sudo apt-get -y install docker-engine
```

3. 특정 버전의 도커를 설치하기 위해 가능한 버전을 찾는다.

```
apt-cache madison docker-engine
```

결과는 다음과 같다.

```
docker-engine | 1.16.0-0~trusty |
https://apt.dockerproject.org/repo ubuntu-trusty/main amd64
Packages docker-engine | 1.13.3-0~trusty |
https://apt.dockerproject.org/repo ubuntu-trusty/main amd64
Packages
. . .
```

ⓘ 이 명령어의 결과는 '저장소 설정' 절에서 설정한 내용에 따라 달라질 수 있다.

4. 특정 버전의 도커를 설치하기 위해 다음 명령어를 이용한다.

```
sudo apt-get -y install docker-engine=<VERSION_STRING>
sudo apt-get -y install docker-engine=1.16.0-0~trusty
```

5. 도커 서비스는 자동으로 시작된다. 다음 명령어로 이를 확인하자.

```
sudo docker run hello-world
```

6. 이전 명령어는 오류 없이 수행됐을 것이고, 다음과 같은 Hello from Docker! 메시지를 볼 수 있다.

```
Unable to find image 'hello-world:latest' locally
latest: Pulling from library/hello-world
b04784fba78d: Pull complete
Digest: sha256:
    f3b3b28a45160805bb16542c9531888519430e9e6d6ffc09d72261b0d26ff74f
Status: Downloaded newer image for hello-world:latest

Hello from Docker!
This message shows that your installation appears to be working
correctly.
. . .
```

패키지로 설치하기

다음과 같이 .deb 패키지로 도커를 설치한다.

1. .deb 패키지를 https://apt.dockerproject.org/repo/pool/main/d/docker-engine/에서 다운로드한다.

2. 다운로드한 패키지를 설치한다.

```
sudo dpkg -i /<path to package>/<docker package>.deb
```

3. 도커가 설치됐는지 확인한다.

```
sudo docker run hello-world
```

결과는 다음과 같을 것이다.

```
Hello from Docker!
This message shows that your installation appears to be working
correctly.
```

젠킨스 컨테이너 실행하기

이제 도커 호스트가 준비됐으니 젠킨스를 실행해보자.

1. 젠킨스 컨테이너 실행을 위해 다음 명령어를 수행하자. 도커 허브에서 젠킨스 도커 이미지(jenkins/jenkins:lts)를 다운로드하는 데 약간의 시간이 소요될 수 있다.

```
docker run -d --name jenkins_dev -p 8080:8080 \
-p 50000:50000 jenkins/jenkins:lts
```

결과는 다음과 같다.

```
. . .
. . .
. . .
d52829d9da9e0a1789a3117badc862039a0084677be6a771a959d8467b9cc267
```

2. 다음 표는 지금까지 사용한 도커 명령어에 대한 설명이다.

파라미터	설명
docker	도커 유틸리티를 호출하기 위해 사용
run	컨테이너를 실행하기 위한 도커 명령어
-d	컨테이너를 백그라운드로 실행하기 위한 옵션
--name	컨테이너에 이름을 짓기 위한 옵션
-p	컨테이너의 포트와 호스트를 연결시키는 옵션
jenkins/jenkins:lts	컨테이너를 생성하기 위한 도커 이미지의 이름과 버전. jenkins/jenkins는 젠킨스 도커 이미지고, lts는 해당 이미지의 특정 버전이다.

3. 실행되고 있는 컨테이너를 확인하려면 다음 명령어를 실행한다.

```
sudo docker ps --format "{{.ID}}: {{.Image}} {{.Names}}"
```

결과는 다음과 같다.

```
d52829d9da9e: jenkins/jenkins:lts jenkins_dev
```

 젠킨스의 최신 LTS 이미지를 사용하려면 jenkins/jenkins:lts 젠킨스 도커 이미지를 사용하자.

젠킨스의 주간 릴리스를 사용하려면 jenkins/jenkins 젠킨스 도커 이미지를 사용하자.

4. 도커 호스트 IP를 알아보자.

```
sudo ip route
```

결과는 다음과 같다.

```
default via 10.0.2.2 dev enp0s3
10.0.2.0/24 dev enp0s3  proto kernel  scope link  src 10.0.2.15
172.17.0.0/16 dev docker0  proto kernel  scope link  src 172.17.0.1
192.168.56.0/24 dev enp0s8  proto kernel  scope link
src 192.168.56.107
```

5. 이제 젠킨스 서버가 http:<IP Address of Docker host>:8080에 준비됐다. **젠킨스 시작하기** 페이지를 볼 수 있을 것이다.

6. 젠킨스 설정을 진행하기 위해서 initialAdminPassword가 필요할 수 있다. /var/jenkins_home/secrets/에 존재할 것이다. initialAdminPassword 파일에 접근하는 방법은 두 가지가 있다. 먼저 다음과 같이 docker exec 명령어를 이용할 수 있다.

```
sudo docker exec -it jenkins_dev \
cat /var/jenkins_home/secrets/initialAdminPassword
```

아니면 docker exec 명령어를 이용해 젠킨스 컨테이너에 접속할 수 있다.

```
sudo docker exec -it jenkins_dev bash
```

7. 컨테이너 안에 들어왔다면 다음 리눅스 명령어를 이용해 파일의 내용을 알아 낸다.

```
cat /var/jenkins_home/secrets/initialAdminPassword \
```

두 방법 모두 아래와 비슷한 initialAdminPassword 파일의 내용을 출력할 것이 다.

```
1538ededb4e94230aca12d10dd461e52
```

여기서 −i 옵션은 도커 컨테이너와 연동할 수 있게 해주고, -t 옵션은 가상 -tty 를 할당해준다.

8. 젠킨스 컨테이너 안에 있는 상황에서 jenkins_home 폴더가 /var/ 폴더 안에 있 는 것을, 그리고 jenkins.war 파일이 /usr/share/jenkins/ 폴더 안에 있는 것 을 볼 수 있다.

 jenkins_home은 매우 중요한 폴더로 젠킨스의 모든 잡, 빌드, 메타데이터, 설정 파일, 사용 자 및 모든 정보가 저장되는 공간이다.

데이터 볼륨을 이용한 젠킨스 컨테이너 실행

앞 절에서는 jenkins_home 폴더에 영구적으로 데이터를 저장하지 않는 방법으로 젠킨스 컨테이너를 만들었다. 즉, 어떤 연유로 인해 젠킨스 컨테이너를 삭제하게 되면 jenkins_ home 폴더도 같이 삭제된다.

다행히 데이터 볼륨^{data volume}을 이용해 젠킨스를 도커 위에서 수행하는 더 좋은 방식이 있다. 데이터 볼륨이란 데이터가 컨테이너의 라이프 사이클에 상관없이 영구적으로 저장하는 특정한 폴더다. 컨테이너가 데이터 볼륨에 자료를 저장하면, 해당 컨테이너를 삭제하더라도 데이터는 계속 유지되는데, 이것은 컨테이너와 데이터 볼륨이 별개의 영역으로 구성되기 때문이다.

데이터 볼륨을 사용해 젠킨스 컨테이너를 생성해보자.

1. 젠킨스 컨테이너를 실행한다.

```
sudo docker run -d --name jenkins_prod -p 8080:8080 \
-p 50000:50000 -v jenkins-home-prod:/var/jenkins_home \
jenkins/jenkins:lts
```

2. -v jenkins-home-prod:/var/jenkins_home 옵션은 jenkins-home-prod라는 이름으로 데이터 볼륨을 만들어 /var/jenkins_home 폴더에 연결한다.

3. jenkins_prod 컨테이너 내의 /var/jenkins_home 폴더의 내용을 보기 위해 다음 명령어를 실행한다.

```
sudo docker exec -it jenkins_prod ls -lrt /var/jenkins_home
```

결과는 다음과 같다.

```
total 72
drwxr-xr-x  2 jenkins jenkins 4096 Jul 26 20:41 init.groovy.d
-rw-r--r--  1 jenkins jenkins  102 Jul 26 20:41
  copy_reference_file.log
drwxr-xr-x 10 jenkins jenkins 4096 Jul 26 20:41 war
-rw-r--r--  1 jenkins jenkins    0 Jul 26 20:41
  secret.key.not-so-secret
-rw-r--r--  1 jenkins jenkins   64 Jul 26 20:41 secret.key
drwxr-xr-x  2 jenkins jenkins 4096 Jul 26 20:41 plugins
drwxr-xr-x  2 jenkins jenkins 4096 Jul 26 20:41 jobs
```

```
drwxr-xr-x  2 jenkins jenkins 4096 Jul 26 20:41 nodes
-rw-r--r--  1 jenkins jenkins  159 Jul 26 20:41
  hudson.model.UpdateCenter.xml
-rw-------  1 jenkins jenkins 1712 Jul 26 20:41 identity.key.enc
drwxr-xr-x  2 jenkins jenkins 4096 Jul 26 20:41 userContent
 -rw-r--r--  1 jenkins jenkins  907 Jul 26 20:41 nodeMonitors.xml
drwxr-xr-x  3 jenkins jenkins 4096 Jul 26 20:41 logs
-rw-r--r--  1 jenkins jenkins    6 Jul 26 20:41
  jenkins.install.UpgradeWizard.state
drwxr-xr-x  3 jenkins jenkins 4096 Jul 26 20:41 users
drwx------  4 jenkins jenkins 4096 Jul 26 20:41 secrets
-rw-r--r--  1 jenkins jenkins   94 Jul 26 20:41 jenkins.CLI.xml
-rw-r--r--  1 jenkins jenkins 1592 Jul 26 20:41 config.xml
drwxr-xr-x  2 jenkins jenkins 4096 Jul 26 20:41 updates
```

4. 도커 볼륨의 목록은 다음 명령어로 확인 가능하다.

```
sudo docker volume ls
```

결과는 다음과 같다.

```
DRIVER      VOLUME NAME

local       jenkins-home-prod
```

5. 이제 영구적인 jenkins_home 폴더를 가진 젠킨스 도커 컨테이너가 생성됐다.

데이터 볼륨 테스트

다음과 같이 데이터 볼륨을 테스트한다.

1. 젠킨스 서버에 변경 사항을 만들어 /var/jenkins_home 내부의 내용을 변경한다.

2. 젠킨스 컨테이너를 삭제한다.

3. 같은 데이터 볼륨을 사용할 새로운 젠킨스 컨테이너를 만든다.

4. 활성화된 젠킨스 컨테이너를 확인한다.

```
sudo docker ps --format "{{.ID}}: {{.Image}} {{.Names}}"
```

결과는 다음과 같을 것이다.

```
5d612225f533: jenkins/jenkins:lts jenkins_prod
```

5. http://<ip address of docker host>:8080을 통해 젠킨스에 접속한다.

6. initialAdminPassword 파일의 내용을 다음 명령어를 통해 알아낸다.

```
sudo docker exec -it jenkins_prod \
cat /var/jenkins_home/secrets/initialAdminPassword
```

결과는 다음과 같다.

```
7834556856f04925857723cc0d0523d7
```

7. initialAdminPassword의 내용을 젠킨스 페이지에서 Administrator password 필드에 붙여넣은 후 젠킨스 설정을 진행한다.

8. Create First Admin User 단계에서 다음 화면처럼 새로운 사용자를 만든다.

첫 번째 젠킨스 관리자 생성

9. 나머지 단계를 진행한다.

10. /var/jenkins_home/users 폴더의 내용을 보기 위해 다음 명령어를 실행한다. 여기가 모든 사용자 정보가 있는 장소다.

```
sudo docker exec -it jenkins_prod ls -lrt /var/jenkins_home/users
```

결과는 다음과 같다.

```
total 4
drwxr-xr-x 2 jenkins jenkins 4096 Jul 26 21:38 developer
```

11. 새롭게 생성한 developer 사용자가 users 폴더 밑에 존재하는 것을 볼 수 있다.

12. 이제 jenkins_prod 젠킨스 컨테이너를 삭제하자.

```
sudo docker kill jenkins_prod
sudo docker rm jenkins_prod
```

13. 실행되고 있거나 중지된 도커 컨테이너 목록을 알아본다.

```
sudo docker ps -a --format "{{.ID}}: {{.Image}} {{.Names}}"
```

결과는 다음과 같다. jenkins_prod는 여기에 없어야 한다.

```
3511cd609b1b: hello-world eloquent_lalande
```

14. 볼륨 목록을 확인한다.

```
sudo docker volume ls
```

다음과 유사한 내용을 볼 수 있을 것이다. 컨테이너를 삭제했지만 컨테이너와 연관된 데이터 볼륨은 삭제되지 않은 것을 확인할 수 있다.

```
DRIVER            VOLUME NAME
local             jenkins-home-prod
```

15. jenkins-home-prod 볼륨을 사용하는 새로운 젠킨스 컨테이너를 jenkins_prod란 이름으로 생성한다.

```
sudo docker run -d --name jenkins_prod -p 8080:8080 \
-p 50000:50000 -v jenkins-home-prod:/var/jenkins_home \
jenkins/jenkins:lts
```

16. http://<IP Address of Docker host>:8080을 이용해 젠킨스 대시보드에 접근하자. 젠킨스 설정 페이지 대신 로그인 페이지를 볼 수 있다.

17. 이전에 사용한 사용자 정보로 로그인한다. 로그인이 가능할 것이다. 젠킨스의 설정이 무사히 보존된 것이 확인된다.

▌ 젠킨스 개발 및 스테이징 인스턴스 만들기

프로덕션 젠킨스 인스턴스에 새로운 내용을 테스트하기 위해 개발 및 스테이징 인스턴스가 필요할 경우가 있다. 도커를 이용하면 젠킨스 서버의 여러 인스턴스를 쉽고 안전하게 만들 수 있다.

이번 절에서는 젠킨스 프로덕션 인스턴스를 이용해 개발 및 스테이징 인스턴스를 만들어 볼 것이다.

전제 조건

시작하기 전에 다음 조건을 충족하는지 확인한다.

- 프로덕션 젠킨스 인스턴스를 실행시키고, 데이터 볼륨을 이용하는 도커 호스트
- '데이터 볼륨을 이용한 젠킨스 컨테이너 실행'(111쪽) 참고

빈 데이터 볼륨 생성

젠킨스 스테이징 및 개발 인스턴스를 위해 jenkins-home-staging과 jenkins-home-development 데이터 볼륨을 각각 생성한다.

1. 빈 jenkins-home-staging 데이터 볼륨을 생성한다.

```
sudo docker volume create --name jenkins-home-staging
```

2. 빈 jenkins-home-development 데이터 볼륨을 생성한다.

```
sudo docker volume create --name jenkins-home-development
```

3. 새롭게 생성된 데이터 볼륨의 목록을 확인한다.

```
sudo docker volume ls
```

결과는 다음과 같다.

```
DRIVER      VOLUME NAME
local       jenkins-home-prod
local       jenkins-home-development
local       jenkins-home-staging
```

4. 위 목록에서 jenkins-home-staging과 jenkins-home-development란 이름으로 새롭게 생성된 데이터 볼륨을 확인할 수 있다.

 앞 절을 따라서 진행했다면, 젠킨스 프로덕션 인스턴스인 jenkins_prod에서 사용되고 있는 jenkins-home-prod 데이터 볼륨도 확인할 수 있을 것이다.

데이터 볼륨 간 파일 복사

이제 새롭게 생성된 데이터 볼륨이 생겼다. jenkins-home-prod의 내용을 각각에 복사해 보자.

1. jenkins-home-prod의 내용을 jenkins-home-staging에 복사한다.

```
sudo docker run --rm -it --user root \
-v jenkins-home-prod:/var/jenkins_home \
-v jenkins-home-staging:/var/jenkins_home_staging \
jenkins/jenkins:lts bash -c "cd /var/jenkins_home_staging \
&& cp -a /var/jenkins_home/* ."
```

118

2. 위 명령어는 다음과 같은 일을 수행한다.

   ○ 먼저 jenkins/jenkins:lts 도커 이미지를 이용해 임시의 컨테이너를 만든다.

   ○ 임시 컨테이너에서 수행되는 모든 명령은 root 사용자로 처리된다. --user root 옵션을 확인하자.

   ○ jenkins-home-prod 데이터 볼륨의 내용을 /var/jenkins_home 폴더로 마운트한다. -v jenkins-home-prod:/var/jenkins_home 옵션을 확인하자.

   ○ 유사한 방식으로, 내용이 없는 jenkins-home-staging 데이터 볼륨의 내용을 /var/jenkins_home_staging 폴더로 마운트한다. -v jenkins-home-staging:/var/jenkins_home_staging 옵션을 확인하자.

   ○ 그 후 /var/jenkins_home의 내용을 /var/jenkins_home_staging으로 복사한다. bash -c "cd /var/jenkins_home_staging && cp -a /var/jenkins_home/*" 옵션을 확인하자.

3. 이제 jenkins-home-prod의 내용을 jenkins-home-development로 복사한다.

```
sudo docker run --rm -it --user root \
-v jenkins-home-prod:/var/jenkins_home \
-v jenkins-home-development:/var/jenkins_home_development \
jenkins/jenkins:lts bash -c "cd /var/jenkins_home_development \
&& cp -a /var/jenkins_home/* ."
```

4. 이제 같은 내용을 가지고 있는 jenkins-home-prod, jenkins-home-staging, jenkins-home-development 세 가지 데이터 볼륨을 갖게 됐다.

개발 및 스테이징 인스턴스 생성

개발과 스테이징을 위한 데이터 볼륨을 생성했으니, 이제 컨테이너가 이를 이용하게 설정해보자.

1. jenkins-home-staging 데이터 볼륨을 이용해 jenkins_staging 인스턴스를 생성한다.

```
sudo docker run -d --name jenkins_staging \
-v jenkins-home-staging:/var/jenkins_home -p 8081:8080 \
-p 50001:50000 jenkins/jenkins:lts
```

> 이전 명령어는 8080 포트에서 실행되는 젠킨스 인스턴스를 도커 호스트의 8081 포트와 연결하게 된다. 도커 호스트에서 다른 포트를 선택한 이유는 젠킨스 프로덕션 인스턴스인 jenkins_prod가 도커 호스트의 8080 포트에 연결돼 있기 때문이다.
>
> 같은 이유로 젠킨스 인스턴스의 50000 포트를 도커 호스트의 50001 포트와 연결했다.

2. http:<IP Address of Docker host>:8081을 이용해 젠킨스 스테이징 인스턴스에 접속한다.

3. 유사하게, 젠킨스 개발 인스턴스 jenkins_development를 jenkins-home-development 데이터 볼륨을 이용해 생성한다.

```
sudo docker run -d --name jenkins_development \
-v jenkins-home-development:/var/jenkins_home -p 8082:8080 \
-p 50002:50000 jenkins/jenkins:lts
```

이전 명령어는 8080 포트에서 실행되는 젠킨스 인스턴스를 도커 호스트의 8082 포트와 연결하게 된다. 도커 호스트에서 다른 포트를 선택한 이유는 이미 8080 포트와 8081 포트가 사용되고 있기 때문이다.

같은 이유로 50000 포트도 도커 호스트의 50002 포트로 연결했다.

4. `http:<IP Address of Docker host>:8082`를 이용해 젠킨스 개발 인스턴스에 접속한다.

▌ 요약

2장에서는 젠킨스를 아파치 톰캣 서버 위에 설치하는 방법과, 스탠드얼론 형태로 여러 운영체제에 설치하는 방법을 배웠다. 또한 Nginx를 이용해 리버스 프록시 서버를 젠킨스 앞에 설정해 SSL을 이용한 암호화된 연결을 하는 방법도 알아봤다.

또한, 도커에 젠킨스를 설치하는 방법도 살펴봤다. 데이터 볼륨을 사용할 때의 장점과, 개발이나 스테이징 인스턴스처럼 급하게 필요한 인스턴스가 생겼을 때 이용하는 방법을 알아봤다.

이번 장의 핵심 주제는 독자에게 젠킨스가 지원하는 다양한 환경과 설치 방법을 알려주는 것이다. 젠킨스의 관리는 4장, '젠킨스 설정'에서 다룬다.

3장에서는 젠킨스 2.x 버전에 새롭게 생긴 내용을 알아본다.

03

새로운 젠킨스

3장에서는 젠킨스 2.x 릴리스에서 새로 생긴 기능을 살펴본다. 3장에서 다루는 내용은 다음과 같다.

- 새로운 젠킨스 설정 마법사
- 코드로 작성하는 젠킨스 파이프라인
- 젠킨스 스테이지 뷰 Stage view
- 젠킨스의 서술적 Declarative 파이프라인 문법
- 젠킨스 멀티브랜치 파이프라인
- 젠킨스 파이프라인 문법 도구 Snippet Generator
- 젠킨스 인증
- Jenkinsfile

- 젠킨스 블루오션
- 젠킨스 블루오션에서 파이프라인 생성하기

▌ 젠킨스 설정 마법사

젠킨스에 처음 접근하면 **젠킨스 시작하기** 마법사 화면이 나타난다. 앞 장에서 살펴봤지만, 다음 절에서 중요한 부분을 좀 더 자세히 살펴보겠다.

전제 조건

시작하기 전에 다음 내용이 준비됐는지 확인하자.

- 2장에서 다뤘던 것처럼 임의의 플랫폼에서 돌아가고 있는 젠킨스 서버(도커, 스탠드얼론, 클라우드, VM, 서블릿 컨테이너 등)
- 플러그인을 다운로드할 수 있게 젠킨스 서버를 인터넷에 연결

젠킨스 잠금 해제하기

젠킨스에 처음 접속하게 되면 초기 관리자 비밀번호를 이용해 잠금을 해제해야 한다. 비밀번호는 jenkins_home 폴더의 initialAdminPassword 파일에 있다. 파일의 전체 경로는 다음 화면과 같이 젠킨스 화면에 나타난다.

- **윈도우**: C:\Program Files (x86)\Jenkins\secrets 아래에서 찾을 수 있다. 젠킨스를 다른 장소에 설치했다면 〈젠킨스 설치 폴더〉\secrets에서 찾을 수 있다.
- **리눅스**: /var/jenkins_home/secrets 밑에서 찾을 수 있다.

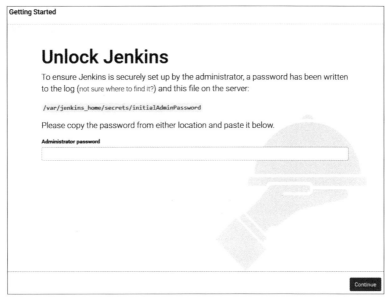

젠킨스 잠금 해제하기

initialAdminPassword 파일에서 암호를 찾아서 administrator password 칸에 붙여넣고 continue를 누른다.

 사용자명을 admin으로, 비밀번호를 initialAdminPassword 파일에 있는 암호로 입력하면 언제든지 젠킨스에 로그인할 수 있다.

젠킨스 커스터마이징

다음으로 젠킨스 플러그인을 설치하기 위해 다음 화면과 같이 두 가지 옵션이 나타난다.

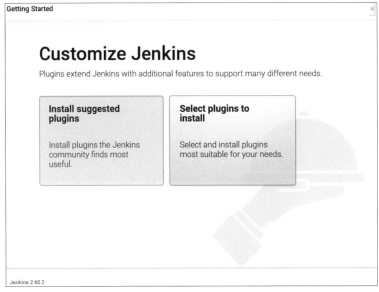

젠킨스 커스터마이징

Install suggested plugins를 클릭하면 Pipeline as Code나 Git 등 젠킨스 커뮤니티에서 추천하는 일반적인 플러그인이 모두 설치된다.

Select plugins to install을 클릭하면 설치할 플러그인을 고를 수 있다.

다음 절에서는 Select plugins to install을 선택해 진행할 것이다. 이 과정에서 다음 화면이 나타날 것이다. 젠킨스 플러그인 전체는 아니지만, 가장 유명한 목록이 보일 것이다. 추천 플러그인은 이미 선택돼 있다.

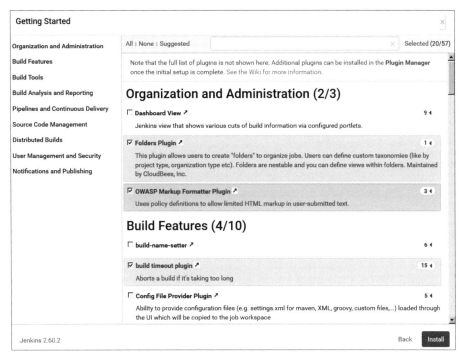

설치할 플러그인 선택하기

All, None, Suggested 중 하나를 선택할 수 있다.

플러그인을 선택한 후 하단의 Install 버튼을 누르면 다음 그림과 같이 플러그인 설치가 진행될 것이다.

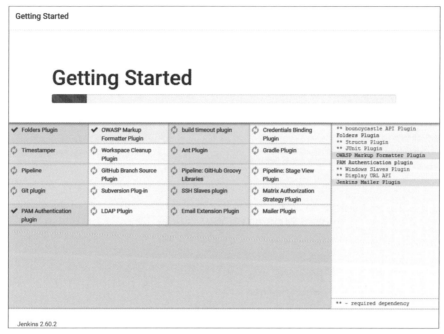

플러그인 설치

첫 번째 관리자 만들기

플러그인이 설치된 후, 다음 화면처럼 관리자를 만드는 화면이 나타난다. 이 관리자는 이
전 단계인 젠킨스 셋업 마법사에서 사용한 관리자 계정과는 다르다.

첫 번째 관리자 만들기

내용을 작성한 후 Save and Finish 버튼을 누르자. 새 관리자를 만드는 대신 Continue as admin 버튼을 눌러 초기 관리자로 진행하는 것도 가능하다.

위 내용을 진행하고 나면 Jenkins is ready! Your Jenkins setup is complete라는 환영 메시지를 볼 수 있다. Start using Jenkins를 눌러 젠킨스 대시보드로 넘어가자.

▮ 새로운 젠킨스 파이프라인 잡

젠킨스를 경험해 봤다면 젠킨스 프리스타일freestyle 잡을 알 것이다. 파이프라인을 만드는 예전 방식은 프리스타일 잡을 이용해 각 CI 단계를 젠킨스 잡을 이용해 구성하는 것이었다.

이런 프리스타일 잡은 웹 기반의 GUI로 동작하는 설정 방식이었다. CI 파이프라인에 변경 사항을 만들기 위해서는 젠킨스에 로그인해 각각의 프리스타일 잡의 설정을 변경해야만 했다.

Pipeline as Code는 CI 파이프라인을 만드는 방식을 재정의했다. 이것은 모든 CI/CD 파이프라인을 코드로 작성하는 것으로, 프로그래밍과 버전 관리를 지원한다.

다음은 Pipeline as Code 방식의 장점이다.

- 프로그래밍이 가능하다.
- 모든 CI/CD 파이프라인 설정이 하나의 파일(Jenkinsfile)을 이용해 표현 가능하다.
- 일반 코드처럼 버전 관리가 가능하다.
- 파이프라인을 서술적 파이프라인 문법을 이용해 정의할 수 있게 해 쉽고 아름답게 코딩할 수 있다.

이제 간단한 CI 파이프라인을 만들어보며 젠킨스 파이프라인 잡을 알아보자.

전제 조건

시작하기 전에 다음 조건을 충족하는지 확인한다.

- 앞 장에서 다뤘던 것처럼, 임의의 플랫폼에서 돌아가고 있는 젠킨스 서버(도커, 스탠드얼론, 클라우드, VM, 서블릿 컨테이너 등)
- 플러그인을 다운로드하기 위한 젠킨스 서버의 인터넷 연결
- 추천 플러그인이 모두 설치된 젠킨스 서버. '젠킨스 커스터마이징' 절 참고

젠킨스 파이프라인 잡 만들기

다음 단계를 통해 젠킨스 파이프라인 잡을 만들어보자.

1. 젠킨스 대시보드에서 New Item 링크를 누른다.
2. 여러 종류의 젠킨스 잡을 선택하는 화면이 나타날 것이다.
3. Pipeline을 선택하고 Enter an item name란에 파이프라인의 이름을 작성한다.
4. 완료한 후 페이지 하단에 있는 OK 버튼을 누른다.
5. 이제 모든 종류의 젠킨스 잡(프리스타일, 파이프라인, 멀티브랜치 등)이 다음 화면처럼 탭으로 나타날 것이다.

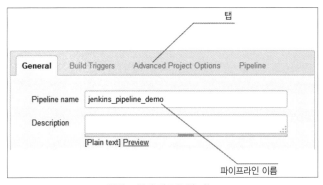

젠킨스 잡의 새로운 탭 기능

6. Pipeline 탭을 눌러 파이프라인 영역으로 이동한다.

7. 다음 화면은 파이프라인 탭의 설명이다. 자세한 내용은 다음과 같다.

   ○ Definition 영역에서 Pipeline script와 Pipeline script from SCM 두 가지 중 하나를 선택할 수 있다. Pipeline script를 선택하면 Script 영역 안에 파이프라인 코드를 작성할 수 있다. Pipeline script from SCM을 선택하면, 파이프라인 스크립트(Jenkinfile)가 자동으로 버전 관리 시스템에서 내려받아진다(이 옵션은 다음 절에서 자세히 살펴본다).

   ○ 각 옵션의 간략한 설명을 보고 싶다면 물음표 모양의 아이콘을 클릭하자.

   ○ Pipeline Syntax는 GUI 기반의 설정을 코드로 변환하는 것을 도와준다(이 옵션은 다음 절에서 자세히 살펴본다).

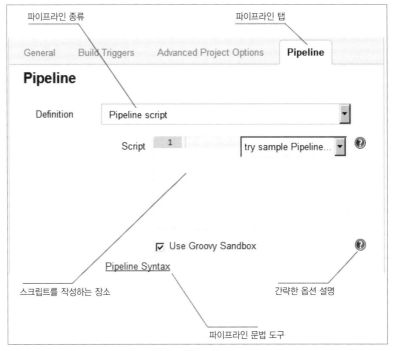

파이프라인 영역

8. 이제 파이프라인이 어떻게 동작하는지 알아보기 위해 Script 영역에 코드를 작성해보자. 젠킨스에서 제공된 샘플 코드를 이용할 것이다.

9. 다음과 같이 try sample Pipeline... 영역을 선택한 후 GitHub + Maven 옵션을 화면처럼 선택하자.

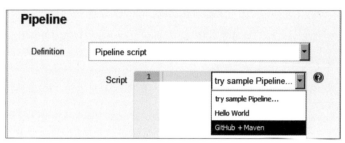

샘플 파이프라인 스크립트 선택

10. Script 영역이 샘플 코드로 채워질 것이다.

11. 코드는 다음과 같다. 이것은 서술적 파이프라인 문법이다.

```
node {
    def mvnHome
    stage('Preparation') { // for display purposes
        // Get some code from a GitHub repository
        git 'https://github.com/jglick/
        simple-maven-project-with-tests.git'
        // Get the Maven tool.
        // ** NOTE: This 'M3' Maven tool must be configured
        // **       in the global configuration.
        mvnHome = tool 'M3'
    }
    stage('Build') {
        // Run the maven build
        if (isUnix()) {
            sh "'${mvnHome}/bin/mvn'
            -Dmaven.test.failure.ignore clean package"
        } else {
            bat(/"${mvnHome}\bin\mvn"
            -Dmaven.test.failure.ignore clean package/)
```

```
        }
    }
    stage('Results') {
        junit '**/target/surefire-reports/TEST-*.xml'
        archive 'target/*.jar'
    }
}
```

12. 파이프라인 스크립트를 간략하게 알아보자(서술적 파이프라인 문법은 다음 절에서 자세히 살펴본다).

- node { } 영역은 메인 컨테이너로, 젠킨스 마스터에서 파이프라인 스크립트 영역 전체를 실행하라는 것을 정의한다.

- node { } 컨테이너 안에 세 개의 컨테이너가 다음처럼 나타난다.

```
stage('Preparation') {...}
stage('Build') {...}
stage('Results') {...}
```

- Preparation 스테이지는 메이븐 소스코드를 깃허브 저장소에서 다운로드하고 젠킨스가 전역 환경 설정에서 정의된 M3 메이븐 도구를 사용하게 한다(파이프라인을 실행하기 전 이를 수행해야 한다).

- Build 단계는 메이븐 프로젝트를 빌드한다.

- Results 단계는 빌드 결과물을 JUnit 테스트 결과와 함께 묶어낸다.

13. 하단의 Save 버튼을 눌러 파이프라인의 변경 사항을 저장한다.

전역 도구 환경 설정 페이지

파이프라인을 실행하기 전에 해야 하는 중요한 일이 있는데, **전역 도구 환경 설정**Global Tool Configuration 페이지를 알아보는 것이다. 여기서 모든 젠킨스 파이프라인에서 사용될 도구를 설정할 수 있다. 예를 들어, 자바, 메이븐, 깃 등이 여기에 포함된다.

파이프라인을 위해 **전역 도구 환경 설정**에서 메이븐 도구를 설정해보자. 다음과 같이 설정한다.

1. **전역 도구 환경 설정** 페이지에 접근하기 위해 다음 중 하나를 수행한다.
   1. 젠킨스 대시보드에서 Manage Jenkins ➤ Global Tool Configuration을 클릭한다.
   2. 브라우저에 http://<IP Address of your Jenkins server>:8080/configureTools/를 붙여넣는다.

2. 스크롤을 내려 Maven 영역을 찾고, **Add Maven** 버튼을 클릭한다. 다음 화면과 같은 옵션이 나타날 것이다. 다음과 같이 내용을 채운다.
   1. 메이븐 설치를 위해 **Name** 영역을 고유한 이름으로 채운다(파이프라인의 연습을 위해 M3라 입력하자).
   2. 기본적으로 Install from Apache 옵션이 나타날 것이다. 이것은 젠킨스가 메이븐 애플리케이션을 아파치에서 다운로드하게 한다.

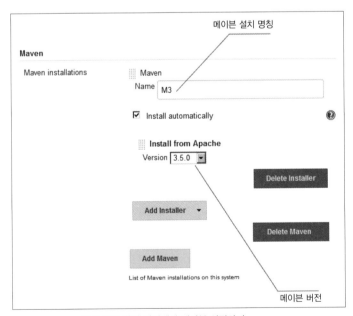

전역 도구 환경 설정에서 메이븐 설정하기

3. Version 영역에서 최신 메이븐 버전을 선택한다. 이전 화면에서 메이븐 3.5.0을 선택했다.

> ⓘ 새로운 인스톨러를 선택하기 전, Delete Installer 버튼을 클릭해 기존 인스톨러를 삭제하자. 다음으로, Add Installer를 선택해 다른 인스톨러를 선택한다. Install from Apache 외의 다른 옵션은 화면에는 없지만 Run Batch Command, Run Shell Command, Extract *.zip/*. tar.gz가 있다.

3. 메이븐 프로젝트를 빌드하기 위해 자바도 필요하지만, 현재 젠킨스 마스터(JDK가 설치돼 있다)에서 빌드를 진행하기에 자바 설치는 생략할 수 있다.

4. 메이븐 설정을 완료한 후 페이지 하단의 **Save** 버튼을 클릭한다.

젠킨스 파이프라인 스테이지 뷰

젠킨스 스테이지 뷰^{stage view}는 2.x 릴리스에서 생긴 새로운 기능이다. 스테이지 뷰는 젠킨스 파이프라인과 멀티브랜치 파이프라인 잡에서만 동작한다.

젠킨스 스테이지 뷰에서 파이프라인의 다양한 단계의 진행 상황을 실시간으로 확인할 수 있다. 예제 파이프라인을 실행해 확인해보자.

1. 젠킨스 대시보드의 All 탭 밑에 파이프라인이 있을 것이다.
2. 다음 화면과 같이 빌드 트리거 아이콘을 눌러 파이프라인을 실행한다.

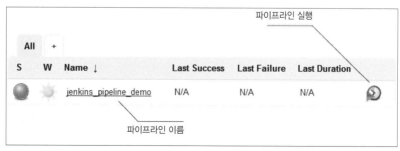

젠킨스 대시보드에서 파이프라인 확인

3. 스테이지 뷰를 보기 위해 파이프라인 이름을 클릭한다(이것은 파이프라인 프로젝트 페이지로 가는 링크이기도 하다).

4. 그 밖에도 파이프라인 이름 위에 마우스를 올려놓으면 실행 가능한 드롭다운 메뉴가 나타난다. 다음 화면과 같다.

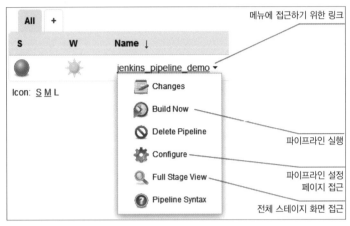

파이프라인 메뉴 화면

5. **스테이지 뷰** 페이지는 다음과 같다.

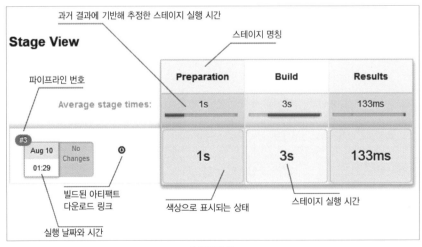

스테이지 뷰

6. 특정한 스테이지의 빌드 로그를 보기 위해, 다양한 색상으로 채워진 상태 박스 status box 위에 마우스를 올려놓으면 로그를 볼 수 있는 옵션이 나타난다. 이를 클릭하면 다음 화면처럼 로그를 보여주는 조그만 팝업이 나타난다.

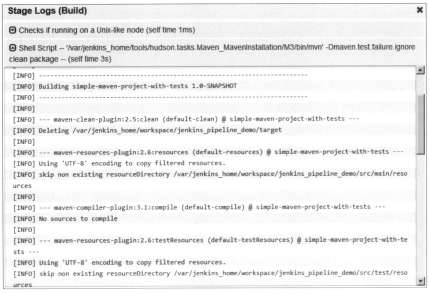

젠킨스의 개별 스테이지 로그

7. 모든 빌드 로그를 보기 위해, 왼쪽의 Build History를 살펴보자. Build History 탭이 실행된 모든 빌드를 보여줄 것이다. 원하는 빌드 번호를 마우스 오른쪽 버튼을 클릭한 후 Console Output을 클릭하자.

console output 접근

서술적 파이프라인 문법

앞 절에서 젠킨스 파이프라인을 생성해 다양한 내용을 간략히 살펴봤다. 파이프라인을 정의하기 위해 서술적인 파이프라인 스크립트를 이용했다.

서술적 파이프라인 문법은 그루비Groovy 문법의 좀 더 간단하고 구조화된 버전이다. 단 프로그래밍이 가능한 측면에서는 그루비가 좀 더 강력하다. 이번 절에서는 서술적 파이프라인 문법에 대해 조금 더 자세히 알아본다. 다음 장에서 CI와 CD 파이프라인을 구성할 때 이를 사용할 예정이기에 이 내용은 중요하다.

서술적 파이프라인의 기본 구조

간단히 말해서 서술적 파이프라인은 노드node 블록, 스테이지stage 블록, 디렉티브directive, 스텝step의 집합이다. 하나의 노드 블록은 여러 스테이지 블록을 포함할 수 있고, 반대도 가능하다. 또한 여러 스테이지를 동시에 실행할 수도 있다. 이 내용을 자세히 알아보자.

노드 블록

노드 블록은 스테이지 블록, 디렉티브, 스텝이 실행될 젠킨스 에이전트를 정의한다. 노드 블록은 다음과 같다.

```
node ('<parameter>') {<constituents>}
```

다음은 노드 블록의 정보다.

- **정의**: 스테이지, 디렉티브, 스텝이 실행될 노드
- **구성**: 여러 개의 스테이지 블록, 디렉티브 또는 스텝

- **필수 여부**: 필수
- **파라미터**: any, 레이블[label]

스테이지 블록

스테이지 블록은 같은 목적을 가진 스텝과 디렉티브의 모음이다. 스테이지 블록은 다음과 같다.

```
stage ('<parameter>') {<constituents>}
```

다음은 스테이지 블록의 정보다.

- **정의**: 스텝과 디렉티브의 모음
- **구성**: 여러 개의 노드 블록, 디렉티브 또는 스텝
- **필수 여부**: 필수
- **파라미터**: 스테이지의 이름(필수)

디렉티브

디렉티브의 가장 큰 목적은 환경 변수[environments], 옵션, 파라미터, 트리거, 툴을 제공해 노드 블록과 스테이지 블록, 스텝을 지원하는 것이다.

다음은 디렉티브의 정보다.

- **정의**: 스테이지가 실행될 노드
- **구성**: 환경 변수, 옵션, 파라미터, 트리거, 툴
- **필수 여부**: 필수가 아니지만, 모든 CI/CD 파이프라인이 디렉티브를 가지고 있음
- **파라미터**: 없음

스텝

스텝은 서술적 파이프라인을 구성하는 가장 중요한 요소다. 스텝은 배치 스크립트, 셸 스크립트 혹은 다른 실행 가능한 커맨드가 될 수 있다. 스텝의 목적은 저장소를 복사하거나, 코드를 빌드하거나, 테스트를 수행하거나, 빌드 결과물을 저장소에 올리거나, 정적 코드 분석을 수행하는 데 있다. 다음 절에서 젠킨스 파이프라인 문법 도구를 통해 어떻게 스텝을 생성하는지 알아본다.

다음은 스텝의 정보다.

- **정의**: 젠킨스에서 무엇을 할지 명령을 내리는 것
- **구성**: 명령어, 스크립트 등 파이프라인의 핵심 요소
- **필수 여부**: 필수가 아니지만, 모든 CI/CD 파이프라인이 디렉티브를 가지고 있음
- **파라미터**: 없음

다음은 우리가 이전에 사용한 파이프라인 코드다. 노드 블록, 스테이지 블록, 디렉티브, 스텝은 주석을 이용해 강조됐다(//). 보이는 바와 같이 노드 블록 안에 세 개의 스테이지 블록이 있다. 노드 블록은 여러 개의 스테이지 블록을 포함할 수 있다. 또한, 각각의 스테이지 블록은 여러 스텝을 포함하고 있고, 그 중 하나는 디렉티브를 내부에 포함하고 있다.

```
// Node block
node ('master') {
  // Directive 1
  def mvnHome

  // Stage block 1
  stage('Preparation') {
    // Step 1
    git 'https://github.com/jglick/simple-maven-project-with-tests.git'
    // Directive 2
    mvnHome = tool 'M3'
```

```
  }

  // Stage block 2
  stage('Build') {
    // Step 2
    sh "'${mvnHome}/bin/mvn' clean install"
  }

  // Stage block 3
  stage('Results') {
    // Step 3
    junit '**/target/surefire-reports/TEST-*.xml'
    // Step 4
    archive 'target/*.jar'
  }

}
```

위 코드에서 node ('master') { 라인을 살펴보자. 문자열 master는 파라미터(레이블)로, 젠킨스에게 젠킨스 마스터를 이용해 노드 블록을 실행하라고 알려주는 역할을 한다.

any를 파라미터로 사용하면 모든 스테이지 노드와 스텝, 디렉티브는 임의의 젠킨스 슬레이브 중 하나에서 수행된다.

서술적 파이프라인에 대한 자세한 내용은 CI/CD 파이프라인을 작성하는 4장에서 다룬다.

 서술적 파이프라인 문법에 대한 더 많은 정보는 https://jenkins.io/doc/book/pipeline/syntax/#declarative-sections를 참고하자.

서술적 파이프라인에서 사용 가능한 모든 스텝의 목록은 https://jenkins.io/doc/pipeline/steps/를 참고하자.

▎젠킨스 파이프라인 문법 도구

젠킨스 파이프라인 문법 도구는 파이프라인 코드를 작성하기 위한 빠르고 쉬운 방법이다. 파이프라인 문법 도구는 젠킨스 파이프라인 잡 안에서 사용 가능하다. '젠킨스 파이프라인 잡 만들기' 절의 파이프라인 영역 화면을 참고하자.

이번 절에서는 앞 절에서 생성한 파이프라인을 파이프라인 문법 도구를 통해 재작성할 것이다.

전제 조건

시작하기 전에 다음 내용이 준비됐는지 확인하자.

- **전역 도구 환경 설정** 페이지에서 메이븐 도구 설정하기('전역 도구 환경 설정 페이지' 참고)
- **파이프라인 메이븐 통합**^{Pipeline Maven Integration} **플러그인** 설치
- 메이븐 프로젝트를 빌드하기 위해 자바도 필요하지만, 현재 젠킨스 마스터(JDK가 설치돼 있다)에서 빌드를 진행하기에 자바 설치는 생략

파이프라인 메이븐 통합 플러그인 설치

다음 단계를 통해 **파이프라인 메이븐 통합 플러그인**을 설치하자. 이 플러그인은 파이프라인 코드 안에서 메이븐의 사용을 가능하게 해준다.

1. 대시보드에서 Manage Jenkins ➤ Manage Plugins ➤ Available 탭을 클릭한다.
2. 필터에 Pipeline Maven Integration을 입력해 다음 화면과 같이 관련 플러그인을 찾는다.

파이프라인 메이븐 통합[Pipeline Maven Integration] **플러그인** 설치

플러그인 검색

젠킨스에서 사용 가능한 모든 플러그인 목록

Filter: 🔍 Pipeline Maven Integration

Updates **Available** Installed Advanced

Install ↓	Name	Version
	Pipeline Maven Integration Plugin	
☑	This plugin provides integration with Pipeline, configures maven environment to use within a pipeline job by calling sh mvn or bat mvn. The selected maven installation will be configured and prepended to the path.	2.5.2

Install without restart　　　Download now and install after restart

Update information obtained: 1 hr 30 min ago　Check now

선택한 플러그인 설치

플러그인 매니저 페이지

3. 해당 플러그인의 체크박스에 클릭한 후 Install without restart 버튼을 클릭해 설치한다.

4. Install without restart 버튼을 클릭한 후 다음 화면처럼 플러그인이 설치된 것을 볼 수 있을 것이다. 젠킨스는 먼저 네트워크가 연결돼 있는지 확인한 후, 해당 플러그인을 설치하기 위해 필요한 다른 플러그인들을 설치한 후, 해당 플러그인을 설치한다.

5. 몇몇의 플러그인은 사용하기 전 재부팅해야 한다. 이를 위해 Restart Jenkins when installation is complete and no jobs are running 옵션을 체크한다.

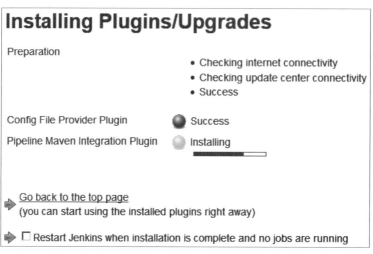

플러그인 설치 진행 화면

파이프라인 문법 도구를 이용해 젠킨스 파이프라인 만들기

다음과 같이 새로운 젠킨스 파이프라인 잡을 만든다.

1. 젠킨스 대시보드에서 New Item 링크를 클릭한다.
2. 다양한 젠킨스 잡을 선택하는 화면이 나타날 것이다.
3. Pipeline을 선택한 후 Enter an item 영역에 파이프라인의 이름을 정해준다.
4. 완료한 후 하단에 있는 OK 버튼을 클릭한다
5. Pipeline 탭을 클릭해 파이프라인 영역으로 이동한다.
6. Pipeline 탭에서 Pipeline Syntax 링크를 클릭한다. 다음 화면과 같은 새로운 탭이 열린다.

파이프라인 문법 페이지

7. 다음 Snippet Generator를 이용해 다양한 블록과 스텝을 위한 파이프라인 코드를 만들 것이다.

8. 먼저 노드 블록을 위한 코드를 생성해보자.

   1. 다음 화면과 같이 Pipeline Syntax 페이지의 Step 섹션 아래 Sample Step 영역에서 node: Allocate node를 선택한다.

   2. Label 영역에 문자열 master를 입력한다. 이를 통해 젠킨스가 젠킨스 마스터를 이용해 파이프라인을 실행하게 정의한다.

3. Generate Pipeline Script 버튼을 클릭해 코드를 생성한다.

4. 생성된 코드를 복사해 텍스트 에디터에 보관한다.

노드 블록을 위한 코드 생성

9. 이제 Preparation과 Build 두 개의 스테이지 블록을 생성해보자.

1. 다음 화면과 같이 Pipeline Syntax 페이지의 Step 섹션 아래 Sample Step 영역에서 stage: Stage를 선택한다.

2. Stage Name 영역에 문자열 Preparation을 추가한다.

3. Generate Pipeline Script 버튼을 클릭해 코드를 생성한다.

4. 생성된 코드를 복사해 이전에 생성한 노드 블록 안에 복사한다.

스테이지 블록을 위한 코드 생성

10. 9번째 단계를 반복해 Build라는 이름의 스테이지 블록을 생성한다. 생성된 코드를 노드 블록 안, Preparation이란 이름의 스테이지 블록 밑에 복사한다.

11. 지금까지의 파이프라인 코드의 구조는 주석 처리된 부분을 제외하고 다음과 같을 것이다.

```
node('master') {
  stage('Preparation') {
  }

  stage('Build') {
  }

}
```

12. 이제 깃허브에서 소스코드를 내려받아보자.

1. 다음 화면과 같이 Pipeline Syntax 페이지의 Step 섹션 아래 Sample Step 영역에서 git: Git을 선택한다.

2. Repository URL 영역에서 다음 예제의 깃허브 저장소를 추가한다.

   https://github.com/jglick/simple-maven-project-with-tests.git

3. 나머지 영역은 그대로 놔둔다.

4. Generate Pipeline Script 버튼을 클릭해 코드를 생성한다.

5. 생성된 코드를 복사해 이전에 생성한 Preparation 스테이지 블록 안에 복사한다.

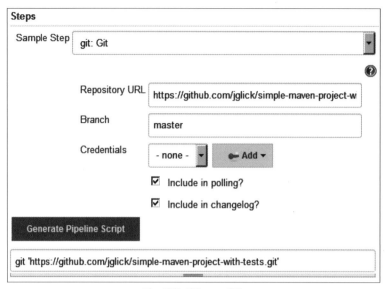

깃 스텝을 위한 코드 생성

13. 이제 디렉티브를 생성해 젠킨스가 이전에 **전역 도구 환경 설정**에서 설정한 메이븐을 사용하게 해보자.

    1. 다음 화면과 같이 Pipeline Syntax 페이지의 Step 섹션 아래 Sample Step 영역에서 withMaven: Provide Maven environment를 선택한다.

    2. Maven 영역에서 이전에 전역 도구 환경 설정에서 설정한 M3를 선택한다.

    3. 나머지 옵션은 그대로 놔둔다.

    4. Generate Pipeline Script 버튼을 클릭해 코드를 생성한다.

    5. 생성된 코드를 복사해 이전에 생성한 Build 스테이지 블록 안에 복사한다.

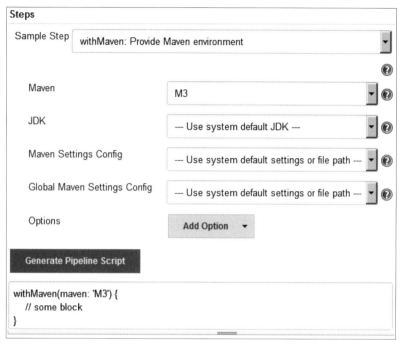

withMaven 디렉티브 코드 생성

14. 마지막으로 메이븐 빌드 명령을 위한 파이프라인 코드를 생성해보자.

    1. 다음 화면과 같이 Pipeline Syntax 페이지의 Step 섹션 아래 Sample Step 영역에서 sh: Shell Script를 선택한다. 이것은 셸 스크립트를 만들기 위한 단계다.

    2. Shell Script 영역에 `mvn -Dmaven.test.failure.ignore clean package`를 입력한다. 이것은 빌드, 테스트, 그리고 코드의 패키징을 위한 메이븐 명령어이다. 이 명령어가 셸 스크립트의 내용이 될 것이다.

    3. Generate Pipeline Script 버튼을 클릭해 코드를 생성한다.

    4. 생성된 코드를 복사해 이전에 생성한 `withMaven` 디렉티브 안에 복사한다.

메이븐 빌드를 위한 코드 생성

15. 최종적으로 파이프라인 스크립트는 다음과 비슷할 것이다.

```
node('master') {

    stage('Preparation') {
        git 'https://github.com/jglick/
        simple-maven-project-with-tests.git'
    }

    stage('Build') {
        withMaven(maven: 'M3') {
            sh 'mvn -Dmaven.test.failure.ignore clean package'
        }
    }

}
```

16. 이제 파이프라인 잡 설정 페이지로 이동한다.

17. Pipeline 섹션으로 스크롤한 후 Script 영역에 작성한 파이프라인 코드를 복사한다.

18. 하단의 Save 버튼을 클릭한다.

파이프라인 문법 도구를 활용하고 서술적 파이프라인 문법을 이용해 CI/CD 파이프라인을 만드는 다음 장에서 더 많은 예제를 살펴본다.

멀티브랜치 파이프라인

이번 절에서는 젠킨스의 멀티브랜치 파이프라인을 알아본다. 이것은 2.x 릴리스에서 새로 추가된 기능 중 하나다.

멀티브랜치 파이프라인은 사용자가 소스코드 저장소의 모든 브랜치에 대해 파이프라인을 자동으로 생성하게 해준다. 다음 화면은 이 개념을 설명한다. 멀티브랜치 파이프라인은 Jenkinsfile을 통해 동작하는데, 이 파일은 소스코드와 함께 버전 관리 저장소에 들어간다. Jenkinsfile은 사실 CI 파이프라인을 정의하는 파이프라인 스크립트다.

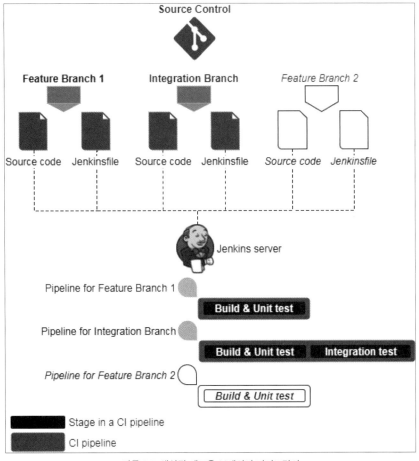

자동으로 생성된 새로운 브랜치의 파이프라인

또한, 멀티브랜치 파이프라인은 깃이나 깃허브 저장소의 브랜치 중 어떤 곳에서 변경이 발생하면 자동으로 빌드를 시작시키기 위해 설계됐다. 다음 화면에서 이를 설명하고 있다.

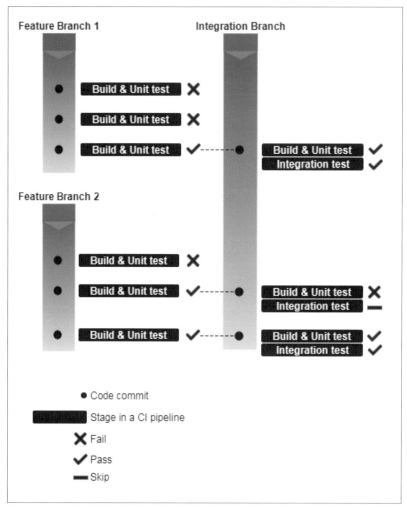

CI를 위한 멀티브랜치 파이프라인 사용

전제 조건

시작하기 전에 다음 내용이 준비됐는지 확인하자.

- **전역 도구 환경 설정** 페이지에서 메이븐 도구 설정하기(전역 도구 환경 설정 페이지 참고)
- **파이프라인 메이븐 통합 플러그인** 설치
- 메이븐 프로젝트를 빌드하기 위해 자바도 필요하지만, 현재 젠킨스 마스터(JDK가 설치돼 있다)에서 빌드를 진행하기에 자바 설치는 생략
- **깃허브 플러그인** 설치(젠킨스 설정 마법사에서 권장 플러그인 설치를 선택했다면 이미 설치돼 있다)
- 젠킨스 URL이 인터넷에 접속 가능한지 확인한다. 젠킨스 서버가 도메인 네임이 없고, 실습을 위해 스테이지와 개발 환경을 사용하고 있다면, 젠킨스가 인터넷에 접속되지 않을 수 있다. URL이 인터넷에 접속 가능하게 하기 위해, 부록의 '로컬 서버를 인터넷에 노출시키기' 절과 '추가 도구와 설치 안내' 절을 참고하자.

깃허브 인증을 젠킨스에 추가하기

젠킨스를 깃허브와 연동시키기 위해 깃허브 계정 인증을 젠킨스에 추가해야 한다. 젠킨스의 Credentials plugin을 통해 이를 진행할 것이다. 이 장의 시작 부분에 나온 젠킨스 설치 마법사를 따라했다면, Credentials 기능을 젠킨스 대시보드 왼쪽 사이드 메뉴에서 볼 수 있을 것이다.

다음과 같이 깃허브 인증을 젠킨스에 추가해보자.

1. 젠킨스 대시보드에서 Credentials > System > Global credentials(unrestricted)를 클릭한다.
2. 왼쪽 사이드 메뉴의 Global credentials(unrestricted) 페이지에서 Add Credentials 링크를 클릭한다.

3. 다음 화면처럼 채워야 할 여러 영역이 나타날 것이다.

1. Kind 영역에서 Username with password를 선택한다.
2. Scope 영역에서 Global (Jenkins nodes, items, all child items, etc)을 선택한다.
3. Username 영역에 사용자의 깃허브 사용자명을 입력한다.
4. Password 영역에 사용자의 깃허브 암호를 입력한다.
5. ID 영역에 문자열을 입력해 인증을 위한 고유한 ID를 생성한다.
6. Description 영역에 의미있는 설명을 입력한다.
7. 완료되면 Save 버튼을 클릭한다.

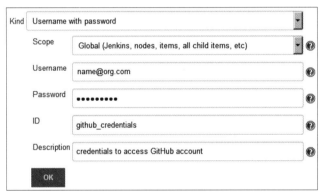

젠킨스에 깃허브 인증 추가하기

4. 이렇게 젠킨스에 인증을 추가했다. 이제 깃허브 인증을 이용할 것이다.

젠킨스에서 깃허브 Webhooks 설정하기

젠킨스에 깃허브 인증을 추가했으니 이제 젠킨스와 깃허브를 연동시켜 보자. 젠킨스 환경 설정에서 깃허브 설정을 통해 이를 진행해보자.

다음과 같이 젠킨스에서 깃허브 설정을 하자.

1. 젠킨스 대시보드에서 Manage Jenkins ➤ Configure System을 클릭한다.

2. 다음 페이지에서 GitHub 섹션까지 스크롤을 내린다.

3. GitHub 섹션에서 Add GitHub Server 버튼을 클릭하고 GitHub Servers를 드롭다운
   목록에서 선택한다. 설정해야 할 다양한 영역이 나타날 것이다.

4. 다음과 같이 하나하나 설정해보자.

   1. Name 영역에 문자열을 적어 깃허브 서버의 이름을 정한다.

   2. 공용 깃허브 계정을 사용 중이라면 API URL 영역에 기본값인 https://api.
      github.com을 작성한다. 깃허브 엔터프라이즈 버전을 사용 중이라면, 이에
      해당하는 API 주소를 입력한다.

   3. Manage Hooks 옵션이 체크됐는지 확인한다.

깃허브 서버 설정하기

   4. Advanced... 버튼을 클릭한다(해당 이름으로 두 개의 버튼이 있을 것이다. 두 번
      째 버튼을 선택하자).

   5. Additional actions 영역에서 Manage additional GitHub actions를 클릭한 후
      목록에서 Convert login and password to token을 선택한다(이 옵션 하나만 선
      택 가능할 것이다).

   6. 설정할 새로운 영역이 나타났을 것이다.

7. 기본적으로 선택돼 있는 From credentials 옵션을 선택한다. Credentials 영역에 생성했던 깃허브 인증을 선택한다(ID: github_credentials).

8. 다음으로 Create token credentials 버튼을 클릭한다. 깃허브 계정에 접근하기 위한 새로운 개인 접속 토큰이 생성된다.

깃허브 인증을 토큰으로 변환하기

9. 깃허브에서 개인 접속 토큰을 확인하려면, 깃허브 계정에 로그인한 후 Settings > Developer settings > Personal access tokens로 이동한다.

깃허브의 개인 접근 토큰

10. 완료한 후 젠킨스 환경 설정 페이지 하단의 Save 버튼을 클릭한다.

11. 해당하는 개인 접속 토큰이 젠킨스 인증에도 추가됐다. 이를 확인하려면 Jenkins dashboard > Credentials > System > api.github.com으로 이동한 후 Kind 영역의 secret text에서 이를 확인할 수 있다.

5. 아직 젠킨스의 깃허브 설정이 끝나지 않았다. 다음 단계를 따라 하자.

    1. 젠킨스 대시보드에서 Manage Jenkins > Configure System을 클릭한다.

    2. GitHub 영역까지 스크롤을 내린다.

    3. Credentials 영역에서 새롭게 생성된 Kind 영역의 secret text(젠킨스의 개인 접속 토큰)를 선택한다.

    4. Test Connection 버튼을 클릭해 젠킨스와 깃허브의 연동을 확인해보자.

    5. 완료한 후 젠킨스 환경 설정 페이지 하단의 Save 버튼을 클릭한다.

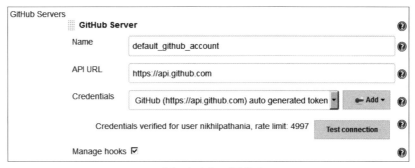

젠킨스와 깃허브 연동 확인

6. 이제 젠킨스에서 깃허브 설정을 완료했다.

새로운 깃허브 저장소 만들기

이번 절에서는 깃허브에 새로운 저장소를 만들 것이다. 작업하는 머신에 깃이 설치돼 있는지 확인하자. 이 머신을 이용해 다음 절에 나오는 단계를 실행할 것이다(부록의 '윈도우와 리눅스에서 깃 설치하기' 절과 '추가 도구와 설치 안내' 절을 참고하자).

깃허브에 새로운 저장소를 추가해보자.

1. 깃허브 계정에 로그인한다.

2. 간단히 하기 위해 https://github.com/jglick/simple-maven-project-with-tests.git의 소스코드를 재사용한다. 이것은 젠킨스 파이프라인을 만들기 위해 사용했던 저장소다.

3. 깃허브 저장소를 재사용하는 가장 쉬운 방법은 이를 포크[fork]하는 것이다. 다음 화면과 같이 브라우저에서 위 저장소에 접근한 후 Fork 버튼을 누른다.

깃허브 프로젝트 포크하기

4. 이제 위 저장소의 복사본이 사용자의 깃허브 계정에서 보일 것이다.

Jenkinsfile 이용하기

젠킨스 멀티브랜치 파이프라인은 Jenkinsfile을 활용한다. 앞 절에서 작성한 파이프라인 스크립트 예제를 재사용해 Jenkinsfile을 만들 것이다. Jenkinsfile을 만드는 방법은 다음과 같다.

1. 깃허브 계정에 로그인한다.
2. 포크한 simple-maven-project-with-tests 저장소로 이동한다.
3. 저장소 페이지에서 Jenkinsfile이 될 새로운 빈 파일을 만들기 위해 다음 화면과 같이 Create new file 버튼을 클릭한다.

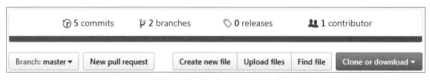

깃허브에서 새로운 파일 생성하기

4. 다음 화면과 같이 빈 텍스트 박스에 이름을 작성해 Jenkinsfile에 이름을 부여한다.

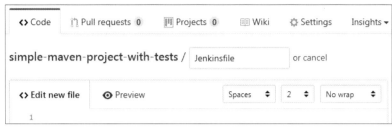

깃허브에서 새 파일에 이름 짓기

5. 다음 코드를 Jenkinsfile에 추가한다.

```
node ('master') {
  checkout scm
  stage('Build') {
    withMaven(maven: 'M3') {

      if (isUnix()) {
        sh 'mvn -Dmaven.test.failure.ignore clean package'
      }
      else {
        bat 'mvn -Dmaven.test.failure.ignore clean package'
      }
    }
  }
  stage('Results') {
    junit '**/target/surefire-reports/TEST-*.xml'
    archive 'target/*.jar'
  }
}
```

6. 완료한 후 다음 화면과 같이 의미있는 코멘트를 작성한 후 커밋한다.

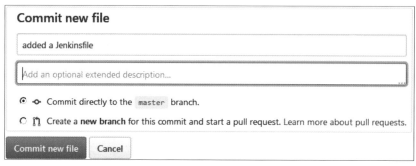

깃허브에 새로운 파일 커밋하기

젠킨스에서 멀티브랜치 파이프라인 생성하기

다음과 같이 새로운 젠킨스 파이프라인 잡을 만든다.

1. 젠킨스 대시보드에서 New Item 링크를 클릭한다.

2. 선택할 수 있는 다양한 젠킨스 잡이 나타날 것이다.

3. Multibranch Pipeline을 선택한 후 Enter an item name 영역을 이용해 파이프라인 의 이름을 작성한다.

4. 완료한 후 페이지 하단에서 OK 버튼을 클릭한다.

5. Branch Sources 섹션으로 스크롤을 내린다. 여기서 사용할 깃허브 저장소를 설 정할 것이다.

6. Add Source 버튼을 클릭한 후 GitHub를 선택한다. 설정할 다양한 영역이 나타날 것이다. 다음 화면과 같이 하나하나 살펴보자.

   1. Credentials 영역에서 GitHub account credentials를 선택한다(Kind는 Username with Password를 선택).

   2. Owner 영역에 깃허브 조직의 이름이나 깃허브 사용자명을 입력한다.

   3. 이를 완료하면 Repository 영역에 사용자의 깃허브 계정에 있는 모든 저장 소가 나타날 것이다.

160

4. Repository 영역에서 simple-maven-project-with-tests를 선택한다.

5. 나머지는 기본값으로 둔다.

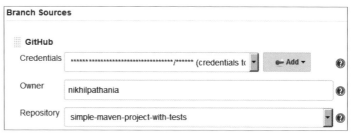

멀티브랜치 파이프라인 설정

7. 스크롤을 아래로 내려 Save 버튼을 클릭한다.

Webhooks 재등록

진행하기 전에 모든 젠킨스 파이프라인을 위해 Webhooks를 재등록하자.

1. 젠킨스 대시보드에서 Manage Jenkins ➤ Configure System을 클릭한다.

2. 젠킨스 환경 설정 페이지에서 GitHub 섹션까지 스크롤을 내린다.

3. GitHub 섹션에서 Advanced... 버튼을 클릭한다(해당 버튼이 두 개 보일 것이다. 두 번째를 선택한다).

4. 새로운 영역과 옵션이 나타날 것이다. Re-register hooks for all jobs 버튼을 클릭한다.

5. 위 작업으로 사용자의 깃허브 계정에 있는 연관 저장소에 멀티브랜치 파이프라인을 위한 Webhooks가 설정됐다. 깃허브에서 Webhooks를 확인하기 위해 다음 단계를 진행하자.

   1. 깃허브 계정에 로그인한다.

   2. simple-maven-project-with-tests 저장소로 이동한다.

   3. 다음 화면과 같이 저장소의 Settings를 클릭한다.

저장소 설정

4. 저장소의 **Settings** 페이지에서 왼쪽 사이드 메뉴의 **Webhooks**를 클릭한다.
다음 화면과 같이 사용자의 젠킨스 서버를 위한 Webhooks를 볼 수 있을
것이다.

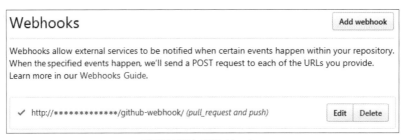

깃허브 저장소의 Webhooks

젠킨스 멀티브랜치 파이프라인 인 액션

다음 단계를 따라 해보자.

1. 젠킨스 대시보드에서 멀티브랜치 파이프라인을 클릭한다.
2. 왼쪽 사이드 메뉴의 젠킨스 멀티브랜치 파이프라인 페이지에서 **Scan Repository
Now** 링크를 클릭한다. 이것은 저장소에서 Jenkinsfile이 있는 브랜치들을 스캔
한 후, 다음 화면과 같이 Jenkinsfile을 가진 모든 브랜치의 파이프라인을 실행
할 것이다.

마스터 브랜치의 파이프라인

3. 왼쪽 사이드 메뉴의 멀티브랜치 파이프라인 페이지에서 Scan Repository Log를 클릭한다. 다음과 비슷한 것이 보일 것이다. 하이라이트된 코드를 살펴보자. 마스터 브랜치가 이 기준에 부합하는 것을 볼 수 있는데, Jenkinsfile과 작업 예정된 파이프라인이 있기 때문이다. 테스트 브랜치에는 Jenkinsfile이 없기 때문에 작업 예정된 파이프라인이 나타나지 않는다.

```
Started by user nikhil pathania
[Mon Aug 14 22:00:57 UTC 2017] Starting branch indexing. . .
22:00:58 Connecting to https://api.github.com using
******/****** (credentials to access GitHub account)
22:00:58 Connecting to https://api.github.com using
******/****** (credentials to access GitHub account)
Examining nikhilpathania/simple-maven-project-with-tests

  Checking branches. . .

  Getting remote branches. . .

    Checking branch master

  Getting remote pull requests. . .

      'Jenkinsfile' found
    Met criteria
```

```
Scheduled build for branch: master

    Checking branch testing
      'Jenkinsfile' not found
    Does not meet criteria

  2 branches were processed

  Checking pull-requests. . .

  0 pull requests were processed

Finished examining nikhilpathania/simple-maven-project-with-tests

[Mon Aug 14 22:01:00 UTC 2017] Finished branch indexing.
Indexing took 2.3 sec
Finished: SUCCESS
```

4. 항상 저장소를 스캔할 필요는 없다. GitHub Webhooks를 설정해 사용자의 깃
   허브 저장소에 새로운 브랜치나 커밋이 푸시될 때 자동으로 파이프라인을 실행
   시킬 수 있다. 단, 해당 브랜치에 저장소의 변경 사항이 생겼을 때 어떤 작업이 수
   행돼야 하는지 알려주는 Jenkinsfile이 꼭 있어야 한다.

멀티브랜치 파이프라인 테스트를 위해 새로운 기능 브랜치 만들기

이제 마스터 브랜치에서 기능 브랜치를 새로 만들어 젠킨스가 파이프라인을 실행시키는
지 알아보자.

1. 깃허브 계정에 로그인하자.
2. 해당하는 깃허브 저장소로 이동하자. 지금은 simple-maven-project-with-
   tests 저장소로 이동하자.

3. Branch: master 버튼을 클릭하고 빈 텍스트 박스에 새 브랜치의 이름을 입력하자.
그 이후, 다음 화면과 같이 Create branch: feature 옵션을 클릭해 feature라 명명
된 새 브랜치를 만든다.

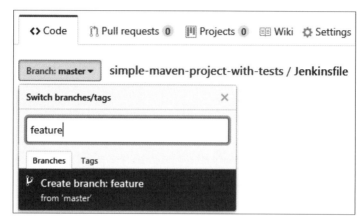

기능 브랜치 만들기

4. 이것은 새 기능 브랜치에 대한 젠킨스 파이프라인을 즉시 실행시킬 것이다.

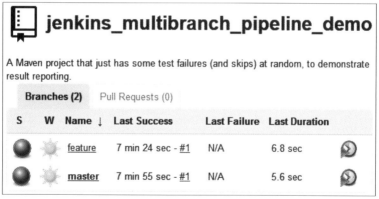

새 기능 브랜치의 파이프라인

▌ 젠킨스 블루오션

젠킨스 블루오션은 젠킨스를 다루는 완전히 새로운 방식이다. 이것은 젠킨스의 주요 애플리케이션에 대한 UI 보조기능에 가깝다. 다음은 젠킨스 블루오션의 새 기능 중 일부다.

- 향상된 시각화
- 파이프라인 에디터
- 개인화
- 깃과 깃허브를 위한 쉽고 빠른 파이프라인 설정 마법사

고전적인 젠킨스 인터페이스를 사용해 만든 파이프라인은 새로운 젠킨스 블루오션에서 시각화될 수 있고, 반대도 가능하다. 말했듯이 젠킨스 블루오션은 젠킨스의 주요 애플리케이션에 대한 UI 보조기능이다.

다음 절에서는 앞 절에서 만들 젠킨스 파이프라인을 블루오션을 이용해 시각화해본다. 또한 새로운 파이프라인을 만들어 새로운 젠킨스 블루오션 인터페이스의 느낌을 간략히 알아본다.

젠킨스 블루오션 플러그인 설치하기

블루오션 플러그인을 설치해야 젠킨스 블루오션 플러그인을 사용할 수 있다. 다음과 같이 블루오션 플러그인을 설치하자.

1. 젠킨스 대시보드에서 Manage Jenkins ➤ Manage Plugins를 클릭한다.
2. Plugin Manager 페이지에서 Available 탭을 클릭한다.
3. 다음 화면과 같이 Filter 옵션을 사용해 Blue Ocean을 찾는다.

젠킨스 블루오션 플러그인 설치

4. 목록에서 Blue Ocean을 선택한 후 Install without restart를 클릭한다. 블루오션 이
   외의 것은 필요하지 않다.

5. 블루오션을 위해 필요한 선행 조건이 많아 Installing Plugins/Upgrades 페이지에
   서 **블루오션** 플러그인 이외에 다양한 내용이 설치되는 것을 볼 수 있다.

블루오션에서 기본적인 젠킨스 파이프라인 살펴보기

이번 절에서는 앞 절에서 생성한 기존에 존재하는 젠킨스 파이프라인을 시각화해본다.

1. 젠킨스 대시보드에서 왼쪽 사이드 메뉴에 Open Blue Ocean 메뉴가 생긴 것을
   볼 수 있다.

2. Open Blue Ocean 링크를 클릭해 젠킨스 블루오션 대시보드로 이동한다. 화면과
   같은 내용이 보일 것이다.

   1. Administration 링크는 Manage Jenkins 페이지로 연결된다.

   2. Pipelines 링크는 지금 보고 있는 젠킨스 블루오션 대시보드로 연결된다.

3. 네모 속에 화살표가 있는 아이콘은 기존 젠킨스 대시보드로 연결된다.

4. New Pipeline 버튼은 깃이나 깃허브 기반 프로젝트를 위한 파이프라인 생성 마법사를 열 것이다.

5. 알파벳 e로 강조된 것처럼 파이프라인의 목록이 보일 것이다.

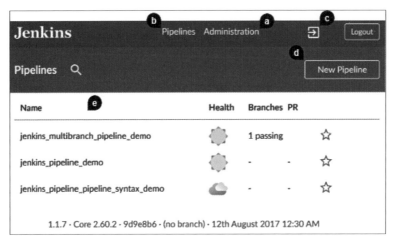

젠킨스 블루오션 대시보드

3. 멀티브랜치 파이프라인을 살펴보자. 젠킨스 블루오션 대시보드에서 멀티브랜치 파이프라인을 클릭한다. 이를 통해 다음 화면과 같이 해당하는 멀티브랜치 파이프라인이 열릴 것이다.

1. 알파벳 a로 강조된 버튼은 파이프라인 설정 페이지로 연결된다.

2. Activity 탭은 현재와 과거의 파이프라인을 나열한다.

3. Branches 탭은 모든 브랜치의 파이프라인을 하나의 화면으로 보여준다.

4. Pull Requests 탭은 사용자 브랜치의 모든 pull requests를 나열한다.

5. 알파벳 e로 강조된 버튼은 파이프라인으로 돌아가기 위해 사용된다.

블루오션의 멀티브랜치 파이프라인

4. 이제 각각의 빌드 페이지를 살펴보자. 이전 화면에서 보여진 젠킨스 파이프라인
   페이지에서 임의의 빌드 버튼을 클릭하면 다음 화면과 같이 해당 파이프라인의
   빌드 페이지로 이동한다.

   1. Changes 탭은 해당 빌드를 시작시킨 코드 변경 사항을 나열한다.

   2. Artifacts 탭은 해당 빌드로 생성된 모든 결과물을 나열한다.

   3. 알파벳 c로 강조된 버튼은 빌드로 돌아간다.

   4. 알파벳 d로 강조된 영역은 사용자의 빌드에 관한 메트릭을 보여준다.

   5. 알파벳 e로 강조된 스테이지 뷰는 진행 중인 모든 스테이지를 보여준다.

   6. Step Results 영역은 선택한 스테이지의 모든 스텝을 보여준다(다음 화면은
      Results를 선택한 상태다).

   7. 알파벳 g로 강조된 모든 스텝은 확장돼 전체 로그를 볼 수 있게 돼 있다.

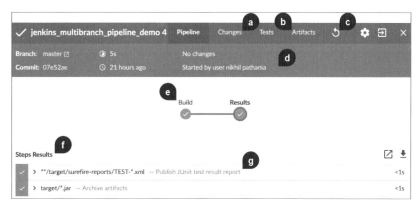

블루오션의 빌드 페이지

이제까지 전통적인 젠킨스 UI에서 생성한 파이프라인이 블루오션에서 어떻게 보여지는지 간략히 살펴봤다. 거의 대부분을 살펴봤지만, 독자들이 계속해서 더 많은 부분을 탐구했으면 한다.

블루오션에서 파이프라인 생성하기

이번 절에서는 젠킨스 블루오션 대시보드에서 새로운 파이프라인을 생성하는 방법을 알아본다. 또한 블루오션의 새로운 파이프라인 생성 마법사도 살펴본다. 다음 조건을 충족했는지부터 확인하자.

- https://github.com/nikhilpathania/hello-world-example.git 저장소를 사용자의 깃허브로 포크하자. 다음 절의 예제에서 이를 사용할 것이다.
- 젠킨스에 JUnit 플러그인(https://plugins.jenkins.io/junit)을 설치하자.

다음 단계를 따라 하자.

1. 젠킨스 블루오션 대시보드에서 New Pipeline 버튼을 클릭하자. Git과 GitHub 중 하나를 선택하라고 나올 것이다. 이번 연습에서는 GitHub를 선택하자.

깃과 깃허브 저장소 중 선택

2. 다음으로, 깃허브 계정을 위한 깃허브 접근 토큰을 입력하는 창이 나올 것이다. Create an access key here 링크를 클릭해 새로운 것을 만든다.

170

깃허브 접근 토큰 필드

3. 새 탭에서 깃허브 계정에 로그인하라고 나타날 것이다.

4. 로그인하면 새로운 **개인 접근 토큰**New personal access token을 만들기 위해 깃허브 설정 페이지로 이동한다.

5. Token description 영역에 토큰의 식별을 위한 간략한 설명을 입력하자. Select scopes 영역은 기본값으로 놔둔다.

깃허브 개인 접근 토큰 생성

6. 페이지 하단의 Generate new token 버튼을 클릭해 새로운 **개인 접근 토큰**을 만든다.

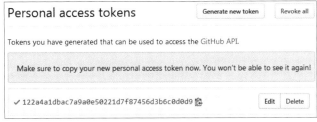
깃허브 개인 접근 토큰

7. 새롭게 생성된 개인 접근 토큰을 복사해 깃허브 접근 토큰 영역에 붙여넣은 후 다음 화면과 같이 Connect 버튼을 클릭한다.

8. 다음으로, 나열된 조직을 클릭한다.

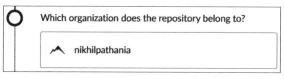

깃허브 계정 선택

9. New Pipeline과 Auto-discover Jenkinsfiles 중 하나를 선택하게 나타날 것이다. 이번 연습에서는 New Pipeline 옵션을 선택한다.

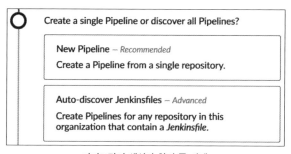

파이프라인 생성과 찾기 중 선택

10. 이제, 사용자의 깃허브 계정의 저장소 중 하나를 선택하는 창이 나타날 것이다. Search... 옵션을 활용해 원하는 저장소가 나타나지 않을 경우 이를 찾을 수 있다. 이번 연습에서는 `hello-world-example` 저장소를 선택한다.

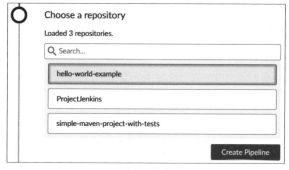

저장소 선택

11. 다음으로 파이프라인 생성 창이 나타난다. 해당 저장소에 Jenkinsfile이 없기 때문에 Create Pipeline 버튼을 클릭해 Jenkinsfile을 생성하자.

새로운 파이프라인 생성

12. 파이프라인을 생성하는 페이지가 다음과 같이 보일 것이다. 왼쪽으로 파이프라인이 시각화되고, 오른쪽에 블록, 스테이지, 스텝을 선택할 수 있는 도구가 나올 것이다(앞 절에서 보았던 파이프라인 문법 도구와 유사하다).

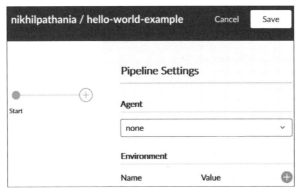

블루오션 파이프라인 편집기

13. 먼저 파이프라인을 실행할 Agent를 선택하자. 이를 위해, Pipeline Settings에서 Agent 영역을 사용해 label 옵션을 선택하자. 그 후 다음 화면처럼 Label 영역에 문자열 master를 입력하자. 이 방법으로 젠킨스에게 젠킨스 마스터에서 파이프라인을 실행하게 정할 수 있다.

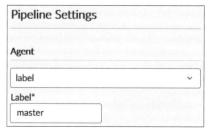

노드 블록 생성

14. 다음으로, Build라는 이름으로 스테이지를 만들어 소스코드를 빌드하게 해보자. 이를 위해 파이프라인 시각화 영역에 있는 **+** 버튼을 클릭하자.

15. 새로운 스테이지의 이름을 지어주자. 다음 화면과 같이 **Name your stage** 영역에 문자열 Build를 입력하자.

빌드 스테이지 만들기

16. 다음으로 메이븐 코드를 빌드하는 스텝을 추가해보자. **+ Add step** 버튼을 클릭하자.

17. 다음 화면처럼 가능한 스텝 중 하나를 선택하게 나올 것이다.

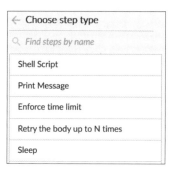

스텝 메뉴

18. 이 경우는 메이븐 프로젝트에 해당된다. 따라서, 젠킨스가 어떤 자바와 메이븐 도구를 사용할지 알려주려면 메이븐 환경 설정을 해야한다.

19. 이를 위해 검색 박스(이름을 이용해 스텝 찾기)를 이용해 Provide Maven environment를 찾는다.

provide Maven environment 스텝 찾기

> ⓘ 모든 젠킨스 플러그인이 젠킨스 블루오션에서 사용 가능하지는 않다. 아직은 호환 가능한 목록이 적지만, 점차 늘어날 것으로 예상된다.

20. Provide Maven environment 스텝을 클릭하면 다음 화면처럼 설정을 하는 다양한 영역이 나타난다. Maven 영역에 M3를 입력한 후 나머지는 그대로 놔둔다.

provide maven environment 스텝 설정하기

21. 설정 화면의 하단에서 + Add step 버튼을 클릭해 메이븐 코드를 빌드할 새로운 스텝을 생성하자.

22. 젠킨스 마스터가 리눅스라면 Shell Script를 목록에서 선택하자. 윈도우의 경우 Windows Batch Script를 선택하자.

23. Shell Script나 Windows Batch Script를 위해 다음 코드를 텍스트 박스 안에 입력하자.

```
mvn clean install
```

셸 스크립트 하위 단계 설정하기

24. 뒤로 가기 화살표를 클릭해 이전 메뉴로 돌아가자. 다음 화면과 같이 새로운 Shell Script 스텝이 Child steps 영역 아래에 나타난다.

하위 스텝 중 하나인 Shell script

25. 뒤로 가기 화살표를 클릭해 이전 메뉴로 돌아가자.

26. 그런 다음 빌드 결과물과 XML 결과 리포트를 생성할 Results라는 이름의 스테이지를 생성하자. 파이프라인 시각화 영역의 + 버튼을 클릭하자.

27. 새로운 스테이지의 이름을 작성하라고 나타날 것이다. 다음 화면과 같이 Name your stage 영역에 문자열 Results를 입력하자.

result 스테이지 생성

28. 다음으로, 스테이지에 새로운 스텝을 추가해보자. 첫 번째는 테스트 결과 리포트를 게재할 스텝이다. 이를 위해 **+ Add step** 버튼을 클릭하자.

29. 가능한 스텝 목록에서 **Publish JUnit test result report**를 선택하자. 설정 가능한 여러 옵션이 나타날 것이다.

    1. TestResults 영역에 `**/target/surefire-reports/TEST-*.xml`을 추가한다.

    2. 나머지 옵션은 그대로 놔둔다.

publish JUnit test result report 스텝 설정하기

30. 이전 메뉴로 돌아가기 위해 뒤로 가기 화살표를 클릭한다.

31. 새로운 스텝을 추가하기 위해 **+ Add step** 버튼을 다시 클릭한다.

32. 가능한 스텝 목록에서 Archive the artifacts를 선택한다. 설정 가능한 다양한 옵션이 나타날 것이다.

    1. Artifacts 영역에 `target/*.jar`를 추가한다.

    2. 나머지 옵션은 그대로 놔둔다.

Archive the artifacts 스텝 설정하기

33. 이전 메뉴로 돌아가기 위해 뒤로 가기 화살표를 클릭한다.

34. 마지막으로 페이지의 오른쪽 상단 코너의 **Save** 버튼을 클릭해 파이프라인 환경 설정을 저장한다.

35. 팝업 윈도우가 나타나 **Description**과 파이프라인 설정을 커밋할 브랜치를 선택하라고 요청할 것이다.

36. 완료한 후 **Save & run** 버튼을 클릭하자.

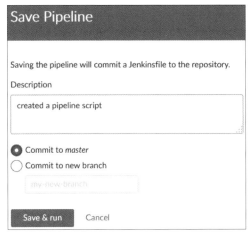

Save Pipeline

Saving the pipeline will commit a Jenkinsfile to the repository.

Description

created a pipeline script

⦿ Commit to *master*

◯ Commit to new branch

my-new-branch

Save & run   Cancel

파이프라인 저장

37. 이 결과 다음 화면과 같이 해당하는 브랜치의 파이프라인이 즉시 실행될 것이다.

Status	Run	Commit	Branch		Message	Duration	Completed	
✓	3	9b58117	master		Updated Jenkinsfile	7s	a minute ago	↺

nikhilpathania / hello-world-example ☆   Activity   Branches   Pull Requests

마스터 브랜치에 대해 빌드가 성공적으로 완료된 모습

38. 저장소의 마스터 브랜치 안에 새로운 파일이 생성된 것을 볼 수 있다.

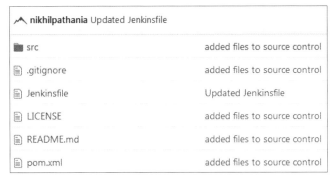

🗀 src	added files to source control
🖹 .gitignore	added files to source control
🖹 Jenkinsfile	Updated Jenkinsfile
🖹 LICENSE	added files to source control
🖹 README.md	added files to source control
🖹 pom.xml	added files to source control

⋀ **nikhilpathania** Updated Jenkinsfile

소스코드에 나열된 Jenkinsfile

39. 다음은 파일 안의 내용이다.

```
pipeline {
  agent {
    node {
      label 'master'
    }
  }
  stages {
    stage('Build') {
      steps {
        withMaven(maven: 'M3') {
          sh 'mvn clean install'
        }
      }
    }
    stage('Results') {
      steps {
        junit '**/target/surefire-reports/TEST-*.xml'
        archiveArtifacts 'target/*.jar'
      }
    }
  }
}
```

▌요약

이번 장에서는 젠킨스의 새로운 기능 대부분을 직접 연습했다. 적당한 예제를 사용해 파이프라인을 간단하게 유지했다. 그럼에도 불구하고, 4장에서는 젠킨스 새 기능을 모두 이용해 완전한 CI/CD 파이프라인을 만드는 방법을 알아본다.

04

젠킨스 설정

4장에서는 다음과 같은 젠킨스 관리자 작업을 수행하는 방법을 다룬다.

- 젠킨스 플러그인의 업데이트/설치/제거/다운그레이드
- 젠킨스 플러그인 수동 설치
- 젠킨스 백업과 복원
- 다양한 플랫폼(윈도우/리눅스/서블릿)에서 젠킨스 업그레이드
- 도커 컨테이너에서 돌아가는 젠킨스 업그레이드
- 젠킨스 사용자 생성 및 관리
- 다양한 젠킨스 인증 방식
- 젠킨스의 다양한 권한 설정 방식

젠킨스에는 설정 가능한 항목이 매우 많다. 더 많은 플러그인을 사용할수록 설정한 부분이 많아진다. 4장에서는 젠킨스의 기본적인 관리 작업만을 알아본다. 젠킨스 설정의 더 자세한 부분은 CI^Continuous Integration와 CD^Continuous Delivery를 완성하기 위해 더 많은 플러그인을 설치하는 5장에서 다룬다.

▋ 젠킨스 플러그인 매니저

젠킨스 기능의 대부분은 플러그인에서 나온다. 젠킨스 플러그인은 젠킨스에 설치돼 젠킨스의 기능을 강화시키는 소프트웨어라 할 수 있다. 젠킨스에 설치된 플러그인은 젠킨스 잡이나 시스템 설정화면, 혹은 Snippet Generator(서술적 파이프라인 문법과 호환될 경우) 하의 이벤트에서 파라미터나 설정 가능한 항목으로 나타난다.

다음 화면은 **소나큐브**^SonarQube 도구(정적 코드 분석 도구)를 설정하는 젠킨스 시스템 환경 설정 화면이다. 이 설정은 소나큐브를 위한 젠킨스 플러그인의 설치 이후에 가능하다.

젠킨스 시스템 환경 설정 안의 소나큐브 설정

젠킨스 내부에는 플러그인을 관리하기 위한 특별한 영역이 있다. 이번 절에서는 젠킨스 **플러그인 매니저**를 이용해 어떻게 플러그인을 관리하는지 알아본다.

1. 젠킨스 대시보드에서 Manage Jenkins를 클릭한다.
2. Manage Jenkins 페이지에서 Manage Plugins를 클릭한다. 〈Jenkins URL〉/ pluginManager 경로를 이용해 동일한 **플러그인 매니저** 페이지에 접속할 수 있다.
3. Updates, Available, Installed, Advanced 네 가지의 탭을 볼 수 있을 것이다.

젠킨스 플러그인 업데이트

Updates 탭은 다음 화면과 같이 업데이트가 필요한 플러그인의 목록을 나열한다.

젠킨스 플러그인 업데이트

플러그인을 업데이트하기 위해 해당하는 체크박스를 선택한 후 Download now and install after restart 버튼을 클릭한다.

Updates 탭에 있는 **모든** 플러그인을 업데이트하려면, 페이지 하단의 All 버튼을 클릭해 모든 플러그인을 선택한다. 그 후 Download now and install after restart 버튼을 클릭해 업데이트를 진행한다.

Updates 탭 페이지 하단에 보면 Check now 버튼을 볼 수 있다. Updates 탭에 있는 플러그인 목록을 리프레시하기 위해 이를 클릭하자. 이것은 플러그인 업데이트를 확인할 것이다.

새로운 젠킨스 플러그인 설치

Available 탭은 젠킨스에서 사용 가능한 모든 플러그인의 목록을 나열한다. 젠킨스에 이미 설치돼 있는 플러그인은 여기에 나타나지 않을 것이다.

다음 화면은 젠킨스에서 사용 가능한 플러그인 목록이다.

기능에 따라 분류된 플러그인

플러그인을 설치하기 위해 해당하는 체크박스를 선택하자. 그 후 페이지 하단에서 Install without restart 버튼이나(플러그인을 즉시 설치하기 위해) Download now and install after restart 버튼을(설명 그대로다) 클릭하자.

Updates 탭과 같이, 여기에서도 Check now 버튼을 볼 수 있다. 이를 클릭하면 Available 탭의 내용이 리프레시될 것이다.

젠킨스 플러그인을 삭제하거나 다운그레이드하기

Installed 탭은 사용자의 젠킨스에 설치된 모든 플러그인 목록을 나열한다. 다음 화면처럼, 플러그인을 삭제하거나 다운그레이드하기 위한 옵션이 있는 것을 볼 수 있다.

플러그인 업데이트 이후 젠킨스가 불안정하거나 CI/CD 파이프라인이 잘 동작하지 않을 경우 언제든지 플러그인을 다운그레이드할 수 있다.

젠킨스에 설치된 플러그인 목록

젠킨스에 프록시 설정하기

Advanced 탭 아래에서 HTTP Proxy Configuration 영역을 볼 수 있다. 여기서 젠킨스가 인터넷에서 업데이트를 가져올 수 있게 하는 프록시 설정을 진행할 수 있다.

HTTP Proxy 환경 설정

젠킨스가 방화벽 뒤에 있지 않거나 인터넷에 바로 연결된다면 해당 항목을 설정하지 않아도 된다.

젠킨스는 HTTP Proxy Configuration 내용을 이용해 젠킨스 플러그인을 설치하거나 업그레이드한다. 또한 이 정보를 활용해 Update나 Available 탭에 있는 플러그인 목록을 업데이트한다.

프록시 설정을 테스트하는 방법은 다음과 같다.

1. HTTP Proxy Configuration 영역 아래에서 Advanced… 버튼을 클릭하자.
2. Test URL 영역에 URL을 추가한 후 Validate Proxy 버튼을 클릭한다.
3. 다음 화면과 같이 Success 메시지를 볼 수 있을 것이다.
4. 설정을 저장하기 위해 Submit 버튼을 클릭한다.

프록시 설정 확인

수작업으로 젠킨스 플러그인 설치하기

HTTP Proxy Configuration 영역 바로 아래의 Advanced 탭 아래에서 Upload Plugin이라 써 있는 영역을 볼 수 있을 것이다. 이를 통해 젠킨스 플러그인을 설치하거나 업데이트할 수 있다.

이 기능은 젠킨스가 인터넷에 연결돼 있지 않은 상태에서 새로운 플러그인을 설치하거나 업데이트해야 할 때 유용하다. 젠킨스가 인터넷에 연결되지 않은 사내 망에만 연결돼있는 경우를 생각해보자. 이 경우에는, 먼저 필요한 젠킨스 플러그인을 젠킨스 온라인 저장소에서 다운로드한 후, 이를 이동식 미디어를 이용해 젠킨스 마스터 서버로 옮긴다. 마지막으로 Upload Plugin 영역을 이용해 필요한 젠킨스 플러그인을 설치한다.

다음과 같이 플러그인을 수동으로 설치해보자.

1. 인터넷에 접속 가능한 머신에서 `https://updates.jenkins-ci.org/download/plugins/`에 접속한다.

2. 위 사이트는 다음 화면과 같이 젠킨스에서 사용 가능한 모든 플러그인의 목록을 보여줄 것이다.

Index of /download/plugins

	Name	Last modified	Size	Description
Parent Directory			-	
AnchorChain/		2017-09-11 21:16	-	
ApicaLoadtest/		2017-09-11 21:16	-	
BlameSubversion/		2017-09-11 21:16	-	

젠킨스 플러그인 인덱스

3. 다음 예제에서 `logstash` 플러그인을 설치할 것이다.
4. 인덱스 페이지에서 `logstash`를 검색한 후 클릭한다.
5. 해당 플러그인의 모든 버전이 보일 것이다. 원하는 버전을 클릭한다(여기서는 최신 버전을 선택했다).

logstash

- permalink to the latest
- 1.3.0
- 1.2.0
- 1.1.1

플러그인의 버전 목록

6. .hpi 파일이 시스템으로 다운로드된다.

7. 플러그인을 다운로드할 때 해당 플러그인을 위해 필요한 다른 플러그인을 다운로드하는 것이 중요하다.

8. 원하는 플러그인을 설치하기 전에 의존성에 의해 필요한 다른 플러그인이 먼저 설치돼야 한다.

9. .hpi 파일(logstash.hpi)을 젠킨스 서버나 젠킨스 대시보드에 접속 가능한 머신에 복사한다.

10. 이제 젠킨스 서버에 로그인한다. 젠킨스 대시보드에서 Manage Jenkins ➤ Manage Plugins ➤ Advanced로 이동한다.

11. Advanced 탭의 Upload Plugin 영역에서 (다음 화면과 같이) 다음을 진행한다.

12. File 영역의 Browse… 버튼을 클릭한다.

13. 결과창에서 이전에 다운로드한 .hpi 파일을 올린다.

14. 완료되면 Upload 버튼을 클릭한다.

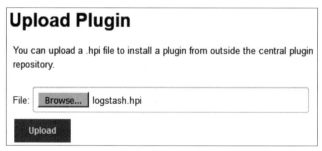

젠킨스 플러그인을 수동으로 업로드하기

15. 이제 젠킨스가 플러그인 설치를 진행할 것이다.

▎젠킨스 백업과 복원

누군가 중요한 젠킨스 설정을 실수로 지웠다면 어떻게 될까? 추후 '사용자 관리' 절에서 살펴볼 강력한 사용자 권한을 이용해 이를 막을 수 있지만, 젠킨스 환경 설정을 담당하는 사람이 안정적인 이전 버전의 환경 설정으로 돌아가고 싶은 경우를 생각해보자.

지금까지 배운 내용으로, 젠킨스 설정 전체가 젠킨스 홈 폴더에 저장된다는 것을 알고 있다. 윈도우의 경우에는 C:\jenkins이고, 아파치 톰캣의 경우에는 /var/jenkins_home, 리눅스의 경우 /var/lib/jenkins이다. 다음 절에서는 Periodic Backup 플러그인을 이용해 어떻게 젠킨스 설정을 백업하고 복원하는지 알아본다.

Periodic Backup 플러그인 설치하기

다음과 같이 Periodic Backup 플러그인을 설치한다.

1. 젠킨스 대시보드에서 Manage Jenkins > Manage Plugins를 클릭하자.
2. Plugin Manager 페이지에서 Available 탭을 클릭한다.
3. 다음 화면과 같이 Filter 옵션을 사용해 Periodic Backup을 찾는다.

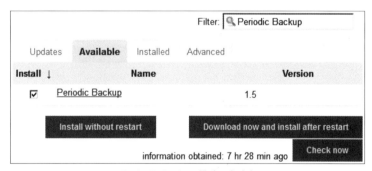

Periodic Backup 플러그인 설치

4. 아이템 목록에서 Periodic Backup을 선택한 후 Install without restart를 클릭한다. 이 작업에는 **블루오션**만 있으면 된다.

Periodic Backup 플러그인 설정하기

이제 Periodic Backup 플러그인을 사용하기 전에 무엇을, 어디에, 얼마나 자주 백업할지 정해야 한다. 다음 단계를 따라 하자.

1. 젠킨스 대시보드에서 Manage Jenkins ➤ Periodic Backup Manager로 이동하자.

2. Periodic Backup Manager에 처음 접근하게 되면 다음 알림을 볼 것이다.

The Periodic Backup plugin has not been configured yet. Click here to configure it.

---

3. Click here to configure it 링크를 클릭한다.

4. Periodic Backup Manager 페이지로 이동되고 설정할 많은 옵션이 보일 것이다. 다음 화면과 같이 하나하나 살펴보자.

5. Root Directory인 `<your Jenkins home directory>`는 젠킨스 홈 폴더다.

6. Temporary Directory 영역은 젠킨스 서버 머신에 위치해야 한다. 이름이 의미하듯, 이 폴더는 백업과 복원을 진행하는 동안 압축 및 압축 해제를 수행하기 위해 사용되는 임시 경로다. 이것은 젠킨스 홈 폴더만 아니라면 어떤 곳을 지정해도 상관없다.

7. Backup schedule (cron)은 언제, 그리고 얼마나 자주 백업을 만들지 지정하는 공간이다. 이 영역은 빈칸으로 남겨두지 말자. 해당 영역은 cron 문법을 지원한다. 예를 들어, 매일 자정 백업하기 위해서는 콜론을 제외하고 다음 cron 문법을 사용하면 된다.

---

0 0 * * *.

---

8. Validate cron syntax 버튼은 Backup schedule (cron)에 입력한 cron의 문법을 검증한다.

9. Maximum backups in location 영역은 젠킨스에서 여기 작성된 개수를 초과하는 백업을 저장하지 않게 정의한다.

10. **Store no older than (days)** 영역은 젠킨스에게 이 값보다 더 오래된 백업은 삭제
    하도록 한다.

11. **File Management Strategy** 아래에서 ConfigOnly와 FullBackup 두 가지 중 하나를
    선택할 수 있다. ConfigOnly를 선택하면 젠킨스는 젠킨스 홈 폴더의 모든 `.xml` 파
    일과 모든 잡의 `config.xml` 파일을 백업한다. FullBackup을 선택하면 젠킨스는
    젠킨스 홈 폴더 전체를 백업한다.

12. **Storage Strategy** 아래에 NullStorage, TarGzStorage, ZipStorage(멀티 볼륨 지원) 세
    가지 옵션 중 하나를 선택할 수 있다. 요구 사항에 맞게 하나를 선택한다.

13. **Backup Location**에서는 백업을 저장하는 장소를 하나 이상 추가할 수 있다. Add
    Location 버튼을 클릭한 후 LocalDirectory를 선택하자. 그 후, Backup directory
    path 영역에 젠킨스가 백업을 저장할 장소를 추가하자. 또한, Enable this location
    체크박스를 체크하는 것을 잊지 말자. 여러 장소를 선택하고, 그 모두를 활성화
    시킬 수 있다.

Periodic Backup 환경 설정

젠킨스 백업 생성하기

Periodic Backup 플러그인을 설정했으므로, 이제 설정을 테스트하기 위해 백업을 진행해 보자. Periodic Backup Manager 페이지에서 왼쪽 사이드 메뉴에 있는 Backup Now! 링크를 클릭하자.

Creating backup...과 같이 백업이 진행되는 과정 중 Periodic Backup Manager 페이지에서 알람을 확인할 수 있다.

백업이 완료되면 다음 화면과 같이 백업 목록을 같은 페이지에서 볼 수 있다.

백업 목록

젠킨스 백업 복원하기

이번에는 젠킨스 백업을 복원하는 것을 테스트해보자. 이를 진행하기 전에 복원이 잘 진행됐는지 확인하기 위해 몇 가지 환경 설정을 먼저 수행하자. Configure System 페이지에서 환경 설정을 할 것이다.

1. 젠킨스 대시보드에서 Manage Jenkins > Configure System을 클릭한다.
2. Configure System 페이지에서 다음 영역의 값을 변경한다.
3. # of executors 영역의 값을 2에서 5로 변경한다.
4. Quiet period 영역의 값을 5에서 10으로 변경한다.
5. 페이지 하단의 Save 버튼을 클릭한다.
6. 이제 젠킨스를 위 변경 사항을 적용하기 전의 포인트로 복원시켜보자.

7. 젠킨스 대시보드에서 Manage Jenkins ➤ Periodic Backup Manager를 클릭한다.

8. 나타나는 페이지에서 앞 절에서 생성한 백업을 선택한 후 Restore selected backup 버튼을 클릭한다.

9. 다음과 같은 메시지를 볼 수 있다.

   Restoring backup…

10. 페이지를 새로고침한 후 젠킨스 대시보드에서 Manage Jenkins ➤ Configure System을 클릭한다.

11. # of executors와 Quiet period 영역의 값이 각각 2와 5로 설정돼 있는 것을 볼 수 있다.

백업과 복원 로그 확인하기

젠킨스 백업과 복원에 대한 전체 로그를 확인할 수 있다. 로그의 상세 사항을 확인하는 방법은 다음과 같다.

1. 젠킨스 대시보드에서 Manage Jenkins ➤ System Log를 클릭한다.

2. Logs 페이지의 Log Recorders 영역에서 `org.jenkinsci.plugins.periodicbackup`을 클릭한다.

3. 다음 화면과 같이 수행된 백업과 복원 작업의 전체 로그를 볼 수 있다.

젠킨스 Periodic Backup 로그

▌ 젠킨스 업그레이드

젠킨스의 릴리스에는 LTS 릴리스와 위클리 릴리스 두 가지 종류가 있다. 젠킨스 위클리 릴리스는 새로운 기능과 수정된 버그들이 적용돼 있고, LTS^{Long Term Support} 릴리스는 12주 간격의 안정적인 버전이다. 젠킨스 서버에는 항상 LTS 릴리스를 설치하는 것을 권장한다.

Long-term Support (LTS)

LTS (Long-Term Support) releases are chosen every 12 weeks from the stream of regular releases as the stable release for that time period. Learn more...

Changelog | Upgrade Guide | Past Releases

📦 **Deploy Jenkins 2.73.1**

☁ **Deploy** to Azure

📦 **Download Jenkins 2.73.1 for:**

Docker

FreeBSD

Gentoo 🐧

Mac OS X

Weekly

A new release is produced weekly to deliver bug fixes and features to users and plugin developers.

Changelog | Past Releases

📦 **Download Jenkins 2.78 for:**

Arch Linux 🐧

Docker

FreeBSD 🐧

Gentoo 🐧

Mac OS X

OpenBSD 🐧

젠킨스 다운로드 페이지

다음 화면처럼 새로운 버전이 나올 경우 젠킨스 자체에서 이를 알려준다(젠킨스 서버가 인터넷에 연결돼 있어야 한다).

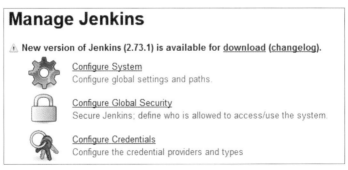

Manage Jenkins

⚠ **New version of Jenkins (2.73.1) is available for** <u>download</u> **(**<u>changelog</u>**).**

Configure System
Configure global settings and paths.

Configure Global Security
Secure Jenkins; define who is allowed to access/use the system.

Configure Credentials
Configure the credential providers and types

새로운 젠킨스 버전에 대한 젠킨스 알람

톰캣 서버 위에서 돌아가는 젠킨스 업그레이드

이번 절에서, 서블릿(아파치 톰캣) 안에서 돌아가는 젠킨스를 업그레이드하는 방법을 알아본다. 다음 단계를 따라 하자.

1. 아파치 톰캣 서버에 root 사용자로 로그인한다.

2. 다음 명령어를 이용해 /tmp 폴더 아래 jenkins.war의 최신 LTS 버전을 다운로드한다.

```
cd /tmp

wget http://mirrors.jenkins.io/war-stable/latest/jenkins.war
```

 특정 버전의 젠킨스(LTS)를 다운로드하기 위해 http://mirrors.jenkins.io/war-stable/에 접속한 후 원하는 버전의 젠킨스를 선택한다(예를 들어, http://mirrors.jenkins.io/war-stable/2.73.1/jenkins.war).

특정 버전의 젠킨스(위클리)를 다운로드하기 위해 http://mirrors.jenkins.io/war/에 접속한 후 원하는 버전의 젠킨스를 선택한다(예를 들어, http://mirrors.jenkins.io/war/2.78/jenkins.war).

3. 젠킨스를 업그레이드하기 전에 jenkins_home 폴더를 백업해놓는 것이 매우 중요하다. 젠킨스 백업 생성하기 절을 참고하자.

 젠킨스를 업그레이드하기 전 항상 백업을 생성하자.

4. 이제 다음 명령어로 톰캣 서비스를 멈춘다.

```
systemctl stop tomcat
```

---

5. 다음으로, 현재 jenkins.war 파일이 있는 곳으로 이동한다. 이 경우는 /opt/tomcat/webapps이다.

cd /opt/tomcat/webapps/

 톰캣 서버를 젠킨스만을 위해 사용하기로 했다면 jenkins.war 대신 ROOT.war가 webapps 폴더에 있을 것이다. 2장의 '아파치 톰캣 서버 위에 젠킨스 설치' 절을 참고하자.

6. 기존의 jenkins.war나 ROOT.war를 복사한 후 webapps 폴더 바깥의 장소에 백업한다(예를 들어, /tmp 폴더 같은 장소).

cp jenkins.war /tmp/jenkins.war.last.stable.version

혹은 다음 장소에 저장한다.

cp ROOT.war /tmp/ROOT.war.last.stable.version

7. 이제 기존의 jenkins.war나 ROOT.war를 webapps 폴더에서 삭제한다.

rm -r jenkins.war

혹은 다음과 같이 한다.

rm -r ROOT.war

8. 그런 다음 /tmp 폴더에 다운로드한 jenkins.war를 webapps 폴더로 이동시킨다. 아파치 톰캣 서버를 젠킨스만을 위해 사용 중이라면 destination.war 파일을 ROOT.war로 이름을 변경한다.

```
mv /tmp/jenkins.war /opt/tomcat/webapps/jenkins.war
```

혹은 다음과 같이 변경한다.

```
mv /tmp/jenkins.war /opt/tomcat/webapps/ROOT.war
```

9. 다음 명령어로 톰캣 서비스를 실행한다.

```
systemctl start tomcat
```

10. 젠킨스 인스턴스에 로그인한다. 젠킨스의 버전을 확인하기 위해 젠킨스 대시보드의 오른쪽 하단을 살펴보자. 새로운 젠킨스 버전을 볼 수 있을 것이다.

윈도우에서 스탠드얼론 젠킨스 업그레이드하기

윈도우에서 돌아가는 스탠드얼론 젠킨스를 업그레이드하는 것은 간단하다. 다음 단계를 따라 하자.

1. https://jenkins.io/download/에서 jenkins.war를 내려받는다. 특정 버전의 젠킨스로 업그레이드하려 한다면 http://mirrors.jenkins.io/war-stable/에서 다운로드한다.

2. 젠킨스를 업그레이드하기 전 jenkins_home 폴더를 백업해 놓는 것이 매우 중요하다. '젠킨스 백업과 복원' 절의 '젠킨스 백업 생성하기' 절을 참고하자.

> ℹ️ 젠킨스를 업그레이드하기 전에 항상 젠킨스를 백업하자. 윈도우에서 돌아가는 젠킨스 스탠드얼론 인스턴스에서, jenkins.war 파일은 jenkins_home 폴더 아래 있다. 따라서, jenkins_home 폴더를 백업하는 것으로 충분하다.

3. 이제 젠킨스 서비스를 멈추자. 이를 위해 services.msc를 윈도우 **실행(Run)** 창에
   서 실행하자. 윈도우 서비스 페이지가 열릴 것이다.

4. 젠킨스 서비스를 찾는다(주로 Jenkins라는 이름으로 존재). 다음 화면과 같이 젠킨스
   서비스를 중지시킨다.

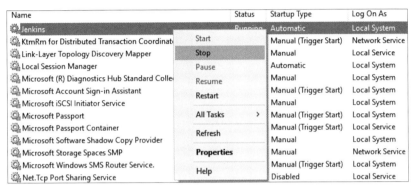

젠킨스 서비스 중지

5. 혹은, 윈도우 명령어 프롬프트(관리자 권한으로 실행)에서 다음 명령어를 이용해 젠킨
   스를 중지시킬 수 있다.

```
net stop Jenkins
```

결과는 다음과 같다.

```
The Jenkins service is stopping.
The Jenkins service was stopped successfully.
```

6. 다음으로 C:\Program Files (x86)\Jenkins\ 아래 있는 jenkins.war 파일을 새
   로 다운로드한 jenkins.war 파일로 대체한다.

7. jenkins.war 파일을 대체한 후, 다음 화면과 같이 서비스 윈도우에서 젠킨스 서
   비스를 시작한다.

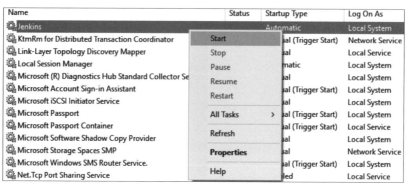

젠킨스 서비스 시작

8. 혹은, 윈도우 명령어 프롬프트(관리자 권한으로 실행)에서 다음 명령어를 이용해 젠킨스를 시작시킬 수 있다.

```
net start Jenkins
```

결과는 다음과 같다.

```
The Jenkins service is starting.
The Jenkins service was started successfully.
```

9. 젠킨스 인스턴스에 로그인한다. 젠킨스의 버전을 확인하기 위해 젠킨스 대시보드의 오른쪽 하단을 살펴보자. 새로운 젠킨스 버전을 볼 수 있을 것이다.

우분투에서 스탠드얼론 젠킨스 업그레이드

이번 절에서는 우분투에서 돌아가는 젠킨스의 업그레이드 방법을 알아본다. 다음 단계를 따라 하자.

1. 젠킨스 서버에 root 사용자로 로그인한다.

2. 다음 명령어를 이용해 /tmp 폴더에 최신(LTS) 버전의 jenkins.war를 다운로드
   한다.

```
cd \tmp

wget http://mirrors.jenkins.io/war-stable/latest/jenkins.war
```

특정 버전의 젠킨스(LTS)를 다운로드하려면 http://mirrors.jenkins.io/war-stable에 접속한 후 원하는 버전의 젠킨스를 선택한다(예를 들어, http://mirrors.jenkins.io/war-stable/2.73.1/jenkins.war).
특정 버전의 젠킨스(위클리)를 다운로드하려면 http://mirrors.jenkins.io/war에 접속한 후 원하는 버전의 젠킨스를 선택한다(예를 들어, http://mirrors.jenkins.io/war/2.78/jenkins.war).

3. 젠킨스를 업그레이드하기 전에 jenkins_home 폴더를 백업해놓는 것이 매우 중요
   하다. '젠킨스 백업과 복원' 절의 '젠킨스 백업 생성하기'를 참고하자.

젠킨스를 업그레이드하기 전에 항상 젠킨스를 백업하자.

4. 이제, 다음 명령어를 이용해 젠킨스 서비스를 중지시키자.

```
systemctl stop jenkins
```

5. 그런 다음, jenkins.war 파일이 있는 곳으로 이동하자. 이 경우에는 /usr/share/
   jenkins/이다.

```
cd /usr/share/jenkins/
```

6. 기존 jenkins.war 파일을 백업해 jenkins 폴더 이외의 장소로 옮겨놓자(예를 들어, /tmp 폴더).

```
cp jenkins.war /tmp/jenkins.war.last.stable.version
```

7. 이제 jenkins 폴더 안에 있는 jenkins.war 파일을 삭제하자.

```
rm -r jenkins.war
```

8. 그런 다음 새로 다운로드한 jenkins.war를 /tmp 폴더에서 jenkins 폴더로 이동시키자.

```
mv /tmp/jenkins.war /usr/share/jenkins/jenkins.war
```

9. 이제 다음 명령어를 이용해 젠킨스 서비스를 시작시킨다.

```
systemctl start jenkins
```

10. 젠킨스 인스턴스에 로그인한다. 젠킨스의 버전을 확인하기 위해 젠킨스 대시보드의 오른쪽 하단을 살펴보자. 새로운 젠킨스 버전을 볼 수 있을 것이다.

도커 컨테이너에서 젠킨스 업그레이드하기

이번 절에서는 도커 컨테이너 안에서 돌아가는 젠킨스를 업그레이드하는 방법을 알아본다.

 이번 절은 데이터 볼륨을 이용해 jenkins_home 폴더를 사용하는 경우에만 해당된다. 2장의 '도커 위에서 젠킨스 실행하기' 절과 '데이터 볼륨을 이용한 젠킨스 컨테이너 실행' 절(111쪽)을 참고하자.

1. 도커 호스트 머신에 로그인한다.

2. 다음 명령어를 이용해 실행되고 있는 컨테이너를 찾는다.

```
sudo docker ps --format "{{.ID}}: {{.Image}} {{.Names}}"
```

결과는 다음과 같을 것이다.

```
d52829d9da9e: jenkins/jenkins:lts jenkins_prod
```

3. 결과는 위와 비슷하게 나올 것이다. 젠킨스 컨테이너의 이름을 기록해놓자. 위 경우에는 jenkins_prod이다.

4. 다음 도커 명령어를 이용해 실행되고 있는 젠킨스 컨테이너를 멈춘 후 삭제할 것이다. 이를 진행하기 전에 젠킨스 서버에서 돌아가고 있는 잡이 없는지 확인하자.

```
sudo docker stop <your jenkins container name>
sudo docker rm <your jenkins container name>
```

5. 다음 명령어로 도커 호스트에서 사용 가능한 도커 이미지의 목록을 불러오자. 젠킨스 도커 이미지 jenkins/jenkins:lts가 있는 것을 확인할 수 있다. 하지만 이것은 더 이상 최신 버전이 아니다.

```
sudo docker images
```

결과는 다음과 같다.

```
REPOSITORY        TAG       IMAGE ID        CREATED         SIZE
jenkins/jenkins   lts       6376a2961aa6    7 weeks ago     810MB
hello-world       latest    1815c82652c0    3 months ago    1.84kB
```

6. 다음 명령어를 이용해 최신 도커 이미지를 다운로드한다.

```
sudo docker image pull jenkins/jenkins:2.73.1
```

7. 다운로드가 완료되면 다음 화면과 같이 sudo docker images 커맨드를 다시 실행한다. 새 젠킨스 도커 이미지를 꼭 확인하자. 이 경우에는 jenkins/jenkins:2.73.1이다.

```
sudo docker images
```

결과는 다음과 같다.

REPOSITORY	TAG	IMAGE ID	CREATED	SIZE
jenkins/jenkins	2.73.1	c8a24e6775ea	24 hours ago	814MB
jenkins/jenkins	lts	6376a2961aa6	7 weeks ago	810MB
hello-world	latest	1815c82652c0	3 months ago	1.84kB

8. 이제 새로운 젠킨스를 다운로드한 젠킨스 도커 이미지를 이용해 실행시키자(이전 젠킨스 컨테이너 이름을 그대로 사용할 것이다).

```
sudo docker run -d --name jenkins_prod \
-p 8080:8080 -p 50000:50000 \
-v jenkins-home-prod:/var/jenkins_home \
jenkins/jenkins:2.73.1
```

9. 다음 표는 도커 커맨드에 대한 설명이다.

docker	도커 유틸리티를 호출하기 위해 사용
run	컨테이너를 실행시키는 도커 명령어
-d	컨테이너를 백엔드에서 실행시키는 옵션
--name	컨테이너에 이름을 지정하는 옵션
-p	컨테이너의 포트를 호스트의 포트와 매칭하기 위한 옵션
jenkins/jenkins:2.73.1	도커 이미지의 이름과 컨테이너를 생성하기 위해 사용된 버전. jenkins/jenkins는 도커 이미지이고, 2.73.1은 이미지의 특정 버전이다.

10. 젠킨스 인스턴스에 로그인한다. 모든 잡과 설정 정보를 볼 수 있을 것이다. 젠킨스의 버전을 확인하기 위해 젠킨스 대시보드의 오른쪽 하단을 살펴보자. 새로운 젠킨스 버전을 볼 수 있을 것이다.

▌ 사용자 관리

이제 젠킨스가 사용자 관리를 위해 어떤 기능을 제공하는지 알아보자. 젠킨스 대시보드에서 Manage Jenkins ➤ Configure Global Security를 클릭해 Configure Global Security 페이지에 접속하자.

 ⟨Jenkins URL⟩/configureSecurity/ 링크를 통해서도 Configure Global Security 페이지에 접속할 수 있다.

다음 절에서는 사용자 인증과 권한에 관한 옵션을 알아본다. 다른 보안 옵션은 다음 장에서 알아본다.

젠킨스에서 전역 보안의 활성화와 비활성화

Configure Global Security 페이지에 들어오면 Enable security 옵션이 활성화돼 있는 것을 볼 수 있다. Enable security 옵션은 항상 활성화돼야 한다. 이를 비활성화하게 되면 젠킨스 URL을 알고 있는 사람은 어떤 종류의 제한도 없이 젠킨스에 접속할 수 있게 된다.

사용자 정보를 컴퓨터에 저장하는 옵션의 활성화와 비활성화

사용자가 젠킨스에 접속할 때 다음 화면과 같이 사용자 정보를 컴퓨터에 저장하는 옵션이 나타난다.

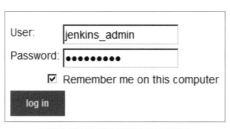

사용자 정보를 해당 컴퓨터에 저장하기

이것은 기본적으로 활성화돼 있다. 이 기능을 비활성화시키기 위해서는, Configure Global Security 페이지에서 Disable remember me 옵션을 체크한다.

인증 방식

젠킨스는 다양한 방식의 인증Authentication 방식을 제공한다. 다음은 가능한 목록이다.

- 서블릿 컨테이너에 위임
- 젠킨스 자체의 데이터베이스
- LDAP
- 유닉스 사용자/그룹 데이터베이스

젠킨스 인증 방식

Jenkins' own user database 옵션이 기본적으로 체크돼 있을 것이다. 젠킨스 설정 마법사에서 생성한 최초의 사용자 정보는 Jenkins' own user database 아래에 모두 저장된다. 실제 데이터베이스 종류는 존재하지 않고, 모든 정보는 XML 파일로 저장된다. 각각의 인증 방식을 살펴보자.

서블릿 컨테이너에 위임

이 옵션은 아파치 톰캣과 같은 서블릿 컨테이너에서 젠킨스를 실행시키는 경우에만 사용할 수 있다. 이 옵션을 활성화시키면 젠킨스가 서블릿 컨네이터의 렐름realm을 이용해 사용자 인증을 진행한다.

예를 들어, 2장의 '서블릿 컨테이너를 이용해 젠킨스 실행하기' 절의 '아파치 톰캣 설정하기'에서 tomcat-user.xml 파일을 수정해 사용자와 권한을 생성했다. 이 방식이 UserDatabaseRealm의 예다.

즉, 사용자의 젠킨스가 아파치 톰캣 서버 위에서 실행되고 있고 UserDatabaseRealm을 설정했다면 tomcat-user.xml 파일에 정의된 모든 사용자가 젠킨스에 접속 가능하다.

아파치 톰캣에서 지원되는 모든 종류의 렐름은 다음 웹사이트를 참고하자.
http://tomcat.apache.org/tomcat-8.0-doc/realm-howto.html#Standard_Realm_
Implementations.

젠킨스 자체 사용자 데이터베이스

이 옵션은 기본으로 활성화돼 있다. 이 방식에서는 젠킨스가 모든 사용자 정보를 XML 파일 안에 저장한다. 이 옵션은 작은 조직일 경우나, 사용자가 젠킨스를 정식으로 도입하지 않고 실험해볼 때 사용하기 적합하다.

사용자가 로그인 페이지에서 스스로 가입하는 방식도 가능하다. 이를 활성화하려면 Jenkins' own user database 아래의 Allow users to sign up 옵션을 체크한다.

젠킨스 로그인 페이지에서 다음 화면과 같이 Create an account라고 써 있는 링크가 활성화될 것이다.

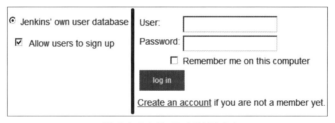

사용자가 가입하는 옵션 활성화하기

새로운 사용자가 Create an account 링크를 클릭하면 계정명, 암호, 이메일, 사용자 이름 등 기본적인 정보를 입력하라고 나올 것이다. 필요한 정보를 입력하고 나면 젠킨스에 접속할 수 있게 된다.

새로운 사용자가 젠킨스에서 보고 실행할 수 있는 내용은 젠킨스 내부의 Authorization 옵션에 의해 결정된다. Authorization 옵션에 대해서는 이번 장의 후반부에서 다룬다.

LDAP

LDAP은 대부분의 조직에서 가장 널리 사용되는 인증 방식 중 하나다. **Access Control >**
Security Realm 영역에서 **LDAP** 옵션이 보이지 않는다면 **LDAP** 플러그인을 클릭하자.

다음 화면에서 보이는 옵션들은 젠킨스가 LDAP 서버를 이용해 사용자 인증을 진행하게
해준다. 조직이 LDAP을 사용하고 있다면, 조직의 IT 관리자에게 LDAP 서버 상세 옵션
을 요청하자.

> LDAP 설정에 대한 자세한 정보는 https://wiki.jenkins.io/display/JENKINS/LDAP+Plugin
> 의 LDAP 플러그인 페이지를 참고하자.

유닉스 사용자/그룹 데이터베이스

젠킨스가 유닉스나 리눅스 머신에 설치됐다면, 다음 옵션이 사용 가능하다. 이를 활성화시키면, 젠킨스는 해당 OS에 인증을 위임하게 된다. 즉, 해당 OS에 설정된 모든 사용자와 그룹은 젠킨스에 접속할 수 있게 된다.

이 옵션을 동작시키기 위해 젠킨스에 설정해야 할 것은 없다. 하지만 해당 OS의 모든 사용자는 /etc/shadow 파일에 접근 가능해야 한다.

/etc/shadow 파일에 모든 사용자가 접근 가능하게 설정하려면 다음 명령어를 이용한다.

```
sudo chmod g+r /etc/shadow
```

젠킨스 내부에 새로운 사용자 생성하기

이번 절은 Jenkins' own user database를 인증 방식으로 사용할 경우에만 적용된다. 다음과 같이 새로운 사용자를 젠킨스 서버에 추가하자.

1. 젠킨스 대시보드에서 Manage Jenkins ➤ Manage Users를 클릭한다.
2. 왼쪽 사이드 메뉴의 Manage Users 페이지에서 Create User를 클릭한다.
3. 다음 화면과 같이 기본적인 정보를 묻는 페이지가 나타난다.

Create User

Username:

Password:

Confirm password:

Full name:

E-mail address:

Create User

젠킨스 내부에서 사용자 만들기

4. 해당 내용을 채운 후 Create User 버튼을 클릭한다.

Manage Users 링크는 Jenkins' own user database를 인증 방식으로 사용할 경우에만 적용 가능하다.

People 페이지

People 페이지는 다음 화면과 같이 젠킨스에 접근 가능한 모든 사용자를 보여준다.

	User Id	Name	Last Commit Activity ↑	On
	nikhilpathania	nikhilpathania	1 mo 1 day	nikhilpathania » hello-world-example » temp
	jenkins_admin	nikhil pathania	N/A	

젠킨스 People 페이지

젠킨스의 사용자 정보 및 설정

다음 화면과 같이 특정 사용자의 ID나 이름을 눌러 해당 사용자의 정보를 알아보자. 다음 화면과 같이 사용자의 Status 페이지로 이동될 것이다.

사용자의 Status 페이지

사용자의 Status 페이지의 왼쪽 사이드 메뉴에서 Status, Builds, Configure, My views, Credentials와 같은 옵션을 볼 수 있을 것이다. 이 옵션 중 일부를 상세히 알아보자.

- Builds 페이지는 현재 사용자로 인해 시작된 모든 빌드의 정보를 보여준다.
- My Views 페이지는 현재 사용자가 접근 가능한 뷰의 종류를 보여준다. 현재 사용자를 위한 뷰가 설정되지 않았다면, My Views 페이지는 젠킨스의 기본인 All 뷰를 보여주게 된다(젠킨스 대시보드).
- Credentials 링크는 사용자를 Credentials 페이지로 안내한다. 하지만, Credentials 페이지에서는 다음 화면과 같이 해당하는 사용자의 추가 정보를 보여준다.

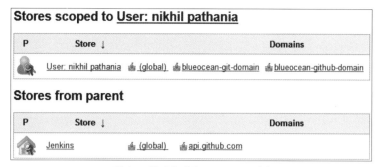

젠킨스 사용자에 대한 credentials 영역

권한 설정 방식

젠킨스는 다양한 방식의 권한 설정Authorization을 지원한다. 다음은 권한 설정 목록이다.

- Anyone can do anything
- Legacy mode
- Logged-in users can do anything
- Matrix-based
- Project-based matrix Authorization Strategy

Logged-in users can do anything 옵션이 기본적으로 활성화돼 있다. 각각의 권한 설정 방식에 대해 간략히 알아보자.

젠킨스의 권한 설정에 접근하기 위해 젠킨스의 대시보드에서 Manage Jenkins ➤ Configure Global Security ➤ Access Control로 이동하자.

Anyone can do anything

이 옵션을 선택할 경우, 젠킨스는 어떤 권한 관련 제한도 적용하지 않는다. 익명 사용자뿐만 아니라 젠킨스에 접속할 수 있는 모든 사용자라면 모든 권한을 갖는다. 이 옵션은 권장되지 않는다.

Legacy mode

이 옵션을 선택할 경우 젠킨스는 릴리스 1.164 이전 방식으로 동작한다. 즉, 젠킨스가 사용자 명이 Admin인 사용자를 찾는다. Admin 사용자는 관리자 권한이 주어지며(인증 방식과 관계 없이), 이외의 사용자는 익명 사용자로 취급된다. 이 옵션은 권장되지 않는다.

Logged-in users can do anything

이 옵션은 새로운 젠킨스를 설치했을 때 기본적으로 적용돼 있는 옵션이다. 이름 자체가 의미를 내포하고 있는데, 로그인한 사용자는 기본적으로 관리자가 된다. 이 옵션도 권장되지 않는다.

Logged-in users can do anything 영역 아래에 Allow anonymous read access 옵션이 있다 (기본적으로 비활성화 상태). 이 옵션이 활성화되면, 젠킨스 URL에 접근 가능한 모든 사람은 모든 젠킨스 잡에 대해 읽기 전용 권한이 주어지고, 젠킨스 대시보드로 이동된다. 하지만 젠킨스 잡을 수정하거나 환경 설정을 보려면 로그인해야 한다.

Matrix-based security

이 방식은 젠킨스에서 가장 널리 사용되는 **권한 설정** 방식이다. 다음 단계를 따라 하면서 자세히 알아보자.

1. Matrix-based security 권한 설정 방식을 선택해 이를 적용시킨다. 다음 매트릭스가 나타날 것이다.

Matrix-based security 환경 설정

2. 이전 화면에서 젠킨스의 여러 항목을 나타낸 열과, 사용자를 나타낸 행을 볼 수 있다. 매트릭스 하단에 사용자를 추가할 수 있는 옵션이 있다.

3. 새로운 사용자를 추가하고 권한을 부여해보자.

4. 사용자를 추가하려면 사용자명을 User/group to add 영역에 입력한 후 Add 버튼을 클릭해야 한다.

5. 다음 화면에서 네 명의 사용자를 추가한 것을 볼 수 있다(여기에 추가할 수 있는 사용자 목록은 'People 페이지' 절을 참고하자). Jenkins' own user database 방식을 사용한다면 몇몇 사용자를 추가하자('젠킨스 내부에 새로운 사용자 생성하기' 절 참조).

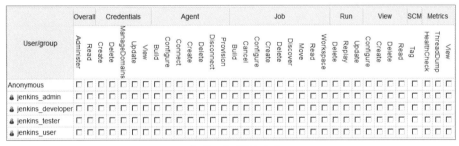

매트릭스에 사용자 추가

6. 이제, 적절한 체크박스를 선택해 권한을 부여해보자. 다음 화면에서 보면 jenkins_admin 사용자에게 모든 권한을 부여한 것을 볼 수 있다. jenkins_developer 사용자와 jenkins_tester 사용자는 젠킨스 잡에 대한 읽기와 실행 권한이 주어졌고, jenkins_user 사용자는 읽기 권한만 주어졌다.

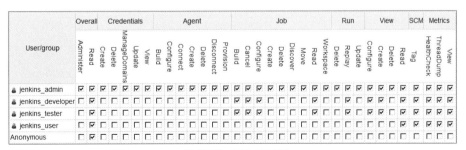

매트릭스를 이용한 권한부여

7. 이외의 설정은 그대로 유지한 후 페이지 하단의 **Save** 버튼을 클릭하자.

8. 설정을 확인하기 위해, 각각의 사용자로 로그인해 젠킨스 대시보드에서 무엇이 보이는지 확인해보자.

Project-based Matrix Authorization Strategy

앞 절에서 matrix-based security 권한부여 방식이 사용자와 권한에 충분한 설정 방식을 제공하는 것을 알아봤다.

하지만 젠킨스 서버가 계속 커져서 수백 개의 젠킨스 잡과 많은 사용자가 존재하고, 잡 단위에서 권한을 설정하는 것을 상상해보자.

이런 경우에 Project-based Matrix Authorization Strategy가 필요하다.

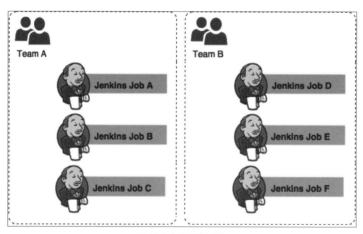

잡 단위의 사용자 권한

이제 Project-based Matrix Authorization Strategy를 어떻게 설정하는지 살펴보자. 다음 단계를 따라 하자.

216

1. 젠킨스의 **권한 설정**에 접근하기 위해 젠킨스 대시보드에서 Manage Jenkins ➤ Configure Global Security ➤ Access Control로 이동하자.

2. Project-based Matrix Authorization Strategy를 선택하자. 다음과 같은 매트릭스가 나타날 것이다.

Project-based Matrix Authorization Strategy 설정

3. 사용자를 추가해 모든 권한을 부여해보자. User/group to add 영역에 사용자의 정확한 사용자명을 입력한 후 Add 버튼을 클릭해 사용자를 추가한다.

4. 다음 화면에서 jenkins_admin 사용자를 추가해 모든 권한을 준 것을 볼 수 있다.

매트릭스에 사용자 추가

5. 나머지 설정은 그대로 둔 후 페이지 하단의 Save 버튼을 클릭한다.

6. 다음으로, 젠킨스 대시보드에서 임의의 잡을 우클릭한 후 Configure를 선택한다.

7. 설정 페이지에서 스크롤을 Enable project-based security 옵션까지 내린 후 이를 활성화시킨다.

8. 다음 화면과 같은 매트릭스가 나타날 것이다.

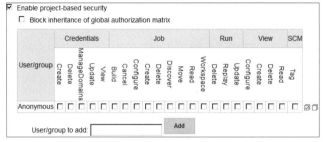

젠킨스 잡의 project-based security 설정

9. 사용자를 추가하고 권한을 부여해보자.

10. 사용자를 추가하기 위해, 사용자의 정확한 사용자명을 **User/group to add** 영역에 입력한 후 **Add** 버튼을 클릭한다.

11. 다음 화면을 보면 `jenkins_developer` 사용자가 몇 가지 권한과 함께 추가된 것을 알 수 있다.

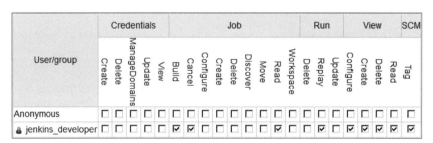

매트릭스를 이용한 권한부여

12. 완료되면 페이지 하단의 **Save** 버튼을 클릭한다.

13. 이제 해당하는 젠킨스 잡에 권한을 부여한 사용자로 로그인한다(이 경우, `jenkins_ developer`).

14. 사용자가 접근 권한이 있는 잡만 볼 수 있는 것을 확인할 수 있다.

15. 유사하게 젠킨스에서 생성한 모든 잡에 대해 사용자 권한을 설정할 수 있다.

▎ 요약

이번 장에서는 젠킨스에서 기본적이지만 중요한 요소를 설정하는 방법을 예제와 함께 알아봤다. 이 중에서 젠킨스를 업그레이드하고, 백업을 생성하고, 젠킨스 사용자를 관리하는 방법은 특히 중요하다.

5장에서는 마스터/슬레이브 아키텍처와 젠킨스의 분산 빌드 시스템에 대해 알아본다.

05

분산 빌드

젠킨스의 마스터/슬레이브 아키텍처에서는 여러 슬레이브 머신을 이용해 작업을 분산시키는 것을 쉽게 설정할 수 있다. 5장에서는 다양한 플랫폼에서 젠킨스 슬레이브를 설정하는 방법을 중점적으로 살펴보며, 다루는 내용은 다음과 같다.

- 젠킨스 노드 관리자 개요
- 스탠드얼론 리눅스 머신에 젠킨스 슬레이브 설치
- 스탠드얼론 윈도우 머신에 젠킨스 슬레이브 설치
- 젠킨스 슬레이브를 on-demand[1]로 생성하기 위한 도커 플러그인 설치 및 설정

---

1 젠킨스 슬레이브가 필요할 때 즉시 해당 슬레이브를 생성하고 그 이후 바로 삭제되는 방식이다. - 옮긴이

▌ 분산 빌드와 테스트

이번 절에서는 분산 빌드와 테스트에 대해 간략히 알아본다. 방대한 양의 단위 테스트와 통합 테스트 스위트가 있는 상황을 상상해보자. 이를 작은 단위로 나눌 수 있다면 동시에 수행하는 것도 가능해진다. 이를 병렬로 동시에 처리하려면 빌드와 테스트 머신이 여러 개 필요하다. 도커나 다른 기술을 이용해 이를 가능하게 한다면 남은 일은 이를 젠킨스 슬레이브로 만드는 것뿐이다.

다음 그림은 젠킨스 파이프라인이 분산 빌드와 테스트를 이용해 빌드, 단위 테스트, 통합 테스트를 처리하는 방법을 보여준다. 그림에서 보듯이 빌드와 단위 테스트를 위한 스탠드얼론 젠킨스 슬레이브와, 통합 테스트를 위한 스탠드얼론 젠킨스 슬레이브 두 종류가 있다.

단위 테스트는 빌드와 단위 테스트를 위한 젠킨스 슬레이브 세 개로 분산되고(카테고리 1), 통합 테스트는 통합 테스트를 위한 두 개의 젠킨스 슬레이브로 분산된다(카테고리 2).

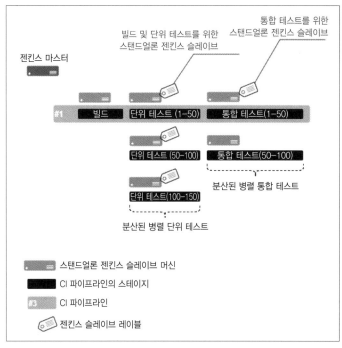

젠킨스 스탠드얼론 에이전트를 활용한 분산 빌드와 테스트

젠킨스 슬레이브 에이전트는 **레이블**을 이용해 분류된다. 레이블은 다음 장에서 자세히 다룬다.

또한, 도커를 이용해 on demand 젠킨스 슬레이브를 생성하는 것이 쉽고 유리하다. 다음 그림은 이전에 논의한 것과 같은 개념의 도커 버전이다. 여기서 젠킨스 슬레이브가 도커 이미지를 이용해 on demand로 생성된다.

다음 그림에서 볼 수 있듯, 도커 이미지는 빌드와 단위 테스트를 위한 도커 이미지와 통합 테스트를 위한 도커 이미지 두 가지가 있다. 도커 슬레이브 에이전트는 도커 이미지를 이용해 생성된다. 단위 테스트는 빌드와 단위 테스트를 위한 세 개의 도커 슬레이브 에이전트에 분산되고(카테고리 1), 통합 테스트는 통합 테스트를 위한 두 개의 도커 슬레이브 에이전트에 분산된다(카테고리 2).

여기서도 도커 슬레이브 에이전트는 레이블을 이용해 구분된다. 레이블은 다음 절에서 자세히 살펴본다.

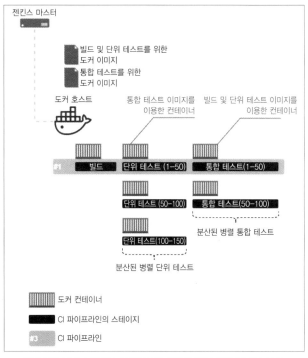

젠킨스와 도커 슬레이브 에이전트를 이용한 분산 빌드 및 테스트 팜

젠킨스 노드 관리 페이지

이번 절에서는 젠킨스의 **노드 관리**^{Manage Nodes} 페이지에 대해 알아본다.

1. 젠킨스 대시보드에서 Manage Jenkins ➤ Manage Nodes를 클릭한다.
2. 왼쪽에서 메뉴를 확인할 수 있다. 옵션은 다음 화면과 같다.

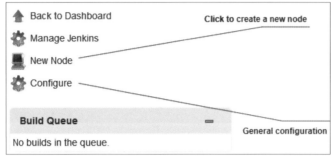

젠킨스 노드 관리 페이지

3. 오른쪽에 보면 다음 화면과 같이 사용 가능한 젠킨스 슬레이브의 목록이 표로 나타난 것을 볼 수 있다.

S	Name ↓	Architecture	Clock Difference	Free Disk Space	Free Swap Space	Free Temp Space	Response Time
	master ▾	Linux (amd64)	In sync	5.19 GB	⊖ 0 B	5.19 GB	0ms
Data obtained	15 min	15 min	15 min	15 min	15 min	15 min

사용 가능한 노드 목록

4. 아직 젠킨스 슬레이브를 설정하지 않았기 때문에, 위 화면의 목록에 master 항목 하나만 있다.
5. 표에서 노드의 **이름, 아키텍처, 유휴 디스크 용량, 반응 시간**을 볼 수 있다.
6. 각 노드에 표시된 정보의 양을 조절할 수 있게 Configure 링크를 클릭하자('젠킨스 노드 관리 페이지' 화면을 참고하자). 다음과 같은 화면으로 이동한다.

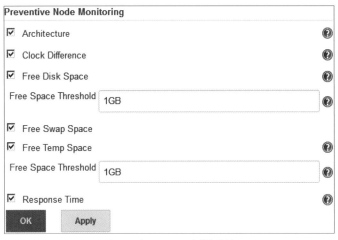

Preventive 노드 모니터링 옵션

7. 필요한 옵션의 체크를 설정/해제해 활성화하거나 비활성화시키자. **Free Space Threshold** 옵션은 매우 중요하다. **Free Disc Space**와 **Free Temp Space** 양이 기입한 값보다 적어지면(기본 1GB이다), 노드는 오프라인 상태로 변경된다. 이를 통해 젠킨스 파이프라인이 디스크 용량이 적은 노드에서 실행돼 실패하는 일을 방지한다.

▌젠킨스 슬레이브 추가하기: 스탠드얼론 리눅스 머신/VM

이번 절에서는 스탠드얼론 리눅스 머신을 젠킨스 슬레이브로 추가한다. 젠킨스 슬레이브가 추가될 머신에 자바가 설치돼 있어야 한다. 다음 단계를 따라 하자.

1. 젠킨스 대시보드에서 Manage Jenkins ➤ Manage Nodes를 클릭하자.
2. 왼쪽 사이드 메뉴에서 New Node를 클릭하자. 다음 화면과 같이 노드의 이름과 타입을 선택하는 페이지가 나타날 것이다.

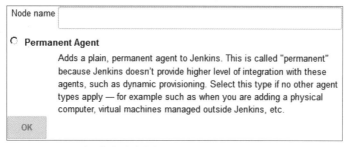

이름 추가 및 에이전트 타입(슬레이브 타입) 선택

3. Node name 영역에 이름을 작성한 후 에이전트 타입을 선택한다. 현재 선택할 수 있는 타입은 Permanent Agent 하나다. 이것은 주로 실제 머신이나 VM 타입의 에이전트다.

4. OK 버튼을 누른다.

5. 다음 화면과 같이 설정할 수 있는 옵션이 나타날 것이다.

젠킨스 슬레이브 설정

226

이를 하나씩 살펴보자.

1. Name 영역은 젠킨스 슬레이브의 이름을 정하기 위해 이미 사용했다.

2. Description 영역에 젠킨스 슬레이브의 설명을 추가한다. 예를 들어, 목적이나 타입, 이 슬레이브가 빌드하거나 테스트할 내용, 혹은 설치된 도구 등을 기입한다.

3. # of executors 영역은 젠킨스 슬레이브가 동시에 병렬로 처리할 수 있는 빌드의 개수를 정해준다. 값은 1보다 커야 하는데 3을 입력하면 젠킨스 슬레이브는 세 개의 빌드를 병렬로 처리한다. 이 결과 각각의 빌드는 평소보다 실행 시간이 시간이 길어지므로, 적절한 값을 선택한다.

4. Remote root directory 영역은 젠킨스가 빌드 관련 작업을 진행할 때 젠킨스 슬레이브에서 사용할 폴더 경로다.

5. Labels 영역은 매우 중요하다. 스페이스를 이용해 여러 개의 레이블을 추가할 수 있는데, 다음 화면과 같이 레이블을 이용해 특정 슬레이브에서 파이프라인을 실행할 수 있다. 예제를 보면, maven-build-1 레이블을 추가해 이 젠킨스 슬레이브가 메이븐 프로젝트를 빌드할 수 있게 설정했다.

6. Usage 영역은 젠킨스가 빌드의 스케줄을 정하는 데 사용된다. 다음과 같이 두 가지의 옵션이 있다.

   ○ Use this node as much as possible: 이것이 기본으로 선택된 옵션이다. 이 모드를 사용하면 해당 젠킨스 슬레이브는 특정한 슬레이브에서만 실행되게 설정된 파이프라인을 제외한 모든 파이프라인에서 사용된다.

   ○ Only build jobs with label expressions matching this node: 이 모드를 사용하면, 프로젝트의 설정이 해당 노드의 레이블이나 이름 조건에 부합하는 경우에만 해당 노드에서 빌드를 실행한다.

7. Launch method 영역은 젠킨스 슬레이브를 시작하는 방식을 정의한다. 다음과 같이 네 가지 옵션이 있다. 다음 예제에서 SSH 방식을 사용해 젠킨스를 실행시킬 것이다. 'SSH를 통해 젠킨스 슬레이브 실행' 절을 참고하자.

- Launch agent via Java Web Start : 이 옵션은 에이전트가 JWS를 이용해 실행 되게 한다. 이 경우 JNLP^Java Network Launch Protocol 파일이 에이전트 머신에 열려 있어 젠킨스 마스터에 TCP 연결이 돼야 한다. Configure Global Security 페이지에서 보안을 활성화시켰다면, 젠킨스 마스터가 JNLP 에이전트와 연결하기 위해 사용할 포트를 설정할 수 있다.

- Launch agent via execution of command on the master : 이 방식은 마스터에서 젠킨스 실행 명령을 받아 에이전트를 실행한다. 마스터가 다른 머신에 SSH나 remote shell(RSH)을 통해 프로세스를 실행시킬 수 있는 경우 이를 사용한다.

- Launch agent via SSH : 이 방식은 secure SSH 연결을 통해 명령어를 보내서 슬레이브를 시작시킨다. 슬레이브는 마스터에서 접근 가능해야 하고, 해당 머신에 로그인할 수 있는 계정이 있어야 한다. 루트 권한이 필요하지는 않다.

- Let Jenkins control this Windows slave as a Windows service : 이 방식은 윈도우에 있는 원격 관리 기능을 이용해 윈도우 슬레이브를 시작시킨다. 윈도우 슬레이브인 경우에 적합하며, 해당 슬레이브의 IP는 마스터에서 접근 가능해야 한다.

8. Availability 영역은 젠킨스가 젠킨스 슬레이브를 시작, 중지 및 사용하는 방식을 정의한다. 세 가지 옵션이 있다.

- Keep this agent online as much as possible : 이 방식을 선택하면 해당 에이전트는 최대한 온라인 상태를 유지한다. 일시적인 네트워크 장애 등으로 에이전트가 오프라인이 된다면 젠킨스는 주기적으로 해당 에이전트를 재시작시킨다.

- Take this agent online and offline at specific times : 이 방식을 선택하면 젠킨스는 해당 에이전트를 정해진 시각에 온라인으로 만든 후, 설정된 시간만큼 이 상태를 유지한다. 온라인 상태여야 할 시간에 해당 에이전트가 오프라인 상태가 된다면, 젠킨스는 주기적으로 해당 에이전트를 재시작시킨다. 에이전트가 Scheduled Uptime 영역에 정의된 시간만큼 온라인 상태를 유지하게 되

면, 오프라인으로 변경된다. Keep online while builds are running을 체크한 상태에서 에이전트가 오프라인으로 변경될 시간이 되면, 젠킨스는 진행되고 있는 빌드가 끝날 때까지 기다리게 된다.

- ○ Take this agent online when in demand, and offline when idle: 이 방식을 선택하면, 다음 조건을 만족할 경우 젠킨스가 해당 에이전트를 온라인 상태로 만들게 된다. 조건은 빌드가 In demand delay에 정의된 시간만큼 큐에 존재하게 되는 경우다.
- ○ 그리고 에이전트는 레이블에 의해 매칭될 경우에도 실행된다.

    이 에이전트는 다음과 같은 경우에 오프라인으로 변경된다.

    - ○ 해당 에이전트에서 실행되는 빌드가 더이상 존재하지 않을 경우
    - ○ 해당 에이전트가 Idle delay에 명시된 시간만큼 유휴 상태로 존재할 경우

젠킨스 슬레이브에 환경 변수 전달하기

다음과 같이 환경 변수를 전달해보자.

1. Node Properties 영역이 보일 것이다. 이 옵션을 이용해 젠킨스 슬레이브에 미리 정의한 환경 변수나 도구의 위치를 넘길 수 있다.
2. 다음 화면과 같이 젠킨스 슬레이브에 환경 변수를 전달할 수 있다. Add 버튼을 클릭해 여러 개의 환경 변수를 전달하는 것도 가능하다. 이 환경 변수는 젠킨스 파이프라인의 실행 환경에서 사용 가능하다.

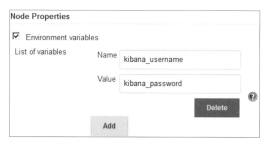

젠킨스 슬레이브에 환경 변수 전달

젠킨스에 Pipeline as Code 기능이 생겨 젠킨스 파이프라인 코드(파이프라인 스크립트/ Jenkinsfile)에서 바로 환경 변수를 정의할 수 있게 됐다. 따라서 위 화면에서 다룬 환경 변수를 정의하는 일이 더이상 예전만큼 중요하지는 않다.

도구의 위치 전달하기

다음 화면과 같이 전역 환경 설정 내용을 덮어쓰면서 특정한 도구의 위치를 젠킨스 슬레이브에 전달할 수 있다.

젠킨스 슬레이브에 도구의 위치 전달

SSH를 통해 젠킨스 슬레이브 실행

SSH를 통해 슬레이브를 실행시키는 방법은 다음과 같다.

1. Launch slave agents via SSH 옵션을 선택하면, 다음 화면과 같이 옵션이 나타날 것이다.
2. Host 영역은 젠킨스 슬레이브 머신의 IP 주소나 호스트명을 입력하는 자리다.
3. Credentials 영역은 젠킨스 슬레이브를 인증하기 위해 젠킨스에 저장된 인증 방식을 선택할 수 있는 장소다. 새로운 인증 방식을 생성하기 위해서는 Credentials 필드 옆의 Add 버튼을 클릭하자(Kind: Username with password를 선택해 인증을 생성하자).

SSH 속성을 통한 슬레이브 에이전트 실행 옵션 설정

 젠킨스 슬레이브를 인증하려면 사용자는 Remote root directory 영역에 정의된 폴더의 읽기와 쓰기 권한이 있어야 한다.

4. 마지막 옵션인 Host Key Verification Strategy는 젠킨스가 원격 호스트에서 접속할 때 사용하는 SSH 키를 인증하는 방식을 정의한다. 이 옵션은 Kind: SSH username with private key 인증 방식을 사용할 때만 적용된다. 다음과 같이 네 가지의 옵션이 있다.

   ○ Known hosts file Verification Strategy: 이 방식은 젠킨스가 사용하는 사용자와 일치하는 정보가 known_hosts 파일(~/.ssh/known_hosts) 내부에 있는지 확인한다. 이 방식은 known_hosts 파일을 수정하지는 않고, 읽기 전용 방식으로 사용한다. 따라서 해당 파일을 수정할 수 있는 사용자 계정을 통해 ssh hostname 명령어를 사용해 최초의 커넥션을 만들 필요가 있다.[2]

   ○ Manually provide key verification Strategy: 이 방식은 원격 호스트에서 제공한 키가 해당 커넥션을 설정한 사용자의 키와 일치하는지 확인한다.

---

2 사용할 때에는 읽기 전용 권한으로 충분하지만, 최초의 커넥션을 만들 때 known_hosts 파일을 수정할 권한이 필요하다. 따라서 최초 1회는 쓰기 권한이 있는 사용자 계정이 필요하다. – 옮긴이

- Known trusted key Verification Strategy: 이 방식은 원격의 키가 해당 호스트에서 신뢰할 수 있는 키로 등록돼 있는지 확인한다. 설정 방식에 따라 키는 첫 연결 시 자동으로 신뢰할 수 있는 키로 등록될 수도 있고, 권한이 있는 사용자가 해당 키를 승인하도록 요구될 수도 있다. 권한이 있는 사용자는 원격 호스트에서 제공된 새로운 키를 승인해야 한다.
  - Non verifying Verification Strategy: 이 방식은 원격 호스트에서 제공된 SSH 키에 대해 어떤 인증도 실행하지 않고, 키에 상관없이 연결을 허용한다.
5. 모든 옵션을 설정한 후 Save 버튼을 클릭한다.

▍ 활성화된 젠킨스 슬레이브의 추가 정보

이번 절에서는 방금 추가한 젠킨스 슬레이브 에이전트에 설정 가능한 옵션을 좀 더 살펴본다. 여기서 다루는 것처럼 젠킨스는 슬레이브의 다양한 정보를 제공한다. 다음 단계를 따라 하자.

1. 젠킨스 대시보드에서 Manage Jenkins > Manage Nodes를 클릭한다.
2. 오른쪽에 사용 가능한 젠킨스 슬레이브 표가 나타난다. 방금 추가한 젠킨스 슬레이브가 새롭게 목록에 나올 것이다.
3. 설정과 메타데이터에 접근하려면 젠킨스 슬레이브 이름을 클릭한다.
4. 다음과 같이 결과로 나온 페이지(젠킨스 슬레이브 상태(Status) 페이지)의 왼쪽 사이드 메뉴에 여러 가지 옵션이 나타날 것이다.

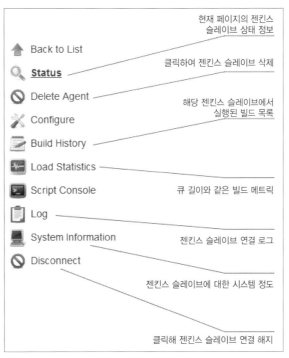

현재 페이지의 젠킨스
슬레이브 상태 정보

클릭하여 젠킨스 슬레이브 삭제

해당 젠킨스 슬레이브에서
실행된 빌드 목록

큐 길이와 같은 빌드 메트릭

젠킨스 슬레이브 연결 로그

젠킨스 슬레이브에 대한 시스템 정도

클릭해 젠킨스 슬레이브 연결 해지

젠킨스 슬레이브 페이지

5. 위 화면에서 대부분의 링크는 이름 그대로다. 그래도 몇 가지를 더 자세히 알아 보자.

6. Log 링크는 젠킨스 슬레이브의 모든 로그를 보여준다. 젠킨스 슬레이브를 추가 한 후 온라인 상태가 되지 않을 때 Log를 살펴보면 된다. 인증이나 권한 문제, 또 는 젠킨스에 연결하려 할 때 생기는 모든 문제는 여기 기록된다. 다음 화면을 살 펴보자.

```
[SSH] Starting slave process: cd "/var/jenkins" && java  -jar slave.jar
<===[JENKINS REMOTING CAPACITY]===>channel started
Slave.jar version: 3.7
This is a Unix agent
Evacuated stdout
Agent successfully connected and online
```

젠킨스 슬레이브 로그

7. System Information 링크는 시스템 속성이나 환경 변수와 같이 해당 젠킨스 슬레이브의 시스템 정보를 대부분 보여준다. 이전 화면을 살펴보자. 여기에 접근할 일은 많지 않지만, **시스템 도구**나 **환경 변수** 등에 의해 발생한 빌드 에러를 디버깅할 때 유용하다.

System Properties

Name ↓	Value
awt.toolkit	sun.awt.X11.XToolkit
file.encoding	UTF-8
file.encoding.pkg	sun.io
file.separator	/
java.awt.graphicsenv	sun.awt.X11GraphicsEnvironment

Environment Variables

Name ↓	Value
_	/usr/bin/java
HOME	/home/nikhil
LANG	en_US.UTF-8
LOGNAME	nikhil

젠킨스 슬레이브 시스템 정보

8. Build History 링크는 해당 젠킨스 슬레이브에서 수행된 모든 빌드의 시간 정보를 보여준다.

9. 젠킨스 슬레이브 **상태** 페이지에서는 해당 젠킨스 슬레이브에 추가된 레이블과 연관된 프로젝트를 보여준다. 다음 화면을 보자.

젠킨스 슬레이브 상태 페이지

10. Mark this node temporarily offline 버튼을 클릭해 젠킨스 슬레이브를 임시로 오프라인 상태로 변경할 수 있다. 버튼을 클릭하면 슬레이브를 오프라인으로 변경하기 전 메모를 추가할 수 있는 창이 나타난다(메모 추가는 선택사항이다).

Taking standalone-linux-slave Offline

You can optionally explain why you are taking this node offline, so that others can see why:

maintenance activity

Mark this node temporarily offline

젠킨스 슬레이브를 오프라인 상태로 변경하기

11. 오프라인 상태의 노드를 다시 온라인으로 바꾸려면 젠킨스 **상태** 페이지에서 Bring this node back online 버튼을 클릭하자.

젠킨스 슬레이브를 온라인 상태로 변경하기

▋ 젠킨스 슬레이브 추가하기: 스탠드얼론 윈도우 머신/VM

이번 절에서는 스탠드얼론 윈도우 머신을 젠킨스 슬레이브로 추가한다. 젠킨스를 추가할 머신에 자바가 설치돼 있어야 한다. 다음 단계를 따라 하자.

1. 왼쪽 사이드 메뉴에서 New Node를 클릭하자. 다음 화면과 같이 노드의 이름과 타입을 정하는 페이지가 나타날 것이다.

2. 젠킨스 대시보드에서 Manage Jenkins ➤ Manage Nodes를 클릭하자.

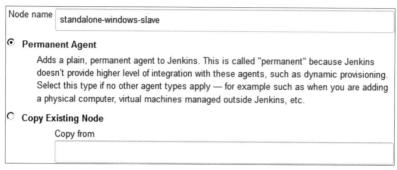

노드 이름 추가 및 타입 결정(슬레이브 타입)

3. Node Name 영역에 의미 있는 이름을 기입한 후 에이전트 타입은 Permanent Agent로 선택한다. 이것은 주로 물리적 머신이나 VM을 위한 타입이다. 또한, 이미 존재하는 젠킨스 슬레이브를 복사하는 것도 가능하다. 이를 위해 Copy Existing Node 옵션을 선택한 후 Copy from 영역에 해당 젠킨스 슬레이브의 이름을 입력한다.

4. 하지만 이번 예제에서는 Permanent Agent를 선택한다.

5. OK 버튼을 눌러 진행하자.

6. 다음 화면처럼 옵션을 설정하는 화면이 나타날 것이다. 이미 해당 내용은 살펴봤다.

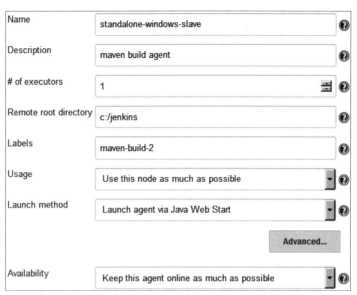

Name	standalone-windows-slave
Description	maven build agent
# of executors	1
Remote root directory	c:/jenkins
Labels	maven-build-2
Usage	Use this node as much as possible
Launch method	Launch agent via Java Web Start
	Advanced...
Availability	Keep this agent online as much as possible

젠킨스 슬레이브 설정

7. 윈도우 에이전트는 다음과 같이 젠킨스 슬레이브를 시작시키는 두 가지 방법이
있다.

  ○ Launch agent via Java Web Start: 이 방식은 JWS를 통해 에이전트를 실행하
게 한다. 이 경우, JNLP 파일이 에이전트 머신에 대해 열려 있어서 젠킨스 마
스터와 TCP 연결이 돼야 한다. Configure Global Security 페이지에서 보안을
활성화했다면, 어떤 포트로 JNLP 에이전트와 커넥션을 맺을지 정할 수 있다.

  ○ Let Jenkins control this Windows slave as a Windows service: 이 방식은 윈도
우에 내장된 기능인 원격 제어를 통해 윈도우 슬레이브를 시작시키기 때문
에, 윈도우 슬레이브를 관리하기에 적합하다. 슬레이브는 마스터에서 IP가
접근 가능해야 한다.

JWS를 통해 젠킨스 슬레이브 시작시키기

이번 절에서는 JWS 방식을 통해 윈도우 젠킨스 슬레이브를 시작시키는 방법을 배울 것이다.

1. Launch method 영역에서 Launch agent via Java Web Start를 선택한다.

2. Save 버튼을 클릭한다.

3. 젠킨스의 Manage Nodes 페이지에서 젠킨스 슬레이브명을 클릭한다. 예제의 경우 standalone-windows-slave이다.

4. 다음과 같은 옵션을 제공하는 젠킨스 슬레이브 **상태** 페이지가 나타날 것이다.

```
Connect agent to Jenkins one of these ways:

 • [Launch]  Launch agent from browser

 • Run from agent command line:

   java -jar slave.jar -jnlpUrl http://192.168.56.107:8080
   /computer/standalone-windows-slave/slave-agent.jnlp -secret
   26dc2653a211e735b1d3ca7612c967f6335cb6d78149e4e2600707baa9c
   82e93
```

젠킨스 슬레이브 연결 방식(Java Web Start)

5. 젠킨스 서버에서는 아무것도 변경하지 않는다.

6. 이제 해당하는 젠킨스 슬레이브 머신(윈도우)에 로그인한 후 젠킨스 대시보드를 연다.

7. 젠킨스 대시보드에서 Manage Jenkins ➤ Manage Nodes를 클릭한다.

8. Manage Nodes 페이지에서 젠킨스 슬레이브명을 클릭한다. 이 경우 standalone-windows-slave이다.

9. 이제 다음 화면과 같이 명령어를 입력하거나 Launch 버튼을 클릭한다.

10. Launch 버튼을 클릭하면 다음 화면과 같은 팝업 윈도우가 나타난다.

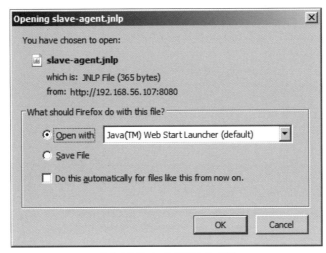

슬레이브 열기: 에이전트 jnlp 파일

11. Open with 옵션에서 Java(TM) Web Start Launcher (default) 옵션을 선택한 후 OK
    버튼을 클릭한다.

12. 애플리케이션을 실행할 것인지 묻는 팝업이 나타날 것이다. 다음 화면과 같이
    Run을 클릭한다.

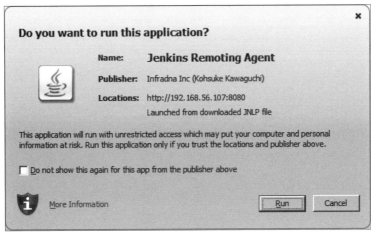

젠킨스 원격 에이전트 실행

13. 최종적으로 다음 화면과 같이 젠킨스 슬레이브 연결 상태가 Connected로 변경됐다는 작은 윈도우 창을 볼 수 있을 것이다.

젠킨스 슬레이브 에이전트 윈도우

14. 이제 윈도우 젠킨스 슬레이브가 연결됐다. 이를 윈도우 서비스로 만들려고 한다면, 이전 화면에서 File을 누른 후 Install as a service를 클릭한다.

15. Run 유틸리티를 연 후 services.msc 명령어를 입력해 윈도우 Services 유틸리티를 연다. 다음 화면처럼 서비스 목록에서 젠킨스 슬레이브 에이전트 서비스를 볼 수 있을 것이다.

윈도우 서비스로 등록된 젠킨스 슬레이브

16. 젠킨스 슬레이브 윈도우 서비스를 마우스 오른쪽 버튼으로 클릭한 후 Properties를 선택한다.

17. Properties 윈도우에서 Log On 탭으로 이동한다. 다음 화면과 같이 Log on as 영역 아래에서 This account 옵션을 선택 후, 관리자 계정 정보(젠킨스 슬레이브 머신에 관리자 권한을 가진 사용자)를 입력한다.

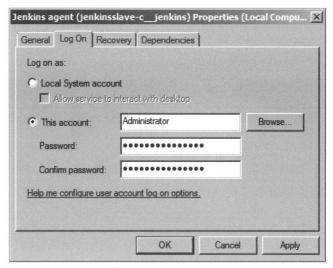

젠킨스 슬레이브 서비스 속성

18. 이제 윈도우에 젠킨스 슬레이브가 설치됐다.

젠킨스 슬레이브 추가하기: 도커 컨테이너

이번 절에서는 도커 플러그인을 설치 및 설정해 CI 파이프라인에서 젠킨스 슬레이브(도커 컨테이너)를 on demand로 생성하는 방법을 알아본다. 도커 컨테이너는 CI 파이프라인에 의해 시작되고, 빌드가 완료된 후 제거된다. 다음 절에서는 설정 부분만 알아보고, 6장에서 자세한 절차를 살펴본다.

전제 조건

시작하기 전에 다음 조건을 충족하는지 확인한다.

- 다음 플랫폼 중 하나에서 실행되는 젠킨스 서버: 도커, 스탠드얼론, 클라우드, VM, 서블릿 컨테이너 혹은 기타(2장, '젠킨스 설치' 참고)

- 젠킨스 서버는 인터넷에 연결돼야 한다. 플러그인을 다운로드 및 설치하기 위해 필요하다.

- **깃허브 플러그인**을 통해 깃허브에 연결할 수 있다(3장의 '깃허브 인증을 젠킨스에 추가하기' 절과 '젠킨스에서 GitHub Webhooks 설정하기' 절 참조).

- 젠킨스 서버에 자바, 깃, 메이븐도 설정해야 한다(3장의 '새로운 젠킨스 파이프라인 잡' 절의 '전역 도구 환경 설정 페이지' 참고).

- 도커 서버

도커 서버 설정

도커를 설치하려면 우분투 OS(64비트) Yakkety Yak 16.10, Xenial Xerus 16.04, Trusty Tahr 14.04 버전 중 하나가 필요하고, curl도 설치돼 있어야 한다. 다음과 같이 도커 서버를 설정한다.

저장소 설정

다음과 같이 저장소를 설정하자.

1. 다음 명령어로 apt가 저장소를 사용하게 한다.

```
sudo apt-get install apt-transport-https ca-certificates
```

2. 도커의 공식 GPG 키를 추가한다.

```
curl -fsSL https://yum.dockerproject.org/gpg | sudo apt-key add -
```

3. 키의 ID가 58118E89F3A912897C070ADBF76221572C52609D가 맞는지 다음 명령어로 확인한다.

```
apt-key fingerprint 58118E89F3A912897C070ADBF76221572C52609D
```

4. 다음과 유사한 결과가 나와야 한다.

```
pub 4096R/2C52609D 2015-07-14
Key fingerprint = 5811 8E89 F3A9 1289 0ADB F762 2157 609D
Uid Docker Release Tool (releasedocker) docker@docker.com
```

5. 다음 명령어로 도커를 다운로드하는 안정 버전 저장소를 설정한다.

```
sudo add-apt-repository \
"deb https://apt.dockerproject.org/repo/ubuntu-$(lsb_release -cs) \
main"
```

 항상 안정 버전 저장소를 사용하는 것을 추천한다.

apt-get 명령으로 도커 설치

저장소가 설정됐으니 다음과 같이 도커를 설치해보자.

1. apt 패키지 인덱스를 업데이트한다.

```
sudo apt-get update
```

2. 최신 버전의 도커를 설치하기 위해 다음 명령어를 실행한다.

```
sudo apt-get -y install docker-engine
```

3. 특정 버전의 도커를 설치하고 싶을 경우 다음 명령어를 실행한다.

```
apt-cache madison docker-engine
```

4. 사용 가능한 버전의 목록이 나올 것이다.

```
docker-engine | 1.16.0-0~trusty |
https://apt.dockerproject.org/repo
ubuntu-trusty/main amd64 Package
docker-engine | 1.13.3-0~trusty |
https://apt.dockerproject.org/repo
ubuntu-trusty/main amd64 Package
```

 위 명령어의 결과는 위의 '저장소 설정' 절에서 설정한 저장소의 종류에 따라 달라질 수 있다.

5. 다음 명령어로 특정 버전의 도커를 설치한다.

```
sudo apt-get -y install docker-engine=<VERSION_STRING>
```

예를 들면 다음과 같다.

```
sudo apt-get -y install docker-engine=1.16.0-0~trusty
```

6. 도커 서비스는 자동으로 시작된다. 다음 명령어로 도커가 설치돼 실행되고 있는지 확인한다.

```
sudo docker run hello-world
```

7. 위 명령어가 에러 없이 동작하고 hello world 메시지를 보게 되면, 도커가 정상적으로 설치돼 실행되고 있는 것이다.

```
Hello from Docker!
This message shows that your installation appears to be
working correctly.
```

.deb 패키지를 이용한 도커 설치

특정한 이유로 위 저장소 방식으로 도커 설치가 불가능하다면, .deb 패키지를 다운로드할 수 있다.

1. https://apt.dockerproject.org/repo/pool/main/d/docker-engine/에서 원하는 .deb 패키지를 다운로드한다.

2. 다운로드한 패키지를 다음 명령어로 설치한다.

```
sudo dpkg -i /<path to package>/<docker package>.deb
```

3. 다음 명령어로 도커 설치를 확인한다.

```
sudo docker run hello-world
```

4. 위 명령어가 에러 없이 동작하고 hello world 메시지가 나타나면 도커가 정상적으로 설치되고 실행되는 것이다.

```
Hello from Docker!
This message shows that your installation appears to be
working correctly.
```

도커 원격 API 활성화

젠킨스는 도커 플러그인을 통해 도커 원격remote API를 사용해 도커 서버와 통신할 수 있다. 도커 원격 API는 외부 애플리케이션이 REST API를 이용해 도커 서버와 통신할 수 있게 해준다. 또한 도커 원격 API는 도커 서버 안에 실행되고 있는 컨테이너의 정보를 알기 위해서도 사용된다.

도커 원격 API를 활성화시키기 위해 도커 설정을 변경해야 한다. OS 버전과 도커를 설치한 방식에 따라 올바른 설정 파일을 수정해야 한다. 다음에 나타난 것처럼 우분투에는 두 가지 방식이 있다.

docker.conf 파일 수정하기

다음과 같이 docker.conf 파일을 수정한다. 젠킨스가 도커 호스트와 통신하려면 이 설정이 매우 중요하다.

1. 도커 서버에 로그인한다. sudo 권한이 있는지 확인하자.

2. 다음 명령어를 이용해 docker.conf 파일을 수정하자.

```
sudo nano /etc/init/docker.conf
```

3. docker.conf 파일 안에서 DOCKER_OPTS=로 이동하자.

> docker.conf 파일 안에 DOCKER_OPTS= 변수가 두 곳에 있는 것을 볼 수 있을 것이다. 첫 번째는 pre-start 스크립트 영역이고, 두 번째는 post-start 스크립트 영역이다. pre-start 스크립트 영역의 DOCKER_OPTS= 변수를 사용하자.

4. DOCKER_OPTS의 값을 다음과 같이 작성한다.

```
DOCKER_OPTS='-H tcp://0.0.0.0:4243 -H unix:///var/run/docker.sock'
```

5. 위 설정은 도커 서버를 유닉스 소켓과 TCP 포트 4243.0.0.0.0에 연결시킨다. 이를 통해 도커 엔진이 외부에서 접속 가능해진다.

젠킨스 서버에서만 도커 서버에 접속할 수 있게 하려면 0.0.0.0을 젠킨스 서버 IP로 변경하면 된다.

6. 다음 명령어를 통해 도커 서버를 다시 시작한다.

```
sudo service docker restart
```

7. 설정이 잘 적용됐는지 다음을 통해 확인해본다.

```
curl -X GET http://<Docker server IP>:4243/images/json
```

 위 명령어는 도커 서버에 이미지가 있을 경우 이를 모두 나열한다.

docker.service 파일 수정

다음 단계를 통해 docker.service 파일을 수정하자.

1. 다음 명령어를 실행해 docker.service 파일을 수정한다.

```
sudo nano /lib/systemd/system/docker.service
```

2. docker.service 파일 안에서 ExecStart= 라인으로 이동한다.
3. ExecStart=의 값을 다음과 같이 지정한다.

```
ExecStart=/usr/bin/docker daemon -H fd:// -H tcp://0.0.0.0:4243
```

4. 위 설정은 도커 서버를 유닉스 소켓과 TCP 포트 4243.0.0.0.0에 연결시킨다. 이를 통해 도커 엔진이 외부에서 접속 가능해진다.

젠킨스 서버에서만 도커 서버에 접속할 수 있게 하려면 0.0.0.0을 젠킨스 서버 IP로 변경하면 된다.

5. 다음 명령어를 실행해 도커 데몬에게 변경 사항이 생긴 것을 알려준다.

```
systemctl daemon-reload
```

6. 도커 서버를 다시 시작한다.

```
sudo service docker restart
```

7. 설정이 잘 적용됐는지 다음을 통해 확인해본다.

```
curl -X GET http://<Docker server IP>:4243/images/json
```

 위 명령어는 도커 서버에 이미지가 있을 경우, 이를 모두 나열한다.

도커 플러그인 설치

빌드를 진행할 도커 컨테이너를 on demand로 생성하려면 젠킨스에 **도커 플러그인**을 설치해야 한다. 다음 단계를 따라 하자.

1. 젠킨스 대시보드에서 Manage Jenkins ➤ Manage Plugins ➤ Available 탭을 클릭한다. 젠킨스 Manage Plugins 페이지로 이동한다.
2. 다음 화면처럼 Filter 영역에 Docker Plugin을 입력한다.

도커 플러그인 설치

3. 목록에서 **도커 플러그인**을 선택한 후 Install without restart 버튼을 클릭한다.

4. 필요시 젠킨스를 다시 시작한다.

도커 플러그인 설정

도커 플러그인이 설치됐으니 이를 설정해보자.

1. 젠킨스 대시보드에서 Manage Jenkins ➤ Configure System을 클릭한다.

2. Configure System 페이지에서 Cloud 영역까지 내려간다(아래 화면 참고).

3. Add a new cloud 버튼을 클릭한 후 옵션에서 Docker를 선택한다.

4. 설정 가능한 옵션이 나타날 것이다.

5. Name 영역에 도커 서버의 이름을 정한다.

6. Docker URL 영역에 도커 서버의 URL을 기입한다.

7. Test Connection 버튼을 클릭해 젠킨스가 도커와 연결 가능한지 확인한다.

도커 서버와 연동하기 위한 도커 플러그인 설정

8. 페이지 끝에서 Apply 및 Save 버튼을 클릭한다. 이후에 더 많은 설정을 위해 이 페이지로 다시 돌아올 것이다.

도커 이미지 생성하기: 젠킨스 슬레이브

도커 원격 API를 활성화시키면 젠킨스와 도커 서버를 연동시킬 수 있다. 이제 도커 서버에 도커 이미지가 필요하다. 추후에 젠킨스가 이 이미지를 이용해 젠킨스 슬레이브로 활용할 도커 컨테이너를 생성할 것이다. 도커 컨테이너를 생성하는 방법은 다음과 같다.

1. 도커 서버에 로그인한다. 다음 명령어를 통해 사용 가능한 도커 이미지가 있는 지 확인한다.

sudo docker images

2. 다음 화면에서 두 개의 도커 이미지(ubuntu와 hello-world)가 이미 도커 서버에 있 는 것을 확인할 수 있다.

도커 이미지 목록

3. 도커 서버가 최근에 백업된 머신이면 이미지가 하나도 없을 것이다.

4. 여기서는 우분투 도커 이미지를 이용해 도커 이미지를 만들 것이다. 이를 위해 다 음 명령어로 우분투를 위한 도커 이미지를 내려받는다.

docker pull ubuntu

 https://hub.docker.com/에서 다양한 OS를 위한 도커 이미지를 찾을 수 있다.

5. 다운로드가 완료되면 sudo docker images 명령어를 다시 입력하자. 이제 이전 화면처럼 우분투를 위한 도커 이미지를 볼 수 있을 것이다.

6. 빌드를 실행하기 위해 필요한 애플리케이션을 모두 설치할 것이다. 종류는 다음 과 같다.

   ○ 자바 JDK (최신)

   ○ 깃

- ◦ 메이븐
- ◦ 도커 컨테이너에 로그인할 사용자
- ◦ sshd (SSH 연결을 위해 필요)

7. 다음 명령어를 실행해 우분투 도커 이미지를 사용한 도커 컨테이너를 실행하자. 컨테이너가 생성되고 컨테이너의 배시 셸이 열릴 것이다.

```
sudo docker run -i -t ubuntu /bin/bash
```

8. 이제 일반 우분투 머신에 작업하듯 필요한 애플리케이션을 설치한다. jenkins 사용자를 먼저 생성해보자.

   1. 다음 명령어를 실행한 후 사용자 생성 단계를 따라 진행하자. 다음 화면을 참고하자.

```
adduser jenkins
```

```
ubuntu@node4:~$ sudo docker run -i -t ubuntu /bin/bash
root@81a5d12f6c4a:/# adduser jenkins
Adding user `jenkins' ...
Adding new group `jenkins' (1000) ...
Adding new user `jenkins' (1000) with group `jenkins' ...
Creating home directory `/home/jenkins' ...
Copying files from `/etc/skel' ...
Enter new UNIX password:
Retype new UNIX password:
passwd: password updated successfully
Changing the user information for jenkins
Enter the new value, or press ENTER for the default
        Full Name []: Nikhil Pathania
        Room Number []: 208
        Work Phone []:
        Home Phone []:
        Other []:
Is the information correct? [Y/n] y
root@81a5d12f6c4a:/#
```

사용자 생성

2. 새로운 사용자가 생성됐는지 사용자 전환 명령어로 확인한다.

```
su jenkins
```

9. exit를 입력해 root 사용자로 돌아온다.

10. 다음으로 SSH 서버를 설치하자. 다음 명령어를 순서대로 입력한다.

```
apt-get update
apt-get install openssh-server
mkdir /var/run/sshd
```

11. 이제 다음 명령어를 통해 깃을 설치하자.

```
apt-get install git
```

12. 다음 명령어를 통해 자바 JDK를 설치하자.

```
apt-get install openjdk-8-jdk
```

13. 다음 명령어를 통해 메이븐을 설치하자.

```
apt-get install maven
```

14. exit를 입력해 컨테이너에서 빠져나온다.

15. 도커 컨테이너에 작업한 내역을 저장(커밋)해야 한다.

16. 다음 화면처럼 모든 비활성화된 컨테이너 목록을 나열해 작업한 컨테이너의 CONTAINER ID를 알아낸다.

```
sudo docker ps -a
```

```
ubuntu@node4:~$ sudo docker ps -a
CONTAINER ID  IMAGE   COMMAND      CREATED           STATUS                    PORTS  NAMES
81a5d12f6c4a  ubuntu  "/bin/bash"  About an hour ago  Exited (0) 2 minutes ago         mystifying_fermat
ubuntu@node4:~$ █
```

비활성화된 컨테이너 목록

17. CONTAINER ID를 기록한 후, 다음과 같이 commit 명령어를 사용해 컨테이너에 작업한 내용을 커밋한다.

```
sudo docker commit <CONTAINER ID> <new name for the container>
```

18. 다음 화면과 같이 maven-build-slave-0.1이라고 컨테이너 이름을 정했다.

```
ubuntu@node4:~$ sudo docker commit 81a5d12f6c4a maven-build-slave-0.1
sha256:317fb6ec990f235fc2f2f42beab6f73e44fb4bd2d0bba0479858386c569a7c7d
ubuntu@node4:~$ █
```

도커 커밋 명령어

19. 변경 사항을 커밋하면, 새로운 도커 이미지가 만들어진다.

20. 다음 명령어를 통해 도커 이미지의 목록을 불러오자.

```
sudo docker images
```

```
ubuntu@node4:~$ sudo docker images
REPOSITORY             TAG     IMAGE ID      CREATED          SIZE
maven-build-slave-0.1  latest  317fb6ec990f  About a minute ago  298 MB
ubuntu                 latest  f49eec89601e  3 weeks ago      129 MB
hello-world            latest  48b5124b2768  4 weeks ago      1.84 kB
ubuntu@node4:~$ █
```

도커 이미지 목록

21. 새로 만든 도커 이미지 maven-build-slave-0.1을 볼 수 있다. 이제 젠킨스 서버를 설정해 이 도커 이미지를 이용한 젠킨스 슬레이브(빌드 에이전트)를 생성하게 할 것이다.

젠킨스에 도커 컨테이너 인증 정보 추가

다음과 같이 젠킨스에 인증 정보를 추가해 도커와 연동시킨다.

1. 젠킨스 대시보드에서 Credentials > System > Global credentials (unrestricted)로 이동한다.
2. 왼쪽 사이드 메뉴에서 Add Credentials 링크를 클릭해 새로운 인증 정보를 만든다(다음 화면 참고).
3. Kind는 Username with Password를 선택한다.
4. Scope는 기본값으로 둔다.
5. Username 영역에 도커 이미지를 위한 사용자명을 추가한다(예제의 경우 jenkins).
6. Password 영역에 비밀번호를 추가한다.
7. ID 영역에 ID를 추가하고 Description 영역에 설명을 추가한다.
8. 완료되면 OK 버튼을 클릭한다.

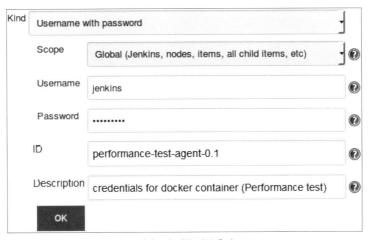

젠킨스에 인증 정보 추가

젠킨스에 도커 설정 업데이트

다음과 같이 젠킨스에 도커 설정을 업데이트하자.

1. 젠킨스 대시보드에서 Manage Jenkins ➤ Configure System을 클릭한다.

2. Cloud 영역까지 스크롤을 내린다(다음 화면 참고).

3. Cloud 영역에서 Add Docker Template 버튼을 클릭한 후 Docker Template을 선택한다.

4. 설정 가능한 여러 항목이 나타날 것이다. 예제를 단순화하고자 주요 내용에 대해서만 알아보자.

   1. Docker Image 영역에 이전에 생성한 도커 이미지 이름을 입력한다. 예제의 경우 maven-build-slave-0.1이다.

   2. Labels 영역에 레이블을 추가한다. 이 레이블을 통해 젠킨스 파이프라인이 도커 컨테이너를 구분할 수 있게 된다. docker라고 레이블을 추가하자.

   3. Launch Method는 Docker SSH computer launcher를 선택한다.

   4. Credentials 영역은 도커 컨테이너에 접근하기 위해 생성했던 인증 정보를 선택한다.

   5. Pull strategy는 Never pull을 선택한다.

   6. 나머지 옵션은 기본값으로 둔다.

   7. 완료되면 Apply를 클릭한 후 Save를 클릭한다.

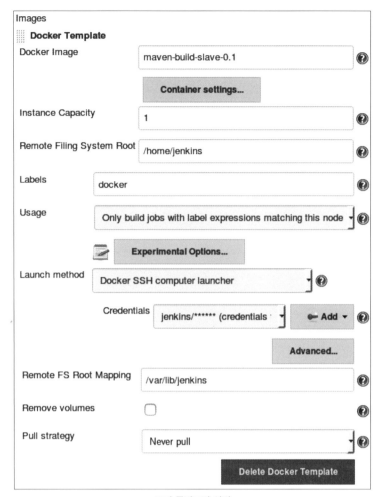

도커 플러그인 설정

5. 이제 젠킨스가 도커를 이용해 on demand로 젠킨스 슬레이브를 생성할 수 있게
   모든 설정이 끝났다.

▎ 요약

5장에서는 널리 사용되는 Launching Jenkins slave via SSH와 Launching Jenkins Slave via Java Web Start 두 가지 방식을 이용해 스탠드얼론 윈도우와 리눅스 머신(물리적 머신 혹은 VM)에 젠킨스 슬레이브를 추가하고 설정하는 방법을 배웠다. 또한 젠킨스를 위한 **도커 플러그인**을 설치 및 설정해 CI가 on demand로 도커 컨테이너를 만들 수 있게 하는 방법을 다뤘다.

6장에서는 젠킨스를 이용해 CI를 구성하는 방법과 젠킨스 도커 컨테이너(젠킨스 슬레이브)를 이용하는 분산 빌드 팜을 활용해 CI를 수행해본다.

06

소나큐브와
아티팩토리 설치

6장에서는 정적 코드 분석으로 유명한 오픈소스 도구 소나큐브를 살펴본다. 또한 바이너리 파일의 버전 관리로 유명한 오픈소스 도구 아티팩토리도 살펴본다. 6장에서 다루는 내용은 다음과 같다.

- 스탠드얼론 소나큐브 서버 설치
- 소나큐브에 프로젝트 생성
- 소나큐브에 빌드 브레이커 플러그인 설치
- 퀄리티 게이트quality gate와 퀄리티 프로파일quality profile 생성
- 젠킨스에 소나큐브 플러그인 설치와 설정
- 스탠드얼론 아티팩토리 서버 설치

- 아티팩토리 내부에 저장소 생성
- 젠킨스에 아티팩토리 플러그인 설치와 설정

▌ 소나큐브 설치와 설정

코드를 지속적으로 통합하는 것 이외에도, 최근의 CI는 코드 품질을 위해 코드의 인스펙션을 지속적으로 수행하는 역할을 하고 있다.

지속적인 인스펙션은 품질이 낮은 코드를 발견하고 제거하는 역할을 한다. 소나큐브와 같은 도구는 이같은 목적을 달성하는 데 도움을 준다. 코드가 커밋될 때마다 해당 코드에 대해 코드 분석이 수행된다.

이런 분석은 코드 분석 도구에 정의된 규칙에 기반하고 있다. 코드가 에러가 없다면, 다음 단계의 분석으로 넘어가게 된다. 에러 기준에 부합하지 못한다면, 탈락하게 된다.

몇몇 조직은 개발자가 코드를 커밋하는 시점에 해당 코드의 품질을 테스트하는 것을 선호하고 있다. 분석 결과가 좋다면 코드는 커밋되고, 그렇지 않다면 반려돼 개발자가 해당 코드를 다시 작업해야 한다.

소나큐브는 팀이 소스코드의 품질을 관리, 추적 및 향상시켜 코드 품질을 관리하는 데 도움을 주는 도구다. 웹 기반 애플리케이션으로 설정 가능한 규칙, 알람, 기준을 갖고 있다. 총 7종류의 코드 품질을 관리하는 파라미터로 아키텍처 및 디자인, 중복, 단위 테스트, 복잡성, 잠재적 버그, 코딩 규칙과 주석이 있다.

소나큐브는 플러그인을 통해 대부분의 유명한 프로그래밍 언어를 지원하는 오픈소스 도구다. 또한 곧 알아볼 것처럼 젠킨스 등의 CI 도구와 통합돼 지속적인 인스펙션을 수행한다.

이제 어떻게 소나큐브를 설치하는지 알아보자. 다음 절에서는 소나큐브를 우분투 16.04에 설치하는 방법을 알아본다.

자바 설치

다음과 같이 자바를 설치한다.

1. 패키지 인덱스를 업데이트한다.

```
sudo apt-get update
```

2. 다음으로 자바를 설치한다. 다음 명령어는 JRE를 설치한다.

```
sudo apt-get install default-jre
```

3. JAVA_HOME 환경 변수를 설정하기 위해 먼저 자바 설치 경로를 알아낸다. 다음 명령어를 통해 이를 알아낸다.

```
update-java-alternatives -l
```

4. 다음과 유사한 결과를 볼 것이다.

```
java-1.8.0-openjdk-amd64 1081 /usr/lib/jvm/java-1.8.0-openjdk-amd64
```

5. 위 경로가 JAVA_HOME의 경로다. 이를 복사하자.
6. /etc/environment 파일을 수정하기 위해 연다.

```
sudo nano /etc/environment
```

7. 다음 라인을 /etc/environment 파일 안에 추가한다.

```
JAVA_HOME="/usr/lib/jvm/java-1.8.0-openjdk-amd64"
```

8. Ctrl + X와 Ctrl + Y를 차례로 눌러 저장하고 빠져나온다.

9. 다음 명령어를 통해 해당 파일의 변경 사항을 적용한다.

```
sudo source /etc/environment
```

소나큐브 패키지 다운로드

다음과 같이 소나큐브 패키지를 다운로드한다.

1. 최신 버전의 소나큐브 설치 패키지를 https://www.sonarqube.org/downloads/ 에서 다운로드한다.

 항상 최신 LTS* 버전의 소나큐브를 설치하는 것을 권장한다.

2. /tmp 폴더로 이동한다.

```
cd /tmp
```

3. 다음과 같이 소나큐브 ZIP 패키지를 wget 명령어를 이용해 내려받는다. 여기서는 5.6.7 (LTS*) 버전을 다운로드했다.

```
wget https://sonarsource.bintray.com/Distribution/sonarqube/sonarqube-
5.6.7.zip
```

4. 다음 명령어를 이용해 /opt 폴더 안에서 소나큐브 ZIP 패키지의 압축을 해제한다.

```
unzip sonarqube-5.6.7.zip -d /opt/
```

unzip 명령어를 이용하려면 우분투 머신에 압축 도구가 설치돼 있는지 확인하자. ZIP 도구를 사용하려면 다음 명령어부터 실행한다.

sudo apt-get install zip

혹은 다른 머신에서 소나큐브 ZIP 패키지를 다운로드한 후 WinSCP를 이용해 소나큐브 서버로 옮길 수도 있다.

5. 압축 해제된 폴더로 이동 후 내용을 살펴본다.

```
cd /opt/sonarqube-5.6.7/
```

```
ls -lrt
```

 bin/ 폴더에는 소나큐브를 설치하고 시작하는 스크립트가 모두 들어있고, logs/ 폴더에는 소나큐브 로그가 있다.

소나큐브 애플리케이션 실행

다음과 같이 소나큐브 서버를 실행하자.

1. /opt/sonarqube-5.6.7/bin/linux-x86-64/ 폴더로 이동한다. 이 예제에서는 리눅스 64비트 OS에서 소나큐브를 실행한다.

```
cd /opt/sonarqube-5.6.7/bin/linux-x86-64/
```

2. 다음과 같이 sonar.sh 스크립트를 실행해 소나큐브를 시작시킨다.

```
./sonar.sh start
```

3. 결과는 다음과 비슷할 것이다.

```
Starting SonarQube...
Started SonarQube.
```

4. 소나큐브에 접속하려면 링크 http://localhost:9000/ 혹은 http://<IP-Address>:9000을 웹 브라우저에 입력한다.

> ℹ️ 현재 소나큐브에 설정된 사용자 계정이 없다. 하지만 기본적으로 사용자명 admin, 암호 admin으로 정의된 관리자 계정이 있다.
>
> 또한 64비트 버전의 소나큐브를 실행하기 위해 최소 4GB 이상의 메모리를 갖고 있어야 한다.

기본 인증 정보 초기화와 토큰 생성

다음과 같이 기본 인증 정보를 초기화하고 토큰을 생성하자.

1. 브라우저에서 소나큐브 링크를 열고 관리자로 전환한다.

2. 소나큐브 대시보드에서 Administrator ➤ My Account ➤ Security (탭)을 클릭한다.

3. Change password 영역에서 다음을 따라 진행한다.

  1. Old Password 영역에 이전 암호(admin)를 입력한다.

  2. New Password 영역에 새 암호를 입력한다.

  3. Confirm Password 영역에 암호를 다시 입력해 재확인한다.

  4. 완료되면 Change Password 버튼을 클릭한다.

4. 같은 페이지의 Token 영역에 토큰을 생성하는 옵션이 있을 것이다. 젠킨스가 이 토큰을 이용해 소나큐브에 접근할 수 있다. 다음과 같이 토큰을 생성한다.

  1. Token 영역 아래에서 Generate Tokens 영역의 Generate 버튼을 클릭해 새로운 토큰의 이름을 입력한다.

2. 다음 화면과 같이 새로운 토큰이 생성된다.

3. 토큰을 복사한 후 저장한다. 이후에 이를 사용한다.

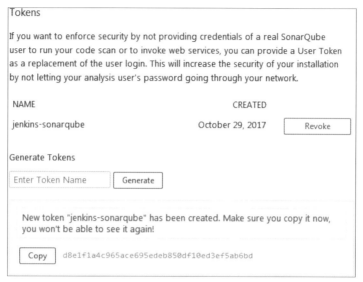

Tokens

If you want to enforce security by not providing credentials of a real SonarQube
user to run your code scan or to invoke web services, you can provide a User Token
as a replacement of the user login. This will increase the security of your installation
by not letting your analysis user's password going through your network.

NAME	CREATED	
jenkins-sonarqube	October 29, 2017	Revoke

Generate Tokens

Enter Token Name   Generate

New token "jenkins-sonarqube" has been created. Make sure you copy it now,
you won't be able to see it again!

Copy   d8e1f1a4c965ace695edeb850df10ed3ef5ab6bd

소나큐브에서 토큰 생성하기

소나큐브에서 프로젝트 생성하기

이번 절에서는 소나큐브에서 프로젝트를 생성한다. 이 프로젝트를 이용해 추후에 정적 코드 분석을 보여줄 것이다.

1. 소나큐브 대시보드에서 Administration > Projects (탭) > Management를 클릭한다.

2. 결과로 나온 페이지에서 Create Project 버튼을 클릭한다.

3. 결과로 나온 창에서 다음과 같이 정보를 채운다.

    1. Name 영역에 이름을 추가한다.

    2. Key 영역에 키를 추가한다.

    3. Create 버튼을 클릭해 프로젝트를 생성한다.

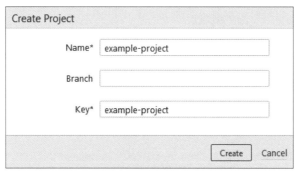

소나큐브에 프로젝트 생성

4. 다음 화면과 같이 **Project Management** 페이지에서 새로 생성된 프로젝트
   를 볼 수 있다.

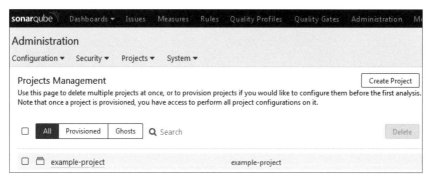

소나큐브에 새로 생성된 프로젝트

소나큐브에 빌드 브레이커 플러그인 설치

소나큐브에서 빌드 브레이커 플러그인 사용이 가능하다. 이것은 젠킨스가 아닌 소나큐브
만을 위한 플러그인이다. 해당 플러그인은 퀄리티 게이트 조건이 충족되지 않았을 때 젠
킨스와 같은 CI 시스템이 강제로 젠킨스 빌드를 실패시킬 수 있게 한다. 빌드 브레이커 플
러그인을 설치하는 방법은 다음과 같다.

1. 플러그인을 다운로드하기 전에 먼저 호환성 표를 살펴보자. 정확한 플러 그인 버전을 내려받는 데 도움이 된다. 호환성 표는 https://github.com/ SonarQubeCommunity/sonar−build−breaker에서 볼 수 있다.

2. https://github.com/SonarQubeCommunity/sonar−build−breaker/ releases에서 빌드 브레이커 플러그인을 다운로드한다.

3. 다음 명령어를 통해 /tmp 폴더로 이동한 후 빌드 브레이커 플러그인을 내려받 는다.

```
cd /tmp

wget https://github.com/SonarQubeCommunity/
sonar-build-breaker/releases/download/2.2/
sonar-build-breaker-plugin-2.2.jar
```

4. 내려받은 .jar 파일을 opt/sonarqube-5.6.7/extensions/plugins/로 옮긴다.

```
cp /opt/sonarqube-5.6.7/bin/linux-x86-64 \
/opt/sonarqube-5.6.7/extensions/plugins/
```

5. 다음 명령어로 소나큐브를 다시 시작한다.

```
cd /opt/sonarqube-5.6.7/bin/linux-x86-64

sudo ./sonar.sh restart
```

6. 다음과 유사한 결과가 나타날 것이다.

```
Stopping SonarQube...
Waiting for SonarQube to exit...
Stopped SonarQube...
Starting SonarQube...
Started SonarQube...
```

7. 재시작이 완료되면 소나큐브 대시보드로 이동해 관리자로 로그인한다.

8. 메뉴바에서 Administration 링크를 클릭한다.

9. 다음 화면과 같이 Administration 페이지에서 Build Breaker 옵션이 CATEGORY 사이드바에 있는 것을 볼 수 있다. 지금은 아무것도 진행하지 말자.

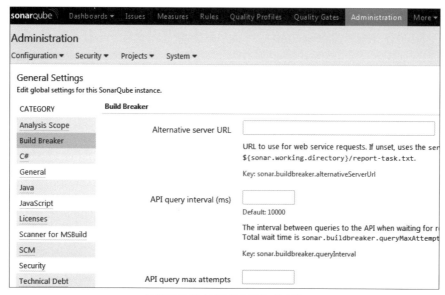

소나큐브의 빌드 브레이커 플러그인 설정

10. 이제 빌드 브레이커 플러그인이 성공적으로 설치됐다.

퀄리티 게이트 생성

빌드 브레이커 플러그인이 동작하려면 퀄리티 게이트를 만들어야 하는데 이것은 단순히 여러 조건을 포함한 규칙이다. 젠킨스 파이프라인이 실행될 때, 퀄리티 프로파일과 퀄리티 게이트가 실행된다. 퀄리티 게이트가 성공적으로 통과되면 젠킨스 파이프라인은 계속해서 작업을 진행하고, 실패하게 되면 젠킨스 파이프라인이 취소된다. 하지만 분석은 여전히 진행된다.

다음과 같이 소나큐브의 퀄리티 게이트를 생성하자.

1. 소나큐브 대시보드 메뉴바에서 Quality Gates 링크를 클릭한다.
2. 결과로 나온 페이지에서 왼쪽 상단 Create 버튼을 클릭한다.
3. 다음 화면과 같은 팝업 윈도우가 나타날 것이다. Name 영역에 퀄리티 게이트의 이름을 정한 후 Create 버튼을 클릭한다.

새로운 퀄리티 게이트 생성

4. 다음 화면과 같이 Quality Gates 페이지에서 새로운 퀄리티 게이트를 목록에서 볼 수 있다.

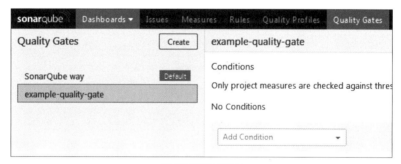

새로운 퀄리티 게이트

5. 이제 Add Condition 메뉴를 선택해 새로운 조건을 퀄리티 게이트에 추가한다.

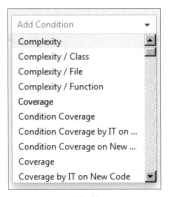

조건 메뉴

6. 다음 화면은 Major Issues로 명명된 조건이다. 다음 화면과 같이 메이저 이슈가 1 보다 크고 50보다 작다면 **경고**WARNING이고, **50**보다 크다면 **에러**ERROR다. 이것은 단지 예제일 뿐이고, 원하는 만큼의 조건을 추가할 수 있다.

퀄리티 게이트 설정

7. 다음으로, 이전에 생성한 예제 프로젝트가 지금 생성한 퀄리티 게이트를 사용하게 하자. 소나큐브 대시보드에서 Administration ➤ Projects (탭) ➤ Quality Gate를 클릭한다.

8. 이전에 소나큐브에서 생성한 예제 프로젝트를 볼 수 있을 것이다. 이를 클릭하자.

9. 결과로 나온 페이지에서 Administration (탭) ➤ Quality Gate를 클릭한다.

10. Quality Gate 영역에서 소나큐브에서 사용 가능한 퀄리티 게이트 목록을 선택할 수 있다. 방금 생성한 것을 선택하고 Update 버튼을 클릭한다.

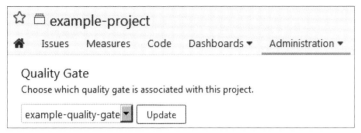

프로젝트에 퀄리티 게이트 연동

기본 퀄리티 게이트 프로파일 업데이트

이번 절에서는 자바를 위한 기본 퀄리티 게이트 프로파일Sonar way을 수정한다. 추후 정적 코드 분석을 위해 이를 사용할 것이다. 다음 단계를 따라 하자.

1. 소나큐브 대시보드의 메뉴바에서 **Quality Profiles** 링크를 클릭한다. 다음 화면과 같이 소나큐브에 있는 모든 퀄리티 프로파일을 볼 수 있다.

소나큐브의 퀄리티 프로파일 목록

2. 이전 화면에서 자바의 기본 퀄리티 프로파일 Sonar way가 254개의 **활성화된 규칙**을 갖고 있는 것을 확인할 수 있다. 몇 가지 규칙을 추가해보자.

3. **Activate More** 버튼을 클릭한다.

4. 다음 화면과 같은 결과가 나타난다.

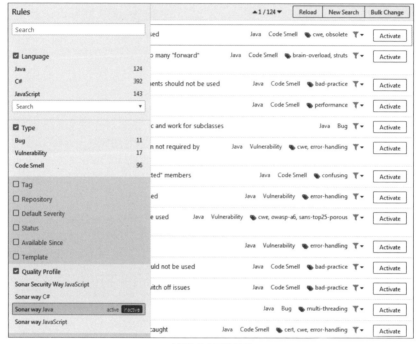

비활성화된 규칙 목록

5. 여기에서 새로운 퀄리티 프로파일을 추가하거나 삭제할 수 있다. 비활성화된 자바의 모든 규칙을 활성화시키자.

6. 이를 위해 다음 화면과 같이 페이지 오른쪽 상단에서 Bulk Change ➤ Activate In Sonar way를 클릭한다.

규칙을 한 번에 추가

7. 변경 사항을 적용할 것인지 묻는 팝업이 나타날 것이다. **Apply** 버튼을 클릭해 진행한다.

8. 이제 메뉴바에서 **Quality Profiles** 링크를 클릭한다. 결과로 나온 페이지에서 자바를 위한 **Sonar way** 퀄리티 프로파일을 클릭한다. 이제 이전보다 많은 숫자의 규칙이 있는 것을 볼 수 있다.

> ℹ️ 규칙의 목록과 기본적으로 볼 수 있는 퀄리티 프로파일은 플러그인에 따라 다르다. 원하는 언어의 규칙이 필요하면, 해당하는 소나큐브 플러그인을 설치하자.

젠킨스에 소나큐브 플러그인 설치

다음과 같이 젠킨스에 소나큐브 플러그인을 설치하자.

1. 젠킨스 대시보드에서 Manage Jenkins ➤ Manage Plugins ➤ Available **(탭)**을 클릭한다. 젠킨스의 Manage Plugins 페이지로 이동될 것이다.

2. 다음 화면과 같이 Filter 영역에 SonarQube를 입력한다.

소나큐브 플러그인 설치

3. SonarQube Scanner for Jenkins를 목록에서 선택한 후 Install without restart 버튼을 클릭한다.

4. 필요시 젠킨스를 다시 시작한다.

젠킨스의 소나큐브 플러그인 설정

이제 소나큐브 플러그인이 설치됐으니, 이를 설정해보자.

1. 젠킨스 대시보드에서 Manage Jenkins ➤ Configure System을 클릭한다.

2. Configure System 페이지에서 SonarQube servers 영역까지 스크롤을 내린다.

3. SonarQube servers 영역에서 Add SonarQube 버튼을 클릭한다. 다음 화면과 같이 설정 가능한 여러 옵션이 나타날 것이다. 이를 하나씩 살펴보자.

4. Name 영역에 소나큐브 서버의 이름을 추가한다.

5. Server URL 영역에 소나큐브 서버의 URL을 입력한다.

6. Default Deployer Credentials 영역에 소나큐브 인증 정보를 추가한다.

7. Server authentication token 영역에 생성한 소나큐브 토큰을 추가한다.

8. Test Connection 버튼을 클릭해 젠킨스와 소나큐브의 연결을 확인한다.

SonarQube servers	
Environment variables ☐	Enable injection of SonarQube server configuration as build environment variables
	If checked, job administrators will be able to inject a SonarQube server configuration as environment variables in the build.

SonarQube installations

Name	Default SonarQube Server
Server URL	http://172.17.8.109:9000
	Default is http://localhost:9000
Server version	5.3 or higher
	Configuration fields depend on the SonarQube server version.
Server authentication token	••••••••••••••••••••••••••••••
	SonarQube authentication token. Mandatory when anonymous access is disabled.
SonarQube account login	
	SonarQube account used to perform analysis. Mandatory when anonymous access is disabled. No longer used since SonarQube 5.3.
SonarQube account password	
	SonarQube account used to perform analysis. Mandatory when anonymous access is disabled. No longer used since SonarQube 5.3.

소나큐브 플러그인 설정

9. 완료되면 페이지 하단의 Save 버튼을 눌러 설정을 저장한다.

▌아티팩토리 설치와 설정

CI는 빈번하게 빌드와 패키징하는 과정을 수반한다. 따라서 버전 관리 시스템과 유사하게 모든 바이너리 코드(빌드, 패키지, 서드파티 플러그인 등)를 관리할 방법이 필요하다.

Git, TFS, SVN 같은 버전 관리 시스템은 바이너리 파일이 아닌 코드를 저장하기 때문에, 바이너리 저장소 도구가 필요하다. 아티팩토리나 넥서스^{Nexus} 같은 바이너리 저장소 도구는 젠킨스와 결합해 다음과 같은 장점을 제공한다.

- 빌드 추적(누가 빌드를 시작하고 어떤 코드가 빌드됐는지)
- 의존성
- 배포 히스토리

다음 그림은 아티팩토리와 같은 바이너리 저장소 도구가 젠킨스와 연동돼 빌드 아티팩트를 저장하는 방법을 보여준다. 다음에서 아티팩토리에 코드를 업로드하는 젠킨스 잡을 만들어 이를 달성하는 방법을 알아본다.

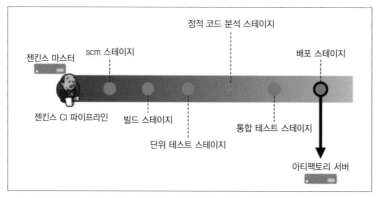

빌드 결과물을 아티팩토리에 업로드하는 젠킨스 파이프라인

이 책에서는 빌드 내역을 저장하는 아티팩토리를 다룬다. 아티팩토리는 바이너리의 버전을 관리하는 도구다. 바이너리에는 빌드된 코드, 패키지, 실행 파일, 메이븐 플러그인 등이 포함된다.

다음 절에서 우분투 16.04에 아티팩토리를 설치해본다.

자바 설치

다음과 같이 자바를 설치한다.

1. 패키지 인덱스를 업데이트한다.

```
sudo apt-get update
```

2. 그런 다음 자바를 설치한다. 다음 명령어로 JRE를 설치한다.

```
sudo apt-get install default-jre
```

3. JAVA_HOME 환경 변수를 설정하려면 자바 설치 경로부터 알아야 한다. 다음 명령어로 자바 설치 경로를 알아낸다.

```
update-java-alternatives -l
```

4. 다음과 유사한 결과가 나타난다.

```
java-1.8.0-openjdk-amd64 1081 /usr/lib/jvm/java-1.8.0-openjdk-amd64
```

5. 위 경로가 JAVA_HOME의 경로다. 경로를 복사하자.

6. /etc/environment 파일을 수정하기 위해 연다.

```
sudo nano /etc/environment
```

7. 다음 라인을 /etc/environment 파일 안에 추가한다.

```
JAVA_HOME="/usr/lib/jvm/java-1.8.0-openjdk-amd64"
```

8. Ctrl + X와 Ctrl + Y를 차례로 눌러 저장하고 빠져나온다.

9. 다음 명령어로 해당 파일의 변경 사항을 적용한다.

```
sudo source /etc/environment
```

아티팩토리 패키지 다운로드

다음과 같이 아티팩토리 패키지를 내려받는다.

1. https://www.jfrog.com/open-source/나 https://bintray.com/jfrog/artifactory/ jfrog-artifactory-oss-zip에서 최신 버전의 오픈소스 아티팩토리를 다운로드 한다.

2. 아티팩토리 프로 버전을 다운로드하려면 https://bintray.com/jfrog/artifactory -pro/나 https://bintray.com/jfrog/artifactory-pro/jfrog-artifactory-pro -zip에 방문하자.

> ⓘ 항상 최신 LTS 버전의 아티팩토리를 설치하는 것을 권장한다.
>
> 7장에서는 설정을 활용해 코드를 승격시켜 보기 위해 아티팩토리 프로를 사용한다.
>
> 아티팩토리 프로를 활성화시키는 방법은 https://www.jfrog.com/confluence/display/ RTF/Artifactory+Pro#ArtifactoryPro-ActivatingArtifactoryPro를 참고한다.

3. /tmp 폴더로 이동한다.

```
cd /tmp
```

4. 다음 코드와 같이 wget을 이용해 아티팩토리 프로 ZIP 패키지를 내려받는다. 여 기서는 아티팩토리 5.5.2 (LTS*) 버전을 다운로드했다.

```
wget
https://jfrog.bintray.com/artifactory-pro/org/artifactory/pro/jfrog
-artifactory-pro/5.5.2/jfrog-artifactory-pro-5.5.2.zip
```

 다른 머신에서 브라우저를 이용해 아티팩토리 ZIP 패키지를 다운로드한 후, 아티팩토리 서버가 될 머신에 WinSCP를 이용해 복사할 수도 있다.

5. 이제 소나큐브 ZIP 패키지를 /opt 폴더 안에 압축 해제한다.

```
sudo unzip jfrog-artifactory-pro-5.5.2.zip -d /opt/
```

내려받은 ZIP 패키지가 다른 이름을 갖고 있다면 다음과 같이 진행한다.

```
sudo unzip \
download-file\?file_path\=jforg-artifactory-pro-5.5.2.zip \
-d /opt/
```

ⓘ unzip 명령어를 이용하려면 우분투 머신에 압축 도구가 설치돼 있는지 확인하자. ZIP 도구를 사용하기 위해서는 다음 명령어를 실행한다.
```
sudo apt-get install zip
```

6. 압축을 해제한 폴더로 이동해 내용을 살펴본다.

```
cd /opt/artifactory-pro-5.5.2/
```

```
ls -lrt
```

bin/ 폴더에는 아티팩토리를 설치하고 시작시키기 위한 모든 스크립트가 존재하고, logs/ 폴더에는 아티팩토리 로그가 있다.

아티팩토리 애플리케이션 실행

다음과 같이 아티팩토리 서버를 실행시키자.

1. /opt/artifactory-pro-5.5.2/bin/ 폴더로 이동한 후 installService.sh 스크립트를 실행한다.

    ```
    sudo ./installService.sh
    ```

2. 다음과 유사한 결과가 나타난다.

    ```
    Installing artifactory as a Unix service that will run as user
    artifactory
    Installing artifactory with home /opt/artifactory-pro-5.5.2
    Creating user artifactory...creating... DONE

    Checking configuration link and files in
    /etc/opt/jfrog/artifactory...
    Moving configuration dir /opt/artifactory-pro-5.5.2/etc
    /opt/artifactory-pro-5.5.2/etc.original...creating the link and
    updating dir... DONE
    Creating environment file
    /etc/opt/jfrog/artifactory/default...creating... DONE
    ** INFO: please edit the files in /etc/opt/jfrog/artifactory to set
    the correct environment
    Especially /etc/opt/jfrog/artifactory/default that defines
    ARTIFACTORY_HOME, JAVA_HOME and JAVA_OPTIONS
    Initializing artifactory.service service with systemctl. . . DONE

    Setting file permissions... DONE

    *********** SUCCESS ***************
    Installation of Artifactory completed

    Please check /etc/opt/jfrog/artifactory, /opt/artifactory-
    pro-5.5.2/tomcat and /opt/artifactory-pro-5.5.2 folders
    You can activate artifactory with:
    > systemctl start artifactory.service
    ```

3. 다음 명령어 중 하나를 이용해 아티팩토리 서비스를 시작시킨다.

```
sudo service artifactory start
```

또는 다음 명령어를 사용한다.

```
sudo /etc/init.d/artifactory start
```

또는 다음 명령어를 사용한다.

```
sudo systemctl start artifactory
```

4. 다음 명령어 중 하나를 이용해 아티팩토리 설치를 확인한다.

```
service artifactory check
```

또는 다음 명령어를 사용한다.

```
/etc/init.d/artifactory check
```

또는 다음 명령어를 사용한다.

```
sudo ./artifactoryctl check
```

5. http://<Server IP Address>:8081/로 이동해 아티팩토리 대시보드에 접속한다.

> ℹ️ 지금은 아티팩토리에 설정된 사용자 계정이 존재하지 않는다. 하지만 기본적으로 사용자명 admin, 암호 password로 설정된 관리자 계정이 있다.
> 또한 64비트 버전의 아티팩토리를 실행하기 위해 최소 4GB 이상의 메모리를 갖고 있어야 한다.

기본 인증 정보 초기화 및 API 키 생성

다음과 같이 아티팩토리 기본 인증 정보를 초기화하자.

1. http://<Server IP Address>:8081/ 링크를 이용해 아티팩토리 대시보드에 들어간다.

2. 관리자 초기 정보를 이용해 관리자로 로그인한다.

3. 아티팩토리 대시보드에서 welcome, admin ➤ Edit Profile을 클릭한다.

4. 현재 암호를 Current Password 영역에 입력한 후 Unlock 버튼을 누른다.

5. 결과로 나온 페이지의 Personal Settings 영역에 이메일 ID를 입력한다.

6. 관리자 계정의 기본 인증을 초기화하기 위한 새 암호를 Change Password 영역에 입력한다.

7. Authentication Settings 영역에서 Generate key(기어 모양 로고)를 클릭해 새로운 API 키를 생성한다.

8. 다음 화면처럼 복사 버튼을 눌러 생성된 API 키를 복사한다.

9. 이후 인증을 위해 이 API 키가 필요하다.

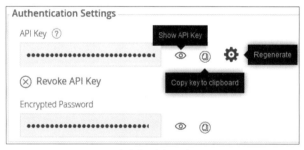

아티팩토리 API 키

10. 완료되면 Save 버튼을 누른다.

아티팩토리에 저장소 추가

이번 절에서는 아티팩토리 안에 generic 타입의 저장소를 추가할 것이다. 해당 저장소는 빌드 아티팩트를 저장하는 데 사용될 것이다.

1. 아티팩토리 대시보드에서 다음 화면과 같이 왼쪽 사이드 메뉴에서 Admin ➤ Repositories ➤ Local을 클릭한다.

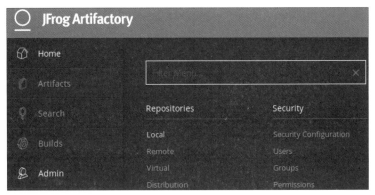

아티팩토리에서 로컬 저장소 생성

2. 현재 사용 가능한 **로컬 저장소**는 다음 화면과 같다.

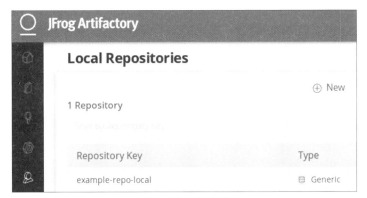

모든 로컬 저장소 목록

3. 오른쪽 상단의 New 버튼을 클릭해 새로운 로컬 저장소를 생성한다(다음 화면 참고).

4. 다음과 같이 선택할 수 있는 다양한 종류의 저장소가 팝업으로 나타난다. Generic 타입을 선택하자(다음 화면 참고).

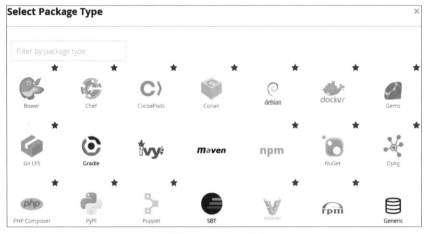

다양한 종류가 있는 저장소

5. 다음 화면과 같이 Repository Key 영역 아래에 값을 추가해 저장소 이름을 설정한다. 나머지 설정은 기본값으로 둔다.

새로운 로컬 저장소 이름 짓기

6. 완료되면 Save & Finish 버튼을 클릭한다.

7. 이제 다음 화면과 같은 새로운 로컬 저장소가 생성됐다.

새로 생성된 로컬 저장소

젠킨스에 아티팩토리 인증 정보 추가

다음과 같이 젠킨스에 아티팩토리 인증 정보를 추가해 둘 사이를 연동시켜 보자.

1. 젠킨스 대시보드에서 Credentials > System > Global credentials (unrestricted)를 클릭한다.

2. 왼쪽 사이드 메뉴에서 Add Credentials 링크를 클릭해 새로운 인증 정보를 생성한다(다음 화면 참고).

3. Kind는 Username with Password를 선택한다.

4. Scope 영역은 기본값으로 둔다.

5. Username 영역에 아티팩토리 사용자명을 추가한다.

6. Password 영역에 암호를 추가한다.

7. ID 영역에 ID를 추가한 후, Description 영역에 설명을 추가한다.

8. 완료되면 OK 버튼을 누른다.

젠킨스에 아티팩토리 인증 정보 추가

젠킨스에 아티팩토리 플러그인 설치

다음과 같이 젠킨스에 아티팩토리 플러그인을 설치한다.

1. 젠킨스 대시보드에서 Manage Jenkins ➤ Manage Plugins ➤ Available (탭)을 클릭
   한다. 젠킨스의 Manage Plugins 페이지로 이동될 것이다.

2. 다음 화면과 같이 Filter 영역에 Artifactory를 입력한다.

아티팩토리 플러그인 설치

3. Artifactory Plugin을 목록에서 선택한 후 Install without restart 버튼을 클릭한다.

4. 필요 시 젠킨스를 다시 시작한다.

아티팩토리 플러그인 설정

이제 **아티팩토리 플러그인**이 설치됐으니, 이를 설정해보자.

1. 젠킨스 대시보드에서 Manage Jenkins ➤ Configure System을 클릭한다.

2. Configure System 페이지에서 Artifactory 영역까지 스크롤을 내린다.

3. Artifactory 영역에서 Add 버튼을 클릭한다. 다음 화면과 같이 설정해야 할 내용이 나타날 것이다. 이를 하나씩 살펴보자.

4. Server ID 영역에 아티팩토리 서버 이름을 작성한다.

5. URL 영역에 아티팩토리 서버 URL을 입력한다.

6. 다음 화면과 같이 Default Deployer Credentials에 아티팩토리 인증 정보를 추가한다.

7. Test Connection 버튼을 클릭해 젠킨스와 아티팩토리 연결을 확인한다.

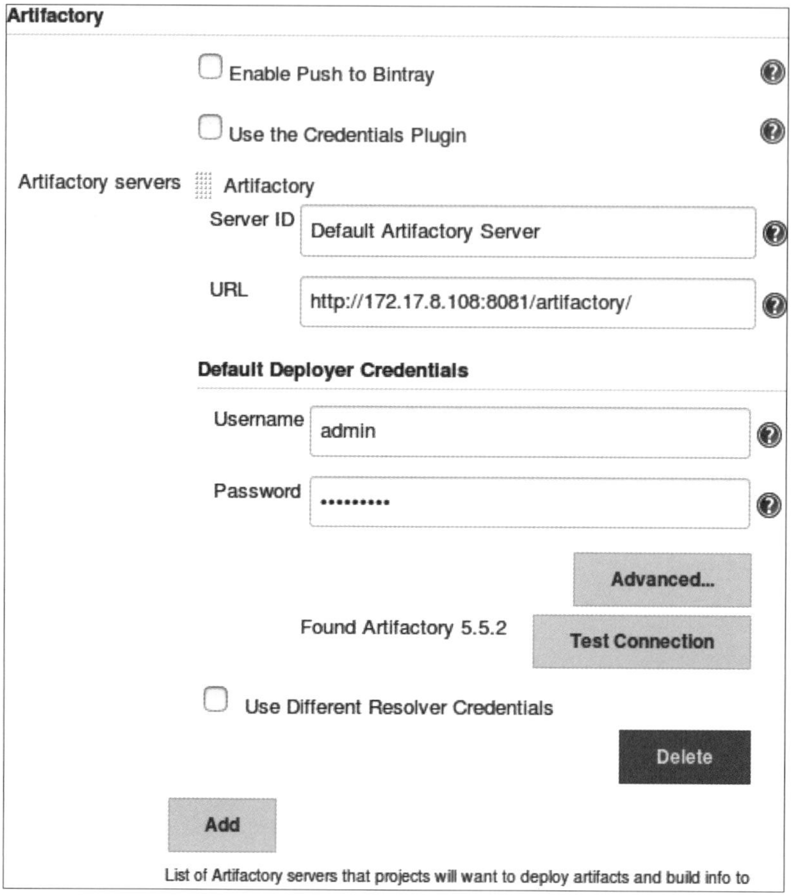

아티팩토리 플러그인 설정

8. 완료되면 페이지 하단의 Save 버튼을 클릭해 설정을 저장한다.

▌요약

이번 장에서는 소나큐브와 아티팩토리를 설치하고 설정하는 방법을 배웠다. 최근 추세에서는 정적 코드 분석이 CI 파이프라인에서 상당히 중요한 역할을 하고 있다(하지만 필수는 아니다). 유사하게, 아티팩토리는 CI 파이프라인에 의해 빌드된 결과물을 저장하는 데 널리 쓰이는 도구다. CI 파이프라인이 구성되면, 아티팩토리가 그 중심에 위치한다. 아티팩토리를 통해 빌드된 결과물을 다양한 테스트 환경에 배포하고 코드의 승격 또한 아티팩토리에 의해 수행된다.

7장에서는 젠킨스를 이용해 CI를 구성하는 방법을 배우고, 이 과정에서 아티팩토리를 좀 더 많이 다룬다.

07

젠킨스를 이용한 CI

7장에서는 다음 내용이 포함된 지속적 통합, CI^Continuous Integration를 다루며 시작한다.

- 브랜치 전략
- CI를 위한 도구
- 젠킨스 파이프라인 구조

CI의 구조는 독자들이 어떻게, 왜, 어디에 CI가 구성됐는지 알기 위한 큰 틀을 제공한다. 해당 구조는 CI 파이프라인의 시작부터 끝까지를 만드는 모든 단계를 포함한다.

 7장에서 다룰 CI 구조는 CI를 구성하기 위한 템플릿이지 최종 모델은 아니다. 브랜치 전략과 사용된 모든 도구는 목적에 맞게 변경될 수 있다.

▌ 젠킨스 CI 구조

거의 모든 조직은 CI와 데브옵스^{DevOps} 도구를 자세히 알기 전에도 이미 비슷한 것들을 만들게 된다. 이번 절에서는 가장 기본적인 CI 구조를 알아본다.

CI는 젠킨스나 비슷한 역할을 하는 도구뿐만 아니라, 코드의 버전 관리와 브랜치 전략 및 그 밖의 내용을 포함한다.

프로젝트의 종류와 요구 사항에 따라 CI를 구성하는 방식은 조직마다 다르게 구성될 수 있다.

브랜치 전략

브랜치 전략은 대부분의 경우 사용하는 것이 유리하다. 이것은 코드를 정리하고, 작업하는 코드와 개발에 들어간 코드를 분리하는 데 도움을 준다. CI 구성에는 세 가지 종류의 브랜치가 있다.

- 마스터 브랜치
- 통합 브랜치
- 기능 브랜치

브랜치 전략은 GitFlow 브랜치 모델과 유사하다.

마스터 브랜치

마스터 브랜치는 **프로덕션 브랜치**라고 불릴 수도 있다. 이 브랜치에는 이미 배포됐고, 모든 테스트를 완료한 코드가 있다. 어떤 개발도 이 브랜치에서 작업되지 않는다.

통합 브랜치

통합 브랜치는 **mainline 브랜치**라고 불리기도 한다. 통합 이슈를 발견하기 위해 여기에서 모든 기능이 통합, 빌드, 테스트된다. 역시 어떤 개발도 이 브랜치에서 일어나지 않는다. 하지만 개발자가 이 브랜치에서 기능 브랜치를 따서 작업할 수 있다.

기능 브랜치

마지막으로 기능 브랜치가 있다. 여기에서 실제 개발이 일어난다. 통합 브랜치에서 파생된 여러 기능 브랜치가 존재할 수 있다.

다음 그림은 CI 구조에서 사용할 전형적인 브랜치 전략을 보여준다. 마스터 브랜치로부터 파생된 **통합/Mainline 브랜치**로부터 또 다른 두 개의 기능 브랜치를 파생해서 만들 것이다.

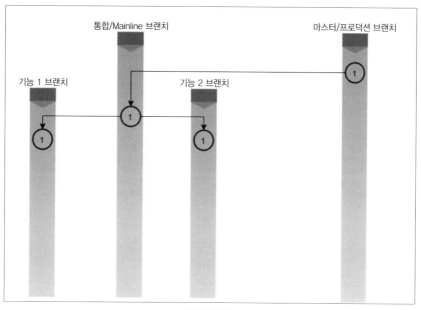

브랜치 전략

기능 브랜치나 통합 브랜치에 커밋된 내용(머지도 커밋을 생성하게 된다)은 빌드, 정적 코드 분석 및 통합 테스트를 거치게 된다. 코드가 이 과정을 통과하게 되면 결과물이 아티팩토리(바이너리 저장소)에 업로드된다.

CI 파이프라인

CI 파이프라인은 CI 구조의 가장 중요한 부분이다. 다음 단계를 따르는 젠킨스 멀티브랜치 파이프라인을 만들 것이다.

1. 푸시 이벤트가 발생하면 **버전 관리 시스템**에서 소스코드를 fetch(CI 파이프라인 시작)
2. 소스코드의 빌드, 단위 테스트를 진행한 후 단위 테스트 결과를 젠킨스에 공지
3. 코드의 정적 분석을 진행한 후 결과를 소나큐브에 업로드. 퀄리티 게이트에 정해진 개수보다 많은 버그가 발견되면 파이프라인을 중지
4. 통합 테스트를 진행한 후 통합 테스트 결과를 젠킨스에 공지
5. 빌드된 결과물과 기타 필요한 내용을 아티팩토리에 업로드

위 CI 파이프라인의 목적은 지속적으로 빌드, 테스트(단위 테스트 및 통합 테스트), 정적 코드 분석, 그리고 빌드 결과물을 바이너리 저장소로 업로드하는 과정을 자동화하는 것이다. 성공과 실패에 대한 공지는 이벤트마다 발생한다. 파이프라인과 상세한 구성 요소에 대해 자세히 알아보자.

CI를 위한 도구 모음

CI를 구성하는 데 예제로 사용할 대상은 간단한 메이븐 프로젝트다. 이번 장에서는 여러 도구를 사용하는 젠킨스를 다룬다. 다음 표는 살펴볼 모든 도구와 기술이다.

기술	특징
자바	코딩을 위해 사용되는 메인 프로그래밍 언어
메이븐	빌드 도구
JUnit	단위 및 통합 테스트 도구
젠킨스	CI 도구
깃허브	버전 관리 시스템
소나큐브	정적 코드 분석 도구
아티팩토리	바이너리 저장소 관리자

▌ CI 파이프라인 생성

이번 절에서는 앞 절에서 논의한 CI 파이프라인을 생성하는 방법을 다룬다. 다음 단계를
진행할 것이다.

- 깃허브에 소스코드 저장소 생성
- 빌드, 단위 테스트, 정적 코드 분석, 통합 테스트, 빌드 결과를 아티팩토리에 올
  리기 위해 이를 정의한 Jenkinsfile 생성
- CI 파이프라인을 실행하기 위한 빌드 에이전트를 도커를 이용해 생성
- 젠킨스에 멀티브랜치 파이프라인 생성

위 작업을 진행하기 전에 3장의 '젠킨스에서 깃허브 Webhooks 설정하기' 절 내용을 먼
저 설정해놓아야 한다.

깃허브에 새로운 저장소 생성

깃허브에 새로운 저장소를 생성해보자. 다음 절에서 다룰 내용을 수행할 머신에 깃이 설
치돼 있어야 한다.

1. 깃허브 계정에 로그인한다.

2. 7장에서는 https://github.com/nikhilpathania/hello-world-greeting.git을 예제 소스코드로 사용한다.

3. 위 링크에 저장소를 포크하자. 브라우저에 위 주소로 접근한 후 다음 화면처럼 Fork 버튼을 누른다.

깃허브 프로젝트 포크

4. 완료되면 사용자의 깃허브 계정에 저장소의 복사본이 보일 것이다.

메이븐을 위한 소나큐브 스캐너 활용

이론적으로는 프로젝트에 정적 코드 분석을 하기 위해서는 소나큐브 스캐너가 필요하다. 하지만, 7장에서 다룰 예제가 메이븐 프로젝트이기에, 이를 대신해 메이븐을 위한 소나큐 브 스캐너를 사용할 것이다.

이를 위해 다음 코드를 .pom 파일에 추가하자.

```
<properties>
    <project.build.sourceEncoding>UTF-8</project.build.sourceEncoding>
    <sonar.language>java</sonar.language>
</properties>
```

 다음 저장소를 포크했다면 위 단계를 수행할 필요는 없다.
https://github.com/nikhilpathania/hello-world-greeting.git

CI를 위한 Jenkinsfile 작성

이번 절에서는 CI을 위한 파이프라인 코드 작성 방법을 알아본다.

도커 컨테이너 생성: 빌드 에이전트

먼저, 빌드 에이전트가 될 도커 컨테이너(젠킨스 슬레이브)를 생성하기 위한 파이프라인 코드를 만들어보자.

기억한다면, 5장의 '젠킨스 슬레이브 추가하기: 도커 컨테이너' 절에서 도커 컨테이너(젠킨스 슬레이브)를 생성하기 위한 도커 이미지(maven-build-slave-0.1)를 만드는 방법을 배웠다. 여기서는 같은 도커 이미지를 사용해 CI 파이프라인을 위한 젠킨스 슬레이브를 생성할 것이다.

Jenkinsfile에서 도커 컨테이너(젠킨스 슬레이브)를 만들기 위해서는 docker 레이블을 갖고 있는 코드 블록을 작성해야 한다.

```
node('docker') {
}
```

여기서 docker는 도커 템플릿 maven-build-slave-0.1을 위한 레이블이다.

다음 단계를 docker 노드에서 진행할 것이다.

- 빌드 수행
- 단위 테스트를 수행한 후 결과를 공지
- 정적 코드 분석을 수행한 후 결과를 소나큐브에 업로드
- 통합 테스트를 수행한 후 결과를 공지
- 빌드 결과물을 아티팩토리에 업로드

이전 작업들은 모두 CI 파이프라인의 다양한 단계다. 이제 각각을 위한 파이프라인 코드를 작성해보자.

소스코드 저장소에서 최신 소스코드 다운로드

젠킨스 파이프라인이 깃허브 저장소의 마스터 브랜치에 올려진 최신 변경 사항을 내려받게 설정해보자.

```
scm checkout
```

위 단계를 Poll 스테이지로 묶어보자.

```
stage('Poll') {
    scm checkout
}
```

빌드와 단위 테스트를 위한 파이프라인 코드

이번 장에서 사용하는 예제 코드는 메이븐 프로젝트다. 따라서 빌드를 위한 파이프라인 코드는 간단한 mvn clean 명령어다.

```
sh 'mvn clean verify -DskipITs=true';
junit '**/target/surefire-reports/TEST-*.xml'
archive 'target/*.jar'
```

여기에서 -DskipITs=true 옵션은 통합 테스트를 생략하고 빌드와 단위 테스트만을 진행하게 한다.

junit '**/target/surefire-reports/TEST-*.xml' 명령어는 젠킨스가 JUnit 테스트 결과를 젠킨스 파이프라인 페이지에 올리게 한다. **/target/surefire-reports/TEST-*.xml은 단위 테스트 결과가 생성되는 폴더 위치다.

 사용자의 메이븐 .pom 파일은 위 명령어가 동작하기 위해 maven-surefire-plugin과 maven-failsafe-plugin을 가지고 있어야 한다.

또한 JUnit 플러그인도 필요하다(기본적으로 설치돼 있다).

위 단계를 Build & Unit test라는 스테이지에 담는다.

```
stage('Build & Unit test') {
    sh 'mvn clean verify -DskipITs=true';
    junit '**/target/surefire-reports/TEST-*.xml'
    archive 'target/*.jar'
}
```

정적 코드 분석을 위한 파이프라인 코드

정적 코드 분석을 수행하기 위한 파이프라인 코드는 다음 명령어 블록과 같이 메이븐 명령어를 실행하는 간단한 셸 스크립트다. 이를 통해 메이븐을 위한 소나큐브 스캐너 도구를 사용할 수 있다. '메이븐을 위한 소나큐브 스캐너 활용' 절에서 설정한 내용을 기억하자.

```
sh 'mvn clean verify sonar:sonar -Dsonar.projectName=example-project
-Dsonar.projectKey=example-project -Dsonar.projectVersion=$BUILD_NUMBER';
```

-Dsonar.projectName=example-project 옵션은 소나큐브 프로젝트명을 전달한다. 이 방식을 통해 모든 결과물이 앞 장에서 생성한 projectName=example-project 아래에서 접근 가능해진다.

유사하게, -Dsonar.projectKey=example-project 옵션은 메이븐을 위한 소나큐브 스캐너가 projectKey=example-project를 확인하게 한다.

-Dsonar.projectVersion=$BUILD_NUMBER 옵션은 모든 분석 결과에 젠킨스 빌드 넘버를 붙여 소나큐브로 업로드하게 한다. $BUILD_NUMBER는 빌드 넘버를 위한 젠킨스 환경 변수다.

위 단계를 Static Code Analysis 스테이지로 감싸자.

```
stage('Static Code Analysis') {
    sh 'mvn clean verify sonar:sonar -Dsonar.projectName=example-project
    -Dsonar.projectKey=example-project -Dsonar.projectVersion=$BUILD_NUMBER';
}
```

통합 테스트 수행을 위한 파이프라인 코드

통합 테스트를 수행하기 위한 파이프라인 코드는 다음과 같이 메이븐 명령어를 수행하는 셸 스크립트이다.

```
sh 'mvn clean verify -Dsurefire.skip=true';
junit '**/target/failsafe-reports/TEST-*.xml'
archive 'target/*.jar'
```

여기서 -Dsurefire.skip=true는 단위 테스트를 건너뛰고 통합 테스트만 수행하게 하는 옵션이다.

junit '**/target/failsafe-reports/TEST-*.xml' 명령어는 젠킨스가 JUnit 통합 테스트 결과를 젠킨스 파이프라인 페이지에 업로드하게 한다. **/target/failsafe-reports/TEST-*.xml는 통합 테스트 결과가 생성될 폴더 경로다.

위 단계를 Integration Test 스테이지로 감싸자.

```
stage('Integration Test') {
    sh 'mvn clean verify -Dsurefire.skip=true';
    junit '**/target/failsafe-reports/TEST-*.xml'
    archive 'target/*.jar'
}
```

 위 명령어가 동작하려면 사용자의 메이븐 .pom 파일에 maven-surefire-plugin과 maven-failsafe-plugin이 있어야 한다.

JUnit 플러그인도 필요하다(기본적으로 설치돼 있다).

빌드 결과물을 아티팩토리에 올리기 위한 파이프라인 코드

빌드 결과물을 아티팩토리에 업로드하기 위해 File Specs를 사용할 것이다. File Specs 코드는 다음 코드 블록에 나타나 있다.

```
"files": [
    {
        "pattern": "[Mandatory]",
        "target": "[Mandatory]",
        "props": "[Optional]",
        "recursive": "[Optional, Default: 'true']",
        "flat" : "[Optional, Default: 'true']",
        "regexp": "[Optional, Default: 'false']"
    }
]
```

다음 표는 위 코드의 파라미터에 대한 설명이다.

파라미터	조건	설명
pattern	[필수]	아티팩토리에 업로드될 로컬 파일시스템 아티팩트의 경로를 지정한다. regexp 속성에 지정된 와일드카드나 정규 표현식을 이용해 복수의 아티팩트를 지정할 수 있다. regexp를 사용한다면, 정규표현식에 예약어(예를 들어 마침표, 물음표 혹은 기타)를 사용하기 전에 ₩를 붙여야 한다. 젠킨스 아티팩토리 플러그인 버전 2.9.0과 TeamCity 아티팩토리 플러그인 버전 2.3.1 이후부터는 패턴의 포맷이 단순화돼, 윈도우를 포함한 모든 OS에 같은 파일 구분자 /를 사용한다.
target	[필수]	다음 포맷에 따라 아티팩토리의 목적지 경로를 지정한다:[저장소명]/[저장소경로]. repo-name/a/b/처럼 패턴이 /로 끝난다면, b가 아티팩토리 폴더로 인식되고 파일은 해당 폴더 안에 업로드된다. 업로드 경로를 다양하게 설정하게 하려고 placeholder를 {1}, {2}, {3}과 같이 포함할 수 있다. 이것은 추후에 괄호로 묶인 소스 경로로 치환된다. 자세한 내용은 Using Placeholders 내용을 참고하자(https://www.jfrog.com/confluence/display/RTF/Using+File+Specs#UsingFileSpecs-UsingPlaceholders).
props	[옵션]	세미콜론(;)으로 구분된 key=value 쌍의 목록으로, 업로드된 속성에 포함될 속성이다. 특정한 키가 여러 값을 가져야 하면, 쉼표를 이용해 구분한다. 예를 들어, key1=value1;key2=value21,value22;key3=value3처럼 표현한다.
flat	[기본값: true]	true로 지정하면 아티팩트가 지정된 경로에 정확하게 업로드되며, 소스의 파일시스템 구조는 무시된다. false로 지정하면 파일시스템 구조를 유지한 채 지정된 경로로 업로드된다.
recursive	[기본값: true]	true로 지정하면 소스 폴더 경로의 하위 폴더 아티팩트 또한 수집돼 업로드된다. false로 지정하면 지정된 소스 경로의 아티팩트만 업로드된다.
regexp	[기본값: false]	true로 지정하면 로컬 파일시스템에 위치한 업로드할 아티팩트의 경로를 표현한 패턴 속성을 정규표현식으로 해석한다. false로 지정하면, 패턴 속성을 와일드카드 표현으로 인식한다.

다음은 파이프라인에서 사용할 File Specs 코드다.

```
def server = Artifactory.server 'Default Artifactory Server'
def uploadSpec = """{
  "files": [
    {
        "pattern": "target/hello-0.0.1.war",
        "target": "example-project/${BUILD_NUMBER}/",
        "props": "Integration-Tested=Yes;Performance-Tested=No"
    }
  ]
}"""
server.upload(uploadSpec)
```

다음 표는 위 코드에서 사용된 파라미터에 대한 내용이다.

파라미터	설명
`def server = Artifactory.server 'Default Artifactory Server'`	기존 젠킨스에 설정된 아티팩토리 서버를 젠킨스가 이용하게 한다. 책의 예제에서는 기본 아티팩토리 서버다.
`Default Artifactory Server`	젠킨스에 설치된 아티팩토리 서버 명칭이다.
`"pattern": "target/hello-0.0.1.war",`	젠킨스 워크스페이스 폴더 안의 목표 폴더 안에서 hello-0.0.1.war로 명명된 파일을 찾는다.
`"target": "example-project/${BUILD_NUMBER}/",`	helloworld-greeting-project라 명명된 아티팩토리 저장소에 빌드 결과를 업로드한다. 아티팩토리 저장소 안의 빌드 넘버 폴더 하위에 아티팩트를 저장한다.
`${BUILD_NUMBER}`	빌드 넘버의 젠킨스 환경 변수다.
`"props": "Integration-Tested=Yes;Performance-Tested=No"`	두 개의 키-값 쌍을 생성하고 이를 업로드된 아티팩트에 할당한다. 이 키-값 쌍은 아티팩토리 코드 승격에서 사용될 수 있다.

위 단계를 Publish 스테이지로 감싸자.

```
stage('Publish') {
    def server = Artifactory.server 'Default Artifactory Server'
    def uploadSpec = """{
      "files": [
        {
            "pattern": "target/hello-0.0.1.war",
            "target": "example-project/${BUILD_NUMBER}/",
            "props": "Integration-Tested=Yes;Performance-Tested=No"
        }
      ]
    }"""
    server.upload(uploadSpec)
}
```

CI 파이프라인 코드 조합

다음은 docker 노드 안에서 동작할 코드 전체의 조합이다.

```
node('docker') {
  stage('Poll') {
    checkout scm
  }
  stage('Build & Unit test'){
    sh 'mvn clean verify -DskipITs=true';
    junit '**/target/surefire-reports/TEST-*.xml'
    archive 'target/*.jar'
  }
  stage('Static Code Analysis'){
    sh 'mvn clean verify sonar:sonar -Dsonar.projectName=example-project
    -Dsonar.projectKey=example-project -Dsonar.projectVersion=$BUILD_NUMBER';
  }
  stage ('Integration Test'){
    sh 'mvn clean verify -Dsurefire.skip=true';
    junit '**/target/failsafe-reports/TEST-*.xml'
    archive 'target/*.jar'
  }
  stage ('Publish'){
    def server = Artifactory.server 'Default Artifactory Server'
    def uploadSpec = """{
      "files": [
        {
          "pattern": "target/hello-0.0.1.war",
          "target": "example-project/${BUILD_NUMBER}/",
          "props": "Integration-Tested=Yes;Performance-Tested=No"
        }
      ]
    }"""
    server.upload(uploadSpec)
  }
}
```

Jenkinsfile 활용

젠킨스 멀티브랜치 파이프라인은 Jenkinsfile을 사용한다. 이번 절에서는 Jenkinsfile을 만드는 방법을 알아본다. Jenkinsfile을 만들기 위해 앞 절에서 생성한 예제 파이프라인 스크립트를 사용할 것이다. 다음 단계를 따라 하자.

1. 깃허브 계정에 로그인한다.

2. 포크한 저장소로 이동한다.

3. 저장소 페이지에서 **Create new file** 버튼을 클릭해 새로운 빈 파일을 만든다. 이 파일은 다음 화면과 같이 Jenkinsfile이 될 것이다.

깃허브에 새 파일 생성

4. 다음 화면과 같이 빈 텍스트박스를 채워 새 파일의 이름을 Jenkinsfile로 설정한다.

깃허브에서 새 파일 이름 짓기

5. 다음 코드를 Jenkinsfile에 추가하자.

```
node('docker') {
  stage('Poll') {
    checkout scm
  }
  stage('Build & Unit test'){
    sh 'mvn clean verify -DskipITs=true';
```

```
        junit '**/target/surefire-reports/TEST-*.xml'
        archive 'target/*.jar'
    }
    stage('Static Code Analysis'){
        sh 'mvn clean verify sonar:sonar -Dsonar.projectName=example-project
        -Dsonar.projectKey=example-project
        -Dsonar.projectVersion=$BUILD_NUMBER';
    }
    stage ('Integration Test'){
        sh 'mvn clean verify -Dsurefire.skip=true';
        junit '**/target/failsafe-reports/TEST-*.xml'
        archive 'target/*.jar'
    }
    stage ('Publish'){
        def server = Artifactory.server 'Default Artifactory Server'
        def uploadSpec = """{
          "files": [
            {
              "pattern": "target/hello-0.0.1.war",
              "target": "example-project/${BUILD_NUMBER}/",
              "props": "Integration-Tested=Yes;Performance-Tested=No"
            }
          ]
        }"""
        server.upload(uploadSpec)
    }
}
```

6. 완료되면 다음 화면과 같이 의미있는 주석을 추가해 새로운 파일을 커밋한다.

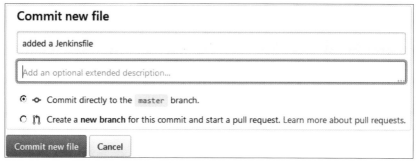

깃허브에 새 파일 커밋

306

젠킨스에 멀티브랜치 파이프라인 생성

다음과 같이 새로운 젠킨스 파이프라인 잡을 생성한다.

1. 젠킨스 대시보드에서 New Item 링크를 클릭한다.

2. 다양한 타입의 젠킨스 잡을 선택하는 화면이 나타날 것이다.

3. Multibranch Pipeline을 선택한 후 Enter an item name 영역에 파이프라인의 이름
   을 작성한다.

4. 완료되면 페이지 하단에 있는 OK 버튼을 누른다.

5. Branch Sources 영역까지 스크롤을 내린다. 사용할 깃허브 저장소를 여기서 설
   정한다.

6. Add Source 버튼을 클릭한 후 GitHub를 선택한다. 설정할 옵션이 나타날 것이다.
   이를 하나씩 살펴보자(다음 화면 참고).

7. Credentials 영역에서 앞 절에서 생성한 깃허브 계정 인증 정보를 선택한다(Kind는
   Username with Password를 선택).

8. Owner 영역에서 깃허브 조직명이나 사용자 계정을 입력한다.

9. 이 과정에서 Repository 영역에 사용자의 깃허브 계정에 있는 모든 저장소가 나
   타날 것이다.

10. Repository 영역 아래에서 hello-world-greeting을 선택한다.

11. 나머지 옵션은 기본값으로 둔다.

멀티브랜치 파이프라인 설정

12. Build Configuration 영역까지 스크롤을 내린다. Mode 영역이 by Jenkinsfile로, Script Path 영역이 Jenkinsfile로 설정됐는지 확인한다.

Build Configuration

Mode	by Jenkinsfile
Script Path	Jenkinsfile

빌드 설정

13. 페이지 하단으로 스크롤을 내린 후 Save 버튼을 클릭한다.

Webhooks 재등록

이제 모든 젠킨스 파이프라인을 위해 Webhooks를 재등록해보자. 이를 위해 다음 단계를 진행한다.

1. 젠킨스 대시보드에서 Manage Jenkins ➤ Configure System을 클릭한다.
2. 젠킨스 설정 페이지에서 GitHub 영역까지 스크롤을 내린다.
3. GitHub 영역에서 Advanced··· 버튼을 클릭한다(두 개가 있을 것이다. 두 번째 것을 클릭한다).
4. 몇 가지 옵션이 나타날 것이다. Re-register hooks for all jobs 버튼을 클릭한다.
5. 위 동작은 사용자의 깃허브 계정 내에 해당하는 멀티브랜치 파이프라인에 대해 새로운 Webhooks를 생성한다. 깃허브에서 Webhooks를 확인하기 위해 다음을 따라 진행한다.
   1. 깃허브 계정에 로그인한다.
   2. 깃허브의 hello-world-greeting 저장소로 이동한다.
   3. 다음 화면과 같이 저장소 Setting 버튼을 클릭한다.

저장소 설정

4. 저장소 Settings 페이지에서 Webhooks를 왼쪽 사이드 메뉴에서 선택한다. 다음 화면과 같이 젠킨스 서버의 Webhooks를 볼 수 있을 것이다.

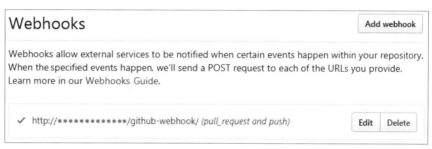

깃허브 저장소의 Webhooks

▌ 준비 완료된 CI

다음 단계를 따라 하자.

1. 젠킨스 대시보드에서 멀티브랜치 파이프라인을 클릭한다.
2. 젠킨스 멀티브랜치 파이프라인 페이지에서 왼쪽 사이드 메뉴의 Scan Repository Now 링크를 클릭한다. 이 동작은 저장소에서 브랜치와 Jenkinsfile을 찾은 후, 다음 화면과 같이 Jenkinsfile을 갖고 있는 모든 브랜치에 대해 파이프라인을 실행한다.

마스터 브랜치의 파이프라인

3. 멀티브랜치 파이프라인 페이지에서 왼쪽 사이드 메뉴의 Scan Repository Log를 클릭한다. 다음 결과와 유사한 것을 볼 것이다. 강조된 코드 부분을 보자. **마스터** 브랜치에 Jenkinsfile이 있고, 파이프라인이 예정돼 있으므로 기준을 충족함을 알 수 있다. 테스트 브랜치에는 Jenkinsfile이 없기 때문에 예정된 파이프라인이 없는 것을 볼 수 있다.

```
Started by user nikhil pathania
[Sun Nov 05 22:37:19 UTC 2017] Starting branch indexing...
22:37:19 Connecting to            https://api.github.com using
nikhilpathania@hotmail.com/****** (credentials to access GitHub account)
22:37:20 Connecting to https://api.github.com using
nikhilpathania@hotmail.com/****** (credentials to access GitHub account)
Examining nikhilpathania/hello-world-greeting
  Checking branches. . .
  Getting remote branches. . .
    Checking branch master
  Getting remote pull requests. . .
     'Jenkinsfile' found
    Met criteria
Changes detected: master
(c6837c19c3906b0f056a87b376ca9afdff1b4411
1e5834a140d572f4d6f9665caac94828b779e2cd)Scheduled build for
branch: master
1 branches were processed
Checking pull-requests...
0 pull requests were processed
Finished examining nikhilpathania/hello-world-greeting
[Sun Nov 05 22:37:21 UTC 2017] Finished branch indexing.
Indexing took 2.1 sec
Finished: SUCCESS
```

> ℹ️ 매번 저장소를 스캔할 필요는 없다. GitHub Webhooks는 깃허브 저장소에 새로운 푸시나 브랜치가 생길때마다 자동으로 파이프라인을 실행하게 설정돼 있다. 하지만 Jenkinsfile도 해당 브랜치에 존재해야만 젠킨스가 저장소에 변화된 내용을 발견했을 때 작업을 수행할 수 있다.

4. 젠킨스 멀티브랜치 파이프라인 페이지(⟨Jenkins URL⟩/job/⟨Jenkins Multi-branch pipeline name⟩/)에서 다음 화면과 같이 해당하는 브랜치의 파이프라인을 클릭한다.

5. 마스터 브랜치의 **스테이지 뷰** 페이지를 볼 수 있을 것이다.

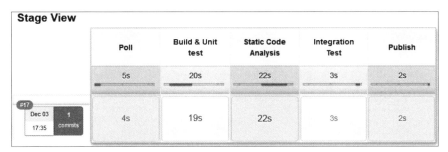

파이프라인 스테이지 뷰

6. 단위 테스트와 통합 테스트의 결과를 보려면, 다음 화면과 같이 **스테이지 뷰** 하단의 Latest Test Result 링크를 클릭한다.

7. 다음 화면과 같이 수행된 단위 테스트와 통합 테스트의 자세한 결과를 볼 수 있다.

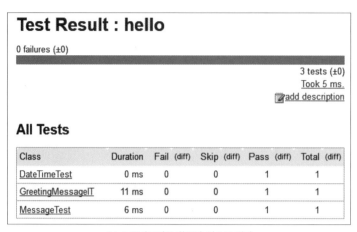

Test Result : hello

0 failures (±0)

3 tests (±0)
Took 5 ms.
add description

All Tests

Class	Duration	Fail	(diff)	Skip	(diff)	Pass	(diff)	Total	(diff)
DateTimeTest	0 ms	0		0		1		1	
GreetingMessageIT	11 ms	0		0		1		1	
MessageTest	6 ms	0		0		1		1	

JUnit 플러그인을 활용한 테스트 결과

8. 각각의 테스트를 클릭해 상세한 정보를 볼 수 있다.

9. 같은 페이지에서 왼쪽 사이드 메뉴의 History 링크는 오랜 기간 동안 수행된 테스트에 대해 여러 지표의 메트릭을 그래프 형태로 제공한다.

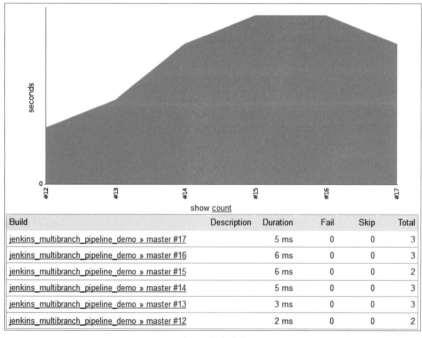

Build	Description	Duration	Fail	Skip	Total
jenkins_multibranch_pipeline_demo » master #17		5 ms	0	0	3
jenkins_multibranch_pipeline_demo » master #16		6 ms	0	0	3
jenkins_multibranch_pipeline_demo » master #15		6 ms	0	0	2
jenkins_multibranch_pipeline_demo » master #14		5 ms	0	0	3
jenkins_multibranch_pipeline_demo » master #13		3 ms	0	0	3
jenkins_multibranch_pipeline_demo » master #12		2 ms	0	0	2

테스트 수행 이력

소나큐브에서 정적 코드 분석 결과 보기

CI 파이프라인의 일부로 수행된 정적 코드 분석 결과를 살펴보자.

1. 원하는 브라우저를 사용해 소나큐브 링크를 연다. 다음 화면과 유사한 화면을 볼 수 있을 것이다.

소나큐브 홈페이지

2. 소나큐브 대시보드에서 메뉴 옵션을 사용해 **Log in** 링크를 클릭한다.

3. 소나큐브 인증 정보를 입력한다.

4. 결과로 나온 페이지의 **PROJECTS** 위젯 아래에서 example-project 프로젝트를 클릭한다.

5. 사용자의 프로젝트에 대한 정적 코드 분석 개요를 볼 수 있다(다음 화면 참고).

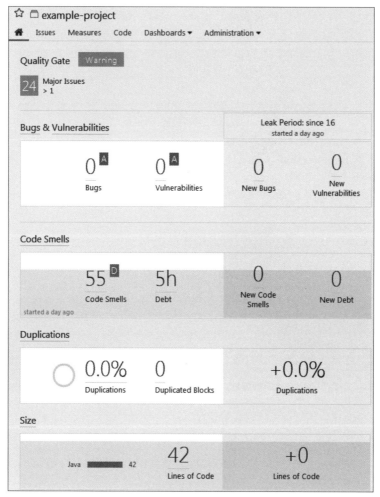

정적 코드 분석 개요

6. Measures > Coverage를 클릭하자. 다음 화면과 같이 코드 커버리지와 단위 테스트 결과에 대한 개요를 볼 수 있을 것이다.

코드 커버리지 및 단위 테스트 결과

젠킨스에서 소나큐브 분석 결과에 접근하기

CI 파이프라인에서 정적 코드 분석 결과에 바로 접근할 수 있다. 다음 단계를 따라 하자.

1. 젠킨스 대시보드에서 멀티브랜치 파이프라인을 클릭한다. 다음으로 해당하는 브랜치의 파이프라인을 클릭한다(예제의 경우 마스터다).

2. 브랜치 파이프라인에서 마우스를 Static Code Analysis 스테이지 위에 올린 후 Logs를 클릭하자. 다음 화면을 참고하자.

각각의 스테이지 로그 보기

3. Stage Logs (Static Code Analysis) 팝업 윈도우가 나타날 것이다. 끝까지 스크롤을 내리면 소나큐브 분석 페이지로 가는 링크가 있다. 다음 화면을 참고하자.

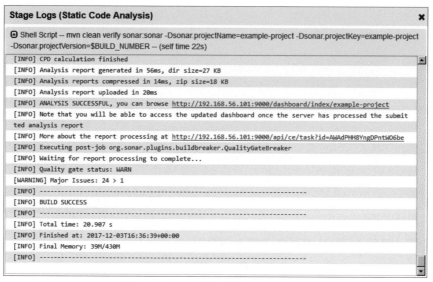

Stage Logs (Static Code Analysis) ✕

⊕ Shell Script -- mvn clean verify sonar:sonar -Dsonar.projectName=example-project -Dsonar.projectKey=example-project -Dsonar.projectVersion=$BUILD_NUMBER - (self time 22s)

```
[INFO] CPD calculation finished
[INFO] Analysis report generated in 56ms, dir size=27 KB
[INFO] Analysis reports compressed in 14ms, zip size=18 KB
[INFO] Analysis report uploaded in 20ms
[INFO] ANALYSIS SUCCESSFUL, you can browse http://192.168.56.101:9000/dashboard/index/example-project
[INFO] Note that you will be able to access the updated dashboard once the server has processed the submit
ted analysis report
[INFO] More about the report processing at http://192.168.56.101:9000/api/ce/task?id=AWAdPHH8YngDPntWO6be
[INFO] Executing post-job org.sonar.plugins.buildbreaker.QualityGateBreaker
[INFO] Waiting for report processing to complete...
[INFO] Quality gate status: WARN
[WARNING] Major Issues: 24 > 1
[INFO] ------------------------------------------------------------------------
[INFO] BUILD SUCCESS
[INFO] ------------------------------------------------------------------------
[INFO] Total time: 20.907 s
[INFO] Finished at: 2017-12-03T16:36:39+00:00
[INFO] Final Memory: 39M/430M
[INFO] ------------------------------------------------------------------------
```

젠킨스 로그에서 소나큐브 분석으로 가는 링크

4. 위 화면과 같이 링크를 클릭한다. 해당하는 프로젝트의 소나큐브 대시보드로 바로 이동될 것이다.

아티팩토리에서 아티팩트 확인

아티팩토리에 업로드된 아티팩트가 어떻게 돼 있는지 확인해보자. 다음 단계를 따라 진행한다.

1. 원하는 브라우저에서 아티팩토리 링크에 접속한다. 아티팩토리 대시보드에서 Log in 링크를 통해 로그인한다.

2. Artifacts 탭을 왼쪽 사이드 메뉴에서 클릭한다. 다음 화면과 같이 Artifact Repository Browser 아래 사용자의 저장소 목록을 볼 수 있을 것이다.

아티팩트 저장소 브라우저

3. 저장소를 확장하면 다음 화면처럼 빌드된 아티팩트와 속성이 보일 것이다.

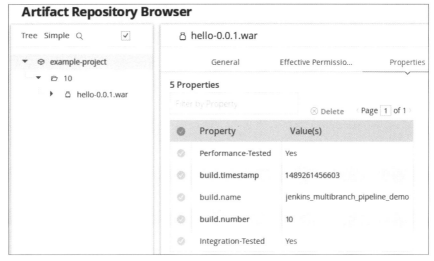

CI 파이프라인에 의해 생성된 아티팩트

퀄리티 게이트의 조건을 통과하지 못했을 때 빌드 실패시키기

이번 절에서는 앞 장에서 생성한 소나큐브 퀄리티 게이트를 조정해 젠킨스 CI 파이프라인을 실패시켜 볼 것이다. 다음과 같이 시나리오를 진행한다.

1. 소나큐브 서버에 로그인한 후 Quality Gates를 메뉴 바에서 클릭한다.
2. 왼쪽 사이드 메뉴에서 앞 장에서 생성한 example-quality-gate를 클릭한다.
3. 이제 ERROR 영역을 50에서 3으로 변경한다.
4. Update를 클릭한다. 최종적으로는 다음 화면과 같이 보일 것이다.

소나큐브 퀄리티 게이트 업데이트

5. 이제 깃허브 저장소에 변경 사항을 만들어 젠킨스의 CI 파이프라인을 시작시키자.
6. 젠킨스에 로그인한 후 젠킨스 멀티브랜치 CI 파이프라인으로 이동하자. 다음 화면과 유사한 것을 볼 수 있을 것이다.

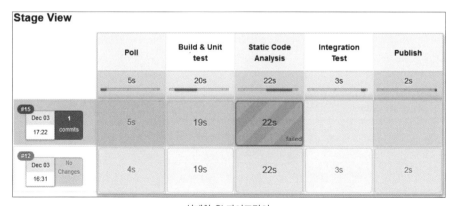

실패한 CI 파이프라인

318

7. 해당하는 로그를 보기 위해 해당 파이프라인의 실패한 스테이지를 클릭한다. 팝업 윈도우에서 가장 하단으로 스크롤을 내린다. 다음 화면과 같이(화살표 부분) 파이프라인이 실패한 이유를 찾을 수 있다.

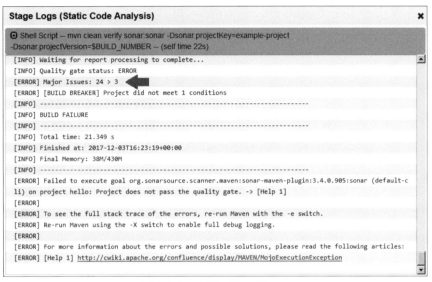

퀄리티 게이트 상태에 대한 소나큐브 로그

▌요약

7장에서는 멀티브랜치 CI 파이프라인을 만들어 푸시 이벤트, 빌드, 정적 코드 분석, 통합 테스트, 아티팩토리에 아티팩트 업로드를 담당하게 하는 방법을 배웠다. 마지막으로 개발자 관점에서 전체 CI 파이프라인이 수행되는 과정도 살펴봤다.

이 책에서 다루는 CI 구조는 프로젝트의 요구 조건에 따라 변경될 수 있다. 단지 젠킨스에서 이를 사용하고 설정하는 방법을 아는 것이 중요하다.

8장에서는 이 CI 파이프라인을 확장해 QA 영역을 좀 더 다루는 방법을 알아본다.

08

젠킨스를 이용한 CD

8장에서는 다음 내용이 포함된 지속적 배포, CD^{Continuous Delivery}를 다루며 시작할 것이다.

- 브랜치 전략
- 지속적 배포를 위한 도구
- 젠킨스 파이프라인 구조

CD의 구조는 독자들이 어떻게, 왜, 어디에 CD가 구성됐는지 알기 위한 큰 틀을 제공한다. 해당 구조는 CD 파이프라인의 시작부터 끝까지를 만드는 모든 단계를 포함한다.

이 장에서 다룰 CD 구조는 CD를 구성하기 위한 템플릿이지 최종 모델은 아니다. 여기에서 사용된 모든 도구는 목적에 맞게 변경될 수 있다.

▌ 젠킨스 CD 구조

이번 절에서는 가장 기본적인 CD 구조에 대해 알아본다.

브랜치 전략

7장, '젠킨스를 이용한 CI'에서 다음을 포함한 브랜치 전략을 사용했다.

- 마스터 브랜치
- 통합 브랜치
- 기능 브랜치

이 브랜치 전략은 GitFlow 브랜치 모델과 유사하다.

CI가 통합, 개발, 기능 브랜치에서 수행되는 반면에 CD는 통합과 릴리스 브랜치에서만 수행된다.

릴리스 브랜치

릴리스 브랜치를 갖는 전략을 사용할 수 있다. 릴리스 브랜치는 성공적으로 테스트가 완료된 코드가 마스터 브랜치에서 프로덕션(사용자에게 배포되는 장소) 브랜치로 배포된 후 생성된다. 릴리스 브랜치를 생성하는 이유는 해당 릴리스의 버그를 수정하기 위해서다.

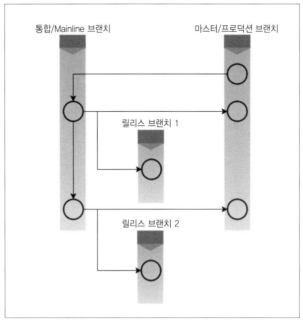

브랜치 전략

CD 파이프라인

CD 파이프라인은 CD 구조의 가장 중요한 부분이다. 새로운 파이프라인을 생성하는 대신 기존에 존재하는 젠킨스 CI 멀티브랜치 파이프라인을 이용해 만들 것이다. 새로운 CD 파이프라인은 다음 단계를 갖는다.

1. 푸시 이벤트가 발생하면 **버전 관리 시스템**에서 소스코드를 fetch(CD 파이프라인 시작)

2. 소스코드의 빌드, 단위 테스트를 진행 후 단위 테스트 결과를 젠킨스에 공지

3. 코드에 대해 정적 분석을 진행한 후 결과물을 소나큐브에 업로드. 퀄리티 게이트에 정해진 개수보다 많은 버그가 발견되면 파이프라인을 중지

4. 통합 테스트를 진행 후, 통합 테스트 결과를 젠킨스에 공지

5. 빌드된 결과물과 기타 필요한 내용을 아티팩토리에 업로드

6. 바이너리를 테스트 환경에 배포

7. 테스트 수행(품질 분석)

8. 아티팩토리 솔루션 승격 및 이를 릴리스 후보로 상태 변경

위 CD 파이프라인의 목적은 지속적으로 배포, 테스트(QA), 그리고 바이너리 저장소의 빌드 아티팩트를 승격시키는 과정을 자동화하는 것이다. 성공과 실패에 대한 공지는 이벤트마다 발생한다. 파이프라인과 세부 구성 요소를 자세히 알아보자.

 실제 상황에서 QA는 성능 테스트, 사용자 인수 테스트, 컴포넌트 테스트 등 여러 단계로 구성될 수 있다. 여기에서는 상황을 간단히 만들고자, 예제의 CD 파이프라인에서 성능 테스트만 진행할 것이다.

CD를 위한 도구 모음

CD를 구성하는 데 예제로 사용할 대상은 간단한 메이븐 프로젝트다. 따라서, 이번 장에서는 여러 도구를 사용하는 젠킨스를 다룬다.

다음 표는 앞으로 살펴볼 모든 도구와 기술이다.

도구/기술	설명
자바	코딩을 위해 사용되는 메인 프로그래밍 언어
메이븐	빌드 도구
JUnit	단위 및 통합 테스트 도구
젠킨스	CI 도구
깃허브	버전 관리 시스템
소나큐브	정적 코드 분석 도구
아티팩토리	바이너리 저장소 관리자
아파치 톰캣	솔루션을 실행하기 위한 애플리케이션 서버
아파치 JMeter	성능 테스트 도구

도커 이미지 생성: 성능 테스트

이번 절에서는 **성능 테스트**[PT, performance testing]를 위한 도커 이미지를 만든다. 추후 젠킨스가 빌드 결과물을 배포해 성능 테스트를 진행할 도커 컨테이너를 만들기 위해 이 도커 이미지를 사용한다. 다음 단계를 따라 하자.

1. 도커 서버에 로그인한다. 다음 명령어를 이용해 사용 가능한 도커 이미지를 찾는다.

```
sudo docker images
```

2. 다음 화면에서 보면 세 개의 도커 이미지(ubuntu, hello-world, maven-build-slave-0.1)가 도커 서버에 있는 것을 확인할 수 있다.

```
ubuntu@node4:~$ sudo docker images
REPOSITORY            TAG     IMAGE ID     CREATED          SIZE
maven-build-slave-0.1 latest  317fb6ec990f About a minute ago 298 MB
ubuntu                latest  f49eec89601e 3 weeks ago      129 MB
hello-world           latest  48b5124b2768 4 weeks ago      1.84 kB
ubuntu@node4:~$
```

도커 이미지 목록

3. 우분투 도커 이미지를 사용해 성능 테스트를 수행할 새로운 도커 이미지를 만들 것이다.

4. 다음과 같이 테스트를 수행하기 위해 필요한 애플리케이션을 우분투 도커 이미 지에 설치하자.

   ○ 자바 JDK(최신)

   ○ 아파치 톰캣(8.5)

   ○ 아파치 제이미터JMeter

   ○ 도커 컨테이너에 로그인하기 위한 사용자 계정

   ○ OpenSSH 데몬(SSH 연결을 위해 필요)

   ○ 컬Curl

5. 다음 명령어를 실행해 우분투 도커 이미지를 사용하는 도커 컨테이너를 실행시키 자. 컨테이너가 만들어지고 컨테이너의 배시 셸이 열릴 것이다.

```
sudo docker run -i -t ubuntu /bin/bash
```

6. 이제 일반 우분투 머신에 작업하듯 필요한 애플리케이션을 설치한다. jenkins 사 용자를 먼저 생성해보자.

   1. 다음 명령어를 실행한 후 사용자 생성 단계를 따라 진행하자. 다음 화면을 참고하자.

      ```
      adduser jenkins
      ```

사용자 생성

2. 새로운 사용자가 생성됐는지 사용자 전환 명령어로 확인한다.

```
su jenkins
```

7. exit를 입력해 root 사용자로 돌아온다.

8. 다음으로 SSH 서버를 설치하자. 다음 명령어를 순서대로 입력한다.

```
apt-get update
apt-get install openssh-server
mkdir /var/run/sshd
```

9. 다음 명령어로 자바를 설치하자.

1. 패키지 인덱스를 업데이트한다.

```
apt-get update
```

2. 자바를 설치한다. 다음 명령어로 JRE^Java Runtime Environment를 설치한다.

```
apt-get install default-jre
```

10. 톰캣 8.5를 설치하는 가장 좋은 방법은 최신 바이너리를 다운로드해 수동으로 설정하는 것이다.

    1. /tmp 폴더로 이동한 후 아파치 톰캣 8.5를 다음 명령어로 내려받는다.

```
cd /tmp

wget https://archive.apache.org/dist/tomcat/tomcat-8/v8
.5.11/bin/apache-tomcat-8.5.11.tar.gz
```

    2. 톰캣을 home/jenkins/ 폴더 안에 설치할 것이다. 이를 위해 jenkins 사용자로 전환한다. tomcat 폴더를 /home/jenkins/ 아래 만든다.

```
su jenkins

mkdir /home/jenkins/tomcat
```

    3. 이제 아카이브의 압축을 해제한다.

```
tar xzvf apache-tomcat-8*tar.gz \
-C /home/jenkins/tomcat --strip-components=1
```

11. exit를 입력해 root 사용자로 돌아온다.

12. 아파치 제이미터는 성능 테스트를 위한 훌륭한 도구다. 이 도구는 무료 오픈소스다. GUI와 명령어 방식 모두 지원하여 성능 테스트를 자동화하기에 적합하다.

    1. /tmp 폴더로 이동한다.

```
cd /tmp
```

    2. apache-jmeter-3.1.tgz, 혹은 최신 안정 버전을 http://jmeter.apache.org/download_jmeter.cgi에서 내려받는다.

```
wget
https://archive.apache.org/dist/jmeter/binaries/apache-jmeter-3.1.tgz
```

3. opt/jmeter 폴더 안에 제이미터를 설치한다. 이를 위해 /opt 폴더 안에 jmeter 폴더를 생성한다.

```
mkdir /opt/jmeter
```

4. 이제 아카이브를 /opt/jmeter 폴더에 압축 해제하고 적절한 권한을 부여한다.

```
tar xzvf apache-jmeter-3*.tgz \
-C /opt/jmeter --strip-components=1

chown -R jenkins:jenkins /opt/jmeter/

chmod -R 777 /opt/jmeter/
```

13. 다음과 같이 컬을 설치한다.

```
apt-get install curl
```

14. 다음과 같이 도커 이미지에 변경한 사항을 저장한다.

1. exit를 입력해 컨테이너에서 빠져나온다.
2. 도커 컨테이너에 작업한 내역을 저장(커밋)해야 한다.
3. 다음 화면처럼 모든 비활성화된 컨테이너 목록을 나열해 작업한 컨테이너의 CONTAINER ID를 알아낸다.

```
sudo docker ps -a
```

```
ubuntu@node4:~$ sudo docker ps -a
CONTAINER ID    IMAGE    COMMAND      CREATED         STATUS
f8b14a252e77    ubuntu   "/bin/bash"  30 minutes ago  Exited (0) About a minute ago
81a5d12f6c4a    ubuntu   "/bin/bash"  2 weeks ago     Exited (0) 2 weeks ago
ubuntu@node4:~$
```

비활성화된 컨테이너 목록

4. **CONTAINER ID**를 기록한 후, 다음과 같이 commit 명령어를 사용해 컨테이너에 작업한 내용을 커밋한다.

```
sudo docker commit <CONTAINER ID> <new name for the container>
```

5. 다음 화면과 같이 performance-test-agent-0.1이라고 컨테이너 이름을 정했다.

```
ubuntu@node4:~$ sudo docker commit 81a5d12f6c4a maven-build-slave-0.1
sha256:317fb6ec990f235fc2f2f42beab6f73e44fb4bd2d0bba0479858386c569a7c7d
ubuntu@node4:~$
```

도커 커밋 명령어

6. 변경 사항을 커밋하면 새로운 도커 이미지가 만들어진다.

7. 다음 명령어를 통해 도커 이미지 목록을 불러오자.

```
sudo docker images
```

```
ubuntu@node4:~$ sudo docker images
REPOSITORY                 TAG     IMAGE ID      CREATED       SIZE
performance-test-agent-0.1 latest  5218edfb90a9  23 hours ago  720 MB
maven-build-slave-0.1      latest  317fb6ec990f  2 weeks ago   298 MB
ubuntu                     latest  f49eec89601e  6 weeks ago   129 MB
hello-world                latest  48b5124b2768  7 weeks ago   1.84 kB
ubuntu@node4:~$
```

도커 이미지 목록

8. 새로 만든 도커 이미지 performance-test-agent-0.1을 볼 수 있다. 이제 젠킨스 서버를 설정하고 이 도커 이미지를 이용해 젠킨스 슬레이브(빌드 에이전트)를 생성하게 할 것이다.

젠킨스에 도커 컨테이너 인증 정보 추가

다음과 같이 젠킨스에 인증 정보를 추가해 도커와 연동시키자.

1. 젠킨스 대시보드에서 Credentials > System > Global credentials (unrestricted)로 이동한다.
2. 왼쪽 사이드 메뉴에서 Add Credentials 링크를 클릭해 새로운 인증 정보를 만든다(다음 화면 참고).
3. Kind는 Username with Password를 선택한다.
4. Scope는 기본값으로 둔다.
5. Username 영역에 도커 이미지를 위한 사용자명을 추가한다(예제의 경우 jenkins).
6. Password 영역에 비밀번호를 추가한다.
7. ID 영역에 ID를 추가하고 Description 영역에 설명을 추가한다.
8. 완료되면 OK 버튼을 클릭한다.

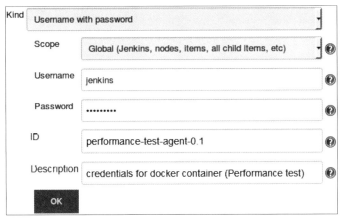

젠킨스에서 인증 정보 생성

젠킨스에 도커 설정 업데이트

다음과 같이 젠킨스에 도커 설정을 업데이트하자.

1. 젠킨스 대시보드에서 Manage Jenkins ➤ Configure System을 클릭한다.

2. Cloud 영역까지 스크롤을 내린다.

3. Cloud 영역에서 Add Docker Template 버튼을 클릭한 후 Docker Template을 선택한다.

4. 설정 가능한 여러 항목이 나타날 것이다(다음 화면 참고). 예제를 단순화하기 위해 주요 내용에 대해서만 알아보자.

5. Docker Image 영역에 이전에 생성한 도커 이미지 이름을 입력한다. 예제의 경우 `performance-test-agent-0.1`이다.

6. Labels 영역에 레이블을 추가한다. 이 레이블을 통해 젠킨스 파이프라인이 도커 컨테이너를 구분할 수 있게 된다. `docker_pt`라고 레이블을 추가하자.

7. Launch Method는 Docker SSH computer launcher를 선택한다.

8. Credentials 영역은 도커 컨테이너에 접근하기 위해 생성했던 인증 정보를 선택한다.

9. Pull strategy는 Never pull을 선택한다.

10. 나머지 옵션은 기본값으로 둔다.

11. 완료되면 Apply를 클릭한 후 Save를 클릭한다.

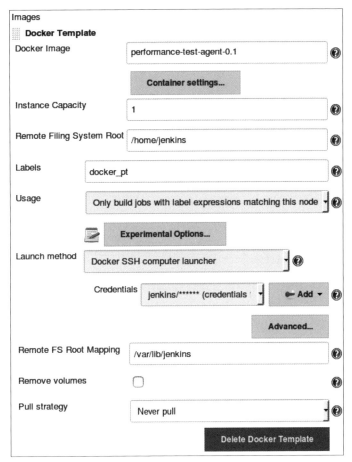

통합 테스트를 위한 도커 템플릿 생성

▌ 제이미터를 이용해 성능 테스트 생성

이번 절에서는 제이미터를 이용해 간단한 성능 테스트를 만드는 방법을 배운다. 여기서 언급될 단계는 반드시 사용자의 로컬 머신에서 진행돼야 한다. 다음 단계는 우분투 16.04 가 설치된 머신에서 진행됐다.

자바 설치

다음과 같이 자바를 설치한다.

1. 패키지 인덱스를 업데이트한다.

   ```
   sudo apt-get update
   ```

2. 자바를 설치한다. 다음 명령어는 JRE를 설치한다.

   ```
   sudo apt-get install default-jre
   ```

3. JAVA_HOME 환경 변수를 설정하기 위해 자바 설치 경로를 알아낸다.

   ```
   sudo update-alternatives --config java
   ```

4. 결과로 나온 경로를 복사해 /etc/environment 파일에 있는 JAVA_HOME 변수를 수정한다.

아파치 제이미터 설치

다음과 같이 아파치 제이미터를 설치한다.

1. /tmp 폴더로 이동한다.

   ```
   cd /tmp
   ```

2. apache-jmeter-3.1.tgz나 최신 안정 버전을 http://jmeter.apache.org/download_jmeter.cgi에서 내려받는다.

   ```
   wget
   https://archive.apache.org/dist/jmeter/binaries/apache-jmeter-3.1.tgz
   ```

3. JMeter를 /opt/jmeter 폴더에 설치할 것이다. 이를 위해 /opt 폴더 안에 jmeter 폴더를 생성한다.

```
mkdir /opt/jmeter
```

4. 여기에 아카이브의 압축을 해제한다.

```
tar xzvf apache-jmeter-3*.tgz \
-C /opt/jmeter --strip-components=1
```

제이미터 시작하기

다음과 같이 제이미터를 시작한다.

1. 제이미터를 시작하기 위해 제이미터를 설치한 경로로 이동해 다음과 같이 jmeter.sh 스크립트를 실행시킨다.

```
cd /opt/jmeter/bin

./jmeter.sh
```

2. 제이미터 GUI 도구가 새 창으로 나타날 것이다.

성능 테스트 케이스 만들기

테스트 계획 예제가 기본값으로 있는 것을 볼 수 있다. 기존 템플릿을 고쳐 새로운 테스트 계획을 만들 것이다.

1. 다음 화면과 같이 테스트 계획의 이름을 Hello_World_Test_Plan으로 변경한다.

테스트 계획 생성

2. 다음 화면과 같이 메뉴 아이템에서 Save 버튼을 누르거나 Ctrl + S를 눌러 examples 폴더 안에 내용을 저장한다.

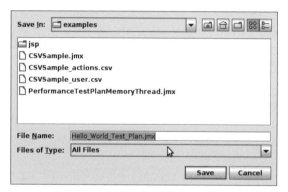

테스트 계획 저장

스레드 그룹 생성

다음과 같이 스레드 그룹을 만들어보자.

1. 스레드 그룹을 추가해보자. Hello_World_Test_Plan을 마우스 오른쪽 버튼으로 클릭한 후 Add > Threads (Users) > Thread Group을 선택한다.

스레드 그룹 생성

2. 결과로 나온 페이지에서 스레드 그룹의 이름과 옵션을 다음과 같이 채운다.

1. Action to be taken after a Sampler error 옵션은 Continue로 선택한다.

2. Number of Threads (users)는 1을 입력한다.

3. Ramp-Up Period (in seconds)는 1을 입력한다.

4. Loop Count는 1을 입력한다.

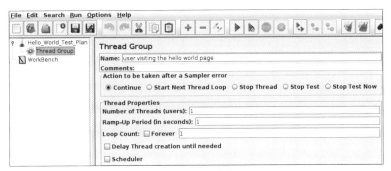

스레드 그룹 설정

샘플러 생성

다음과 같이 샘플러를 생성하자.

1. Hello_World_Test_Plan을 마우스 오른쪽 버튼으로 클릭한 후 **Add > Sampler >** **HTTP Request**를 선택한다.

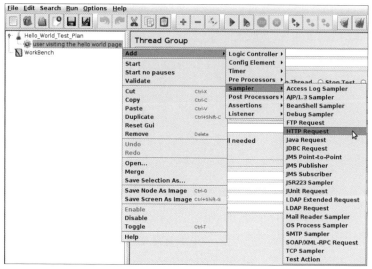

샘플러 추가

2. HTTP Request의 이름을 정한 후, 나머지 옵션을 다음과 같이 채운다.

    1. Server Name or IP는 **<IP Address of your Testing Server machine>**을 입력한다.

    2. Port Number는 8080을 입력한다.

    3. Path는 **/hello.0.0.1/**을 입력한다.

샘플러 설정

338

리스너 추가

다음과 같이 리스너를 추가하자.

1. Hello_World_Test_Plan을 마우스 오른쪽 버튼으로 클릭한 후 Add > Listener > View Results Tree를 선택한다.

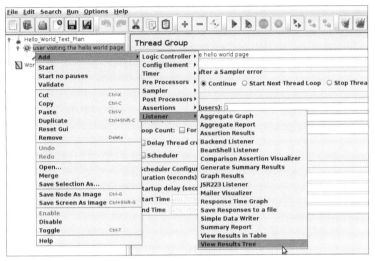

리스너 추가

2. 모든 옵션을 주어진 값으로 둔다.
3. 메뉴 아이템에서 Save 버튼을 클릭하거나 Ctrl + S를 눌러 전체 설정을 저장한다.
4. /opt/jmeter/bin/examples에서 .jmx파일을 복사한다.
5. 메이븐 프로젝트 안의 src 폴더 안에 pt 폴더를 만들고 .jmx 파일을 여기에 붙여넣는다.
6. 해당 코드를 깃허브에 업로드한다.

▌ CD 파이프라인

이제 도커 이미지와 필요한 모든 도구가 준비됐다. 8장에서는 CD 프로세스를 구성할 젠킨스 파이프라인을 생성해본다.

CD를 위한 Jenkinsfile 작성

이전에 생성한 CI 파이프라인을 이용해 만들 것이다. 먼저 기존 CI 파이프라인을 살펴보고, 이후 CD 프로세스의 일환으로 몇 가지 스테이지를 추가할 것이다.

기존 CI 파이프라인 코드

다음은 CI 프로세스 중 일부를 담당하는 전체 코드다.

```
node('docker') {
  stage('Poll') {
    checkout scm
  }
  stage('Build & Unit test'){
    sh 'mvn clean verify -DskipITs=true';
    junit '**/target/surefire-reports/TEST-*.xml'
    archive 'target/*.jar'
  }
  stage('Static Code Analysis'){
    sh 'mvn clean verify sonar:sonar -Dsonar.projectName=example-project
    -Dsonar.projectKey=example-project -Dsonar.projectVersion=$BUILD_NUMBER';
  }
  stage ('Integration Test'){
    sh 'mvn clean verify -Dsurefire.skip=true';
    junit '**/target/failsafe-reports/TEST-*.xml'
    archive 'target/*.jar'
  }
  stage ('Publish'){
    def server = Artifactory.server 'Default Artifactory Server'
```

```
    def uploadSpec = """{
      "files": [
        {
          "pattern": "target/hello-0.0.1.war",
          "target": "example-project/${BUILD_NUMBER}/",
          "props": "Integration-Tested=Yes;Performance-Tested=No"
        }
      ]
    }"""
    server.upload(uploadSpec)
  }
}
```

빌드 결과물을 stash하기 위한 파이프라인 코드

젠킨스 파이프라인에는 stash 기능이 있다. 이 기능은 빌드 결과물을 노드 간 전달한다. 다음 단계에서 성능 테스트를 진행할 노드인 docker_pt에 몇 가지 빌드 아티팩트를 stash할 것이다.

```
stash includes: 'target/hello-0.0.1.war,src/pt/Hello_World_Test_Plan.jmx',
name: 'binary'
```

위 코드에 대한 설명은 다음과 같다.

- name: stash를 위한 이름이다.
- includes: 쉼표로 구분된 목록으로, 여기에 포함될 파일이다.

도커 컨테이너 생성: 성능 테스트

먼저, 성능 테스트를 위해 performance-test-agent-0.1 도커 이미지를 사용하는 도커 컨테이너(젠킨스 슬레이브)를 생성할 파이프라인 코드를 작성해보자.

```
node('docker_pt') {
}
```

여기에서 docker_pt는 performance-test-agent-0.1 도커 템플릿을 위한 레이블이다.

docker_pt 노드에서 다음 단계를 진행할 것이다.

1. 톰캣 시작
2. 빌드 아티팩트를 테스트 환경 톰캣에 배포
3. 성능 테스트 수행
4. 아티팩토리에서 빌드 아티팩트 승격

위 모든 작업은 CD 파이프라인의 다양한 단계다. 각각을 위한 파이프라인 코드를 작성해보자.

아파치 톰캣을 시작하기 위한 파이프라인 코드

성능 테스트 에이전트에서 아파치 톰캣을 시작하기 위한 파이프라인 코드는 톰캣 설치 폴더 안의 ./startup.sh 스크립트를 실행하는 간단한 셀 스크립트다.

```
sh '''cd /home/jenkins/tomcat/bin
./startup.sh''';
```

위 코드를 Start Tomcat 스테이지로 묶어보자.

```
stage  ('Start Tomcat') {
    sh '''cd /home/jenkins/tomcat/bin
    ./startup.sh''';
}
```

빌드 아티팩트 배포를 위한 파이프라인 코드

빌드 아티팩트를 배포하는 파이프라인 코드에는 두 단계가 있다. 첫 번째, 이전 도커 노드 블록에서 stash한 바이너리 패키지를 un-stash한다. 그리고 이 파일을 테스트 환경의 톰캣 설치 폴더 밑의 webapps 폴더로 배포한다. 코드는 다음과 같다.

```
unstash 'binary'
sh 'cp target/hello-0.0.1.war /home/jenkins/tomcat/webapps/';
```

위 코드를 Deploy 스테이지로 묶어보자.

```
stage  ('Deploy') {
    unstash 'binary'
    sh 'cp target/hello-0.0.1.war /home/jenkins/tomcat/webapps/';
}
```

성능 테스트를 수행하는 파이프라인 코드

성능 테스트를 수행할 파이프라인 코드는 간단한 셸 스크립트로, jmeter.sh를 호출하고 .jmx 파일을 여기에 전달한다. 테스트 결과는 .jtl 파일 안에 저장돼 압축된다. 코드는 다음과 같다.

```
sh '''cd /opt/jmeter/bin/
./jmeter.sh -n -t $WORKSPACE/src/pt/Hello_World_Test_Plan.jmx -l
$WORKSPACE/test_report.jtl''';

step([$class: 'ArtifactArchiver', artifacts: '**/*.jtl'])
```

다음 표는 위 코드에 대한 설명이다.

코드	설명
./jmeter.sh -n -t <path to the .jmx file> -l <path to save the .jtl file>	성능 테스트 계획(.jmx 파일)을 수행하고 테스트 결과 (.jtl 파일)를 만들어내기 위한 jmeter 명령어다.
step([$class: 'ArtifactArchiver', artifacts: '**/*.jtl'])	모든 파일을 .jtl 확장자로 묶는다.

위 코드를 Performance Testing 스테이지로 묶어보자.

```
stage ('Performance Testing') {
    sh '''cd /opt/jmeter/bin/
    ./jmeter.sh -n -t $WORKSPACE/src/pt/Hello_World_Test_Plan.jmx -l
$WORKSPACE/test_report.jtl''';

    step([$class: 'ArtifactArchiver', artifacts: '**/*.jtl'])
}
```

아티팩토리에서 빌드 아티팩트를 승격시키는 파이프라인 코드

아티팩토리에서 빌드 아티팩트를 승격시키는 방법은 키/값 쌍의 속성을 이용하는 것이다. 성능 테스트를 통과한 모든 빌드에는 Performance-Tested=Yes 태그가 적용된다. 코드는 다음과 같다.

```
withCredentials([[usernameColonPassword(credentialsId: 'artifactory-
account', variable: 'credentials')]]) {

    sh 'curl -u${credentials} -X PUT
"http://172.17.8.108:8081/artifactory/api/storage/example-project/${BUILD_N
UMBER}/hello-0.0.1.war properties=Performance-Tested=Yes"';
}
```

다음 표는 위 코드에 대한 설명이다.

코드	설명
withCredentials([[usernameColonPassword(credentialsId: 'artifactory-account', variable: 'credentials')]]) {}	젠킨스 내부의 withCredentials 플러그인을 사용해 아티팩토리의 credentials 정보를 curl 명령어에 넘겨줬다.
curl -u<username>:password -X PUT "<artifactory server URL>/api/storage/<artifactory repository name> properties=key-value"	아티팩토리 내부의 빌드 아티팩트에 속성(키/값 쌍)을 추가하는 curl 명령어다. curl 명령어가 아티팩토리의 REST API를 이용한다.

위 코드를 Promote build in Artifactory 스테이지로 묶어보자.

```
stage ('Promote build in Artifactory') {
    withCredentials([usernameColonPassword(credentialsId: 'artifactory-
account', variable: 'credentials')]) {

        sh 'curl -u${credentials} -X PUT
"http://172.17.8.108:8081/artifactory/api/storage/example-project/${BUILD_N
UMBER}/hello-0.0.1.war properties=Performance-Tested=Yes"';
    }
}
```

CD 파이프라인 코드 조합

다음은 docker_pt 노드에서 실행할 전체 코드다.

```
node('docker_pt') {
  stage ('Start Tomcat'){
    sh '''cd /home/jenkins/tomcat/bin
    ./startup.sh''';
  }
  stage ('Deploy '){
    unstash 'binary'
    sh 'cp target/hello-0.0.1.war /home/jenkins/tomcat/webapps/';
  }
  stage ('Performance Testing'){
    sh '''cd /opt/jmeter/bin/
```

```
      ./jmeter.sh -n -t $WORKSPACE/src/pt/Hello_World_Test_Plan.jmx -l
      $WORKSPACE/test_report.jtl''';
      step([$class: 'ArtifactArchiver', artifacts: '**/*.jtl'])
    }
    stage ('Promote build in Artifactory'){
      withCredentials([[usernameColonPassword(credentialsId:
        'artifactory-account', variable: 'credentials')]]) {
          sh 'curl -u${credentials} -X PUT
          "http://172.17.8.108:8081/artifactory/api/storage/example-project/
          ${BUILD_NUMBER}/hello-0.0.1.war properties=Performance-
Tested=Yes"';
      }
    }
  }
```

다음과 같이 이 코드를 CI 파이프라인 코드와 결합해 최종 CD 파이프라인을 만들어보자.

```
node('docker') {
  stage('Poll') {
    checkout scm
  }
  stage('Build & Unit test'){
    sh 'mvn clean verify -DskipITs=true';
    junit '**/target/surefire-reports/TEST-*.xml'
    archive 'target/*.jar'
  }
  stage('Static Code Analysis'){
    sh 'mvn clean verify sonar:sonar -Dsonar.projectName=example-project
    -Dsonar.projectKey=example-project -Dsonar.projectVersion=$BUILD_NUMBER';
  }
  stage ('Integration Test'){
    sh 'mvn clean verify -Dsurefire.skip=true';
    junit '**/target/failsafe-reports/TEST-*.xml'
    archive 'target/*.jar'
  }
  stage ('Publish'){
```

```
    def server = Artifactory.server 'Default Artifactory Server'
    def uploadSpec = """{
      "files": [
        {
          "pattern": "target/hello-0.0.1.war",
          "target": "example-project/${BUILD_NUMBER}/",
          "props": "Integration-Tested=Yes;Performance-Tested=No"
        }
      ]
    }"""
    server.upload(uploadSpec)
  }
}
node('docker_pt') {
  stage ('Start Tomcat'){
    sh '''cd /home/jenkins/tomcat/bin
    ./startup.sh''';
  }
  stage ('Deploy '){
    unstash 'binary'
    sh 'cp target/hello-0.0.1.war /home/jenkins/tomcat/webapps/';
  }
  stage ('Performance Testing'){
    sh '''cd /opt/jmeter/bin/
    ./jmeter.sh -n -t $WORKSPACE/src/pt/Hello_World_Test_Plan.jmx -l
    $WORKSPACE/test_report.jtl''';
    step([$class: 'ArtifactArchiver', artifacts: '**/*.jtl'])
  }
  stage ('Promote build in Artifactory'){
    withCredentials([usernameColonPassword(credentialsId:
      'artifactory-account', variable: 'credentials')]) {
        sh 'curl -u${credentials} -X PUT
        "http://172.17.8.108:8081/artifactory/api/storage/example-project/
        ${BUILD_NUMBER}/hello-0.0.1.war properties=Performance-
Tested=Yes"';
    }
  }
}
```

▌최종 준비된 CD

깃허브 코드에 변경 사항을 만들거나 젠킨스 대시보드에서 젠킨스 파이프라인을 실행시켜 보자.

1. 젠킨스에 로그인한 후 젠킨스 대시보드에서 사용자의 멀티브랜치 파이프라인을 클릭한다. 다음과 같은 결과를 볼 것이다.

Poll	Build & Unit test	Static Code Analysis	Integration Test	Publish	Start Tomcat	Deploy	Performance Testing	Promote build in Artifactory
6s	19s	22s	3s	3s	1s	413ms	1s	1s
4s	20s	22s	4s	1s	1s	413ms	1s	356ms

최종 준비된 젠킨스 CD 파이프라인

2. 아티팩토리 서버에 로그인해 다음과 같이 코드가 업로드되고 속성을 이용해 승격됐는지 확인한다.

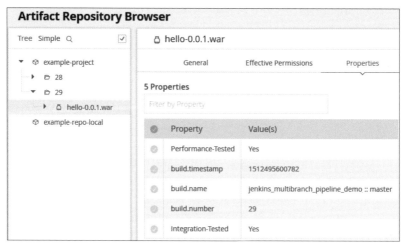

아티팩토리 내부에서 승격된 빌드 아티팩트

348

3. 젠킨스 블루오션에서 CD 파이프라인을 살펴보자. 이를 위해, 젠킨스 멀티브랜치 CD 파이프라인으로 이동한다.

```
<Jenkins URL>/job/<Jenkins multibranch pipeline name>/
```

4. 파이프라인 페이지에서 왼쪽 사이드 메뉴의 **Open Blue Ocean** 링크를 클릭한다.

5. 다음 화면과 같이 블루오션의 멀티브랜치 파이프라인 페이지로 이동할 것이다.

6. 파이프라인을 보기 위해 **master**를 클릭한다. 다음과 같은 결과가 나올 것이다.

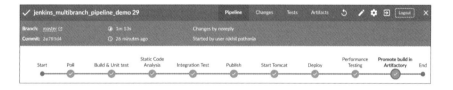

요약

이번 장에서는 CD 파이프라인을 처음부터 끝까지 생성하는 방법을 배웠다. 이 파이프라인은 푸시 이벤트에 의해 시작되거나 빌드, 정적 코드 분석, 통합 테스트, 아티팩토리에 테스트에 통과한 빌드 아티팩트 업로드, 테스트 환경에 코드 배포, 자동화 테스트 수행 및 아티팩토리 바이너리 승격을 담당한다.

이 책에서 논의된 CD 구조는 프로젝트의 요구 사항에 맞게 수정될 수 있다. 단지 젠킨스에서 이를 사용하고 설정하는 방법을 아는 것이 중요하다.

9장에서는 배포 자동화에 대해 배우고, 이 개념이 Continuous Delivery와 어떻게 다른지 살펴본다.

09

젠킨스를 이용한
배포 자동화

9장에서는 배포 자동화를 다루며 시작할 것이다. 또한 배포 자동화^{Continuous Deployment}와 지속적 배포^{Continuous Delivery}의 차이점도 알아본다. 배포 자동화는 지속적 배포 파이프라인을 좀 더 수정한 버전이다. 따라서, 주요한 젠킨스 설정 변경이 발생하거나 새로운 도구가 나오지는 않을 것이다.

9장에서 다루는 내용은 다음과 같다.

- 프로덕션 서버 생성
- 프로덕션 서버에 젠킨스 슬레이브 설치
- 젠킨스 배포 자동화 파이프라인 생성
- 준비 완료된 Continuous Delivery

█ 배포 자동화 정의

프로덕션 환경에 배포할 준비가 완료된 기능을 지속적으로 프로덕션 환경이나 최종 사용자에게 배포하는 행위를 **배포 자동화**라고 부른다.

전체적인 의미에서 보자면 배포 자동화는 프로덕션 환경에 배포 가능한 코드를 프로덕션 환경에 자동으로 배포하는 프로세스를 의미한다. 여기에는 기능을 애자일 방식으로 빌드하고, 통합과 테스트를 지속적으로 수행하고, 멈춤 없이 이를 프로덕션 환경에 배포하는 것이 포함된다.

용어 자체의 의미를 보자면 배포 자동화는 어떤 패키지를 어떤 환경에서도 멈춤 없이 배포하는 일을 의미한다. 따라서, 패키지를 테스트 서버와 프로덕션 서버에 배포하는 일이 배포 자동화의 용어적 의미다.

배포 자동화와 지속적 배포의 차이점

먼저, 기능이 개발되고 나면 사이클이나 CI 혹은 여러 종류의 테스트를 거치게 된다. 다양한 테스트를 통과한 모든 내용은 프로덕션 환경에 적합한 기능이 된다. 프로덕션 환경에 적합하다고 간주된 기능은 아티팩토리에 레이블이 달리거나, 프로덕션 환경에 적합하지 않은 코드와 분리된다.

이것은 제조업의 생산 환경과도 유사하다. 최초의 생산품은 수정과 테스트 단계를 거친다. 마지막으로, 완성된 생산품은 포장돼 창고에 저장된다. 이 생산품은 주문에 따라 창고에서 다양한 장소로 배송된다. 생산품이 포장된 이후 바로 출고되지는 않는다.

이런 과정을 지속적 배포라 부를 수 있다. 다음 그림은 지속적 배포 라이프 사이클을 보여준다.

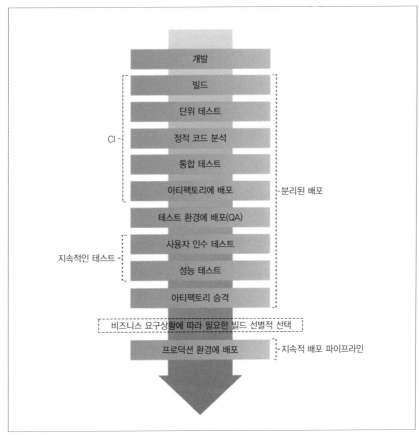

지속적 배포 파이프라인

반면에, **배포 자동화** 라이프 사이클은 다음 그림과 유사하다. 배포 단계가 어떤 멈춤도 없이 일어난다. 프로덕션 환경에 배포 준비된 기능은 즉시 배포된다.

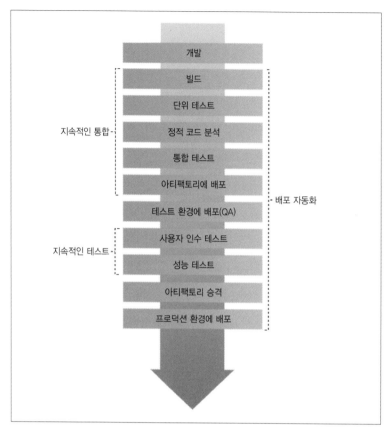

배포 자동화 파이프라인

배포 자동화가 필요한 상황

아마 다음과 같은 의문점이 들 것이다. 어떻게 배포 자동화를 조직에 도입하고, 그 과정에서 생길 어려움은 무엇이고, 그리고 얼마나 많은 테스트를 도입하고 자동화해야 할까? 이와 관련된 의문이 계속될 것이다.

하지만, 기술적 어려움은 전체 중 일부일 뿐이다. 더 중요한 것은 정말 조직에 이 방식이 필요한지 결정하는 것이다. 정말 배포 자동화가 필요할까?

이에 대한 대답은, '모든 경우에 항상 필요한 것은 아니다'이다. 여기서 정의한 배포 자동화와 이전 주제에 대한 지식을 기반으로 했을때, 프로덕션 환경에 배포할 준비가 된 기능은 즉시 배포된다.

많은 조직에서, 비즈니스의 상황에 따라 해당 기능을 프로덕션 환경에 배포할지 여부와, 배포한다면 언제 배포할지를 결정하게 된다. 따라서 배포 자동화는 선택 사항이지 강제 사항은 아니다.

반면에, 프로덕션 환경에 배포 가능한 기능을 자동으로 만드는 지속적 배포는 어떤 조직에서든지 추구해야 할 목표가 돼야 한다.

▌프로덕션 서버 생성

이번 절에서는 hello world 애플리케이션을 띄울 프로덕션 서버를 만들어 볼 것이다. 그리고 추후 지속적 배포 파이프라인을 확장해 자동으로 모든 테스트가 완료된 바이너리 아티팩트를 프로덕션 서버에 배포할 것이다.

베이그런트 설치

이번 절에서는 우분투에 베이그런트Vagrant를 설치할 것이다. 다음 단계를 root 사용자나 root 권한을 가진 사용자(sudo 권한)로 진행하자.

1. 터미널을 열어 다음 명령어로 베이그런트를 내려받는다.

```
wget
https://releases.hashicorp.com/vagrant/1.8.5/vagrant_1.8.5_x86_64.deb
```

혹은, 베이그런트 웹사이트 https://www.vagrantup.com/downloads.html 에서 최신 베이그런트 패키지를 다운로드할 수 있다.

베이그런트 다운로드 웹페이지

 최신 버전의 베이그런트와 버추얼박스를 사용하자. 최신 버전의 버추얼박스와 이전 버전의 베이그런트를 사용하거나, 그 반대의 조합으로 사용하게 되면 VM을 생성하는 과정에 문제가 생길 수 있다.

2. 다운로드가 완료되면 .deb 파일이 있을 것이다.

3. 다음 명령어를 실행해 내려받은 패키지 파일을 이용해 베이그런트를 설치한다. 암호를 입력하는 창이 나올 수 있다.

```
sudo dpkg -i vagrant_1.8.5_x86_64.deb

sudo apt-get install -f
```

4. 설치가 완료되면 다음 명령어로 베이그런트의 버전을 확인한다.

```
vagrant --version
```

5. 다음과 유사한 결과가 보일 것이다.

```
Vagrant 1.8.5
```

버추얼박스 설치

베이그런트는 가상 머신을 생성하기 위해 오라클 버추얼박스^{VirtualBox}가 필요하다. 꼭 오라클 버추얼박스일 필요는 없고 VM웨어를 사용해도 괜찮다. 다음과 같이 사용자의 머신에 버추얼박스를 설치해보자.

 베이그런트를 VM웨어나 AWS에서 실행하려면 https://www.vagrantup.com/docs/getting-started/providers.html을 참고하자.

1. 다음 라인을 /etc/apt 폴더의 sources.list 파일에 추가한다.

```
deb http://download.virtualbox.org/virtualbox/debian \
xenial contrib
```

 우분투 배포판에 따라 xenial을 vivid, utopic, trusty, raring, quantal, precise, lucid, jessie, wheezy 혹은 squeeze로 변경한다.

2. 다음 명령어로 키를 다운로드한 후 등록한다. 다음 두 명령어 모두 OK라는 결과가 나와야 한다.

```
wget -q \
https://www.virtualbox.org/download/oracle_vbox_2016.asx -O- |
sudo apt-key add -
```

```
wget -q \
https://www.virtualbox.org/download/oracle_vbox.asx -O- |
sudo apt-key add -
```

3. 버추얼박스를 설치한다.

```
sudo apt-get update
```

```
sudo apt-get install virtualbox-5.1
```

4. 다음 명령어를 실행해 버전을 확인한다.

```
VBoxManage --version
```

5. 다음과 같은 결과를 볼 수 있을 것이다.

```
5.1.6r110634
```

> ℹ️ 우분투나 데비안 사용자는 dkms 패키지를 설치해 추후 apt-get upgrade를 이용해 리눅
> 스 커널 버전을 올릴 때 버추얼박스의 호스트 커널 모듈(vboxdrv, vboxnetflt, vboxnetadp)
> 이 적절하게 업데이트되기를 원할 수 있다. 데비안의 경우 Lenny 버전에서는 백포트를 이
> 용해 이 방식이 가능하고, Squeeze나 그 이후 버전의 경우 일반 저장소에서 가능하다.
> dkms 패키지는 Synaptic 패키지 관리자나 다음 명령어를 통해 설치 가능하다.
>
> ```
> sudo apt-get install dkms
> ```

베이그런트를 이용해 VM 생성

이번 절에서는 베이그런트와 VM웨어를 이용해 프로덕션 서버 역할을 할 VM을 만들 것
이다.

Vagrantfile 생성

VM을 규정하기 위해 Vagrantfile을 만드는 방법은 다음과 같다.

1. 다음 명령어로 새로운 Vagrantfile을 만든다.

```
sudo nano Vagrantfile
```

2. 다음 코드를 이 안에 복사한다.

```
# -*- mode: ruby -*-
# vi: set ft=ruby :
Vagrant.configure(2) do |config|
config.vm.box = "ubuntu/xenial64"

config.vm.define :node1 do |node1_config|
node1_config.vm.network "private_network", ip:"192.168.56.31"
node1_config.vm.provider :virtualbox do |vb|
vb.customize ["modifyvm", :id, "--memory", "2048"]
vb.customize ["modifyvm", :id, "--cpus", "2"]
end
end
end
```

 IP 주소, 메모리, CPU 개수는 적절히 선택한다.

3. Ctrl + X와 Ctrl + Y를 차례로 눌러 저장한다.

베이그런트를 이용해 VM 소환

이번 절에서는 방금 생성한 Vagrantfile을 이용하는 VM을 만들 것이다.

1. 다음 명령어로 위 Vagrantfile을 이용하는 VM을 소환한다.

```
vagrant up node1
```

2. 베이그런트가 머신을 만들어내는 데 시간이 소요될 것이다. 완료되면, 다음 명령
어를 사용해 새로운 VM에 로그인한다.

```
vagrant ssh node1
```

다음과 유사한 결과가 나올 것이다.

```
Welcome to Ubuntu 16.04.2 LTS  (GNU/Linux 4.4.0-83-generic x86_64)

 * Documentation:        https://help.ubuntu.com
 * Management:           https://landscape.canonical.com
 * Support:          https://ubuntu.com/advantage

  Get cloud support with Ubuntu Advantage Cloud Guest:
    http://www.ubuntu.com/business/services/cloud
0 packages can be updated.
0 updates are security updates.

ubuntu@ubuntu-xenial:~$
```

3. 이제 VM 내부로 들어왔다. 애플리케이션을 실행하는 데 필요한 모든 애플리케
이션을 설치할 것이다.

   ○ 자바 JDK(최신)

   ○ 아파치 톰캣(8.5)

   ○ 도커 컨테이너에 로그인할 사용자

   ○ OpenSSH 데몬: sshd(SSH 연결을 받기 위해 필요)

   ○ 컬

4. 이제 일반 우분투 머신에 작업하듯 필요한 애플리케이션을 설치한다. jenkins 사용자를 먼저 생성해보자.

1. 다음 명령어를 실행한 후 사용자 생성 단계를 따라 진행하자.

```
adduser jenkins
```

결과는 다음과 같을 것이다.

```
Adding user 'jenkins' …
Adding new group 'jenkins' (1001) …
Adding new user 'jenkins' (1001) with group 'jenkins' …
Creating home directory '/home/jenkins' …
Copying files from '/etc/skel' …
Enter new UNIX password:
Retype new UNIX password:
passwd: password updated successfully
Changing the user information for jenkins
Enter the new value, or press ENTER for the default
        Full Name []: Nikhil Pathania
        Room Number []:
        Work Phone []:
        Home Phone []:
        Other []:
Is the information correct? [Y/N] Y
```

2. 새로운 사용자가 생성됐는지 사용자 전환 명령어로 확인한다.

```
su jenkins
```

5. exit를 입력해 root 사용자로 돌아온다.

6. 다음으로 SSH 서버를 설치하자. 다음 명령어를 순서대로 입력한다(openssh-server 애플리케이션과 /var/run/sshd 폴더가 이미 존재한다면 이 단계는 생략한다).

```
sudo apt-get update

sudo apt-get install openssh-server

sudo mkdir /var/run/sshd
```

7. 다음과 같이 자바를 설치한다.

   1. 패키지 인덱스를 업데이트한다.

   ```
   sudo apt-get update
   ```

   2. 이제 자바를 설치한다. 다음 명령어를 통해 JRE를 설치한다.

   ```
   sudo apt-get install default-jre
   ```

8. 톰캣 8.5를 설치하는 가장 좋은 방법은 최신 바이너리를 다운로드해 수동으로 설정하는 것이다.

   1. /tmp 폴더로 이동한 후 아파치 톰캣 8.5를 다음 명령어로 내려받는다.

   ```
   cd /tmp

   wget
   https://archive.apache.org/dist/tomcat/tomcat-8/v8 .5.11/bin/
   apache-tomcat-8.5.11.tar.gz
   ```

   2. 톰캣을 $HOME 폴더 안에 설치할 것이다. 이를 위해 tomcat 폴더를 $HOME 아래 만든다.

   ```
   mkdir $HOME/tomcat
   ```

   3. 이제 아카이브의 압축을 해제한다.

```
sudo tar xzvf apache-tomcat-8*tar.gz \
-C $HOME/tomcat --strip-components=1
```

9. 터미널에 exit 명령어를 입력해 VM에서 빠져나온다.

젠킨스에 프로덕션 서버 인증 정보 추가

젠킨스와 프로덕션 서버를 연동시키기 위해서는 젠킨스 안에 인증 정보를 추가해야 한다.

젠킨스 Credentials 플러그인을 이용해보자. 젠킨스 설치 마법사를 따라했다면(이번 장을 시작할 때 다뤘다), 젠킨스 대시보드의 왼쪽 사이드 메뉴에 Credentials 기능이 있을 것이다.

다음 단계를 따라 하자.

1. 젠킨스 대시보드에서 Credentials > System > Global credentials (unrestricted)를 클릭한다.

2. Global credentials (unrestricted) 페이지에서 왼쪽 사이드 메뉴의 Add Credentials 링크를 클릭한다.

3. 설정할 항목이 나타날 것이다.

4. Kind 영역은 Username with password를 선택한다.

5. Scope 영역은 Global (Jenkins, nodes, items, all child items, etc)을 선택한다.

6. Username 영역에 사용자 이름을 추가한다.

7. Password 영역에 암호를 추가한다.

8. ID 영역에 인증 정보의 고유 ID를 입력한다.

9. Description 영역에 의미있는 설명을 추가한다.

10. 완료되면 Save 버튼을 클릭한다.

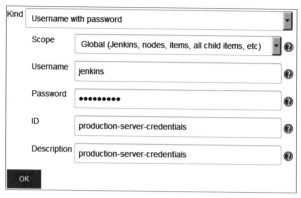

젠킨스에 인증 정보 추가

▌ 프로덕션 서버에 젠킨스 슬레이브 설치

이번 장에서는 프로덕션 서버에 젠킨스 슬레이브를 설치할 것이다. 이를 통해 프로덕션 서버에 배포를 수행할 것이다. 다음 단계를 따라 하자.

1. 젠킨스 대시보드에서 Manage Jenkins ➤ Manage Nodes를 클릭한다.
2. **Node Manager** 페이지의 왼쪽 사이드 메뉴에서 **New Node**를 클릭한다.
3. 다음과 같이 젠킨스 슬레이브 노드의 이름을 정한다.

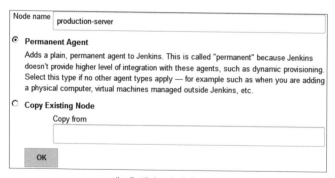

새로운 젠킨스 슬레이브 추가

4. 여러 옵션이 있는 페이지가 나타날 것이다. 하나씩 살펴보자.

5. Remote root directory에는 /home/jenkins를 입력한다.

6. Labels 영역에는 production 문자열을 입력한다.

7. Usage 영역은 Use this node as much as possible을 선택한다.

8. Launch Method 영역은 Launch slave agents via SSH를 선택한다.

9. Host 영역은 프로덕션 서버의 IP를 입력한다.

10. Credentials 영역은 앞 절에서 생성한 인증 정보를 입력한다.

11. 나머지 옵션은 그대로 둔다.

12. 완료되면 Save 버튼을 누른다.

젠킨스 슬레이브 설정

▌ 젠킨스 배포 자동화 파이프라인 생성

이번 절에서는 지속적 배포 파이프라인을 확장해 deployment를 수행하게 할 것이다.

CD 파이프라인 검토

다음은 CD 프로세스 중 일부를 담당했던 전체 코드다.

```groovy
node('docker') {
  stage('Poll') {
    checkout scm
  }
  stage('Build & Unit test'){
    sh 'mvn clean verify -DskipITs=true';
    junit '**/target/surefire-reports/TEST-*.xml'
    archive 'target/*.jar'
  }
  stage('Static Code Analysis'){
    sh 'mvn clean verify sonar:sonar -Dsonar.projectName=example-project
    -Dsonar.projectKey=example-project -Dsonar.projectVersion=$BUILD_NUMBER';
  }
  stage ('Integration Test'){
    sh 'mvn clean verify -Dsurefire.skip=true';
    junit '**/target/failsafe-reports/TEST-*.xml'
    archive 'target/*.jar'
  }
  stage ('Publish'){
    def server = Artifactory.server 'Default Artifactory Server'
    def uploadSpec = """{
      "files": [
        {
          "pattern": "target/hello-0.0.1.war",
          "target": "example-project/${BUILD_NUMBER}/",
          "props": "Integration-Tested=Yes;Performance-Tested=No"
        }
```

```
        ]
    }"""
    server.upload(uploadSpec)
  }
}
node('docker_pt') {
  stage ('Start Tomcat'){
    sh '''cd /home/jenkins/tomcat/bin
    ./startup.sh''';
  }
  stage ('Deploy '){
    unstash 'binary'
    sh 'cp target/hello-0.0.1.war /home/jenkins/tomcat/webapps/';
  }
  stage ('Performance Testing'){
    sh '''cd /opt/jmeter/bin/
    ./jmeter.sh -n -t $WORKSPACE/src/pt/Hello_World_Test_Plan.jmx -l
    $WORKSPACE/test_report.jtl''';
    step([$class: 'ArtifactArchiver', artifacts: '**/*.jtl'])
  }
  stage ('Promote build in Artifactory'){
    withCredentials([usernameColonPassword(credentialsId:
      'artifactory-account', variable: 'credentials')]) {
        sh 'curl -u${credentials} -X PUT
        "http://172.17.8.108:8081/artifactory/api/storage/example-project/
        ${BUILD_NUMBER}/hello-0.0.1.war properties=Performance-
Tested=Yes"';
    }
  }
}
```

프로덕션 젠킨스 슬레이브를 위한 파이프라인 코드

먼저 프로덕션 서버인 젠킨스 슬레이브를 위한 노드 블록을 만든다.

```
node('production') {
}
```

여기에서 production은 프로덕션 서버인 젠킨스 슬레이브를 위한 레이블이다.

production 노드에 있는 톰캣에 빌드 아티팩트를 배포할 것이다.

이를 위한 파이프라인 코드를 작성해보자.

아티팩토리에서 바이너리를 다운로드하기 위한 파이프라인 코드

아티팩토리에서 바이너리를 다운로드하기 위해서 File Specs를 사용해보자. File Specs 코드는 다음과 같다.

```
"files": [
  {
    "pattern": "[Mandatory]",
    "target": "[Mandatory]",
    "props": "[Optional]",
    "recursive": "[Optional, Default: 'true']",
    "flat" : "[Optional, Default: 'true']",
    "regexp": "[Optional, Default: 'false']"
  }
]
```

다음 표는 여기서 사용된 다양한 파라미터에 대한 설명이다.

파라미터	설명
pattern	[필수] 아티팩토리에 업로드될 로컬 파일시스템 아티팩트의 경로를 지정한다. regexp 속성에 지정된 와일드카드나 정규 표현식을 이용해 복수의 아티팩트를 지정할 수 있다. regexp를 사용한다면, 정규표현식에 예약어(예를 들어 마침표, 물음표 혹은 기타)를 사용하기 전에 \를 붙여야 한다. 젠킨스 아티팩토리 플러그인 버전 2.9.0과 TeamCity 아티팩토리 플러그인 버전 2.3.1 이후부터는 패턴의 포맷이 단순화돼, 윈도우를 포함한 모든 OS에서 파일 구분자 /를 동일하게 사용한다.
target	[필수] 다음 포맷에 따라 아티팩토리의 목적지 경로를 지정한다:[저장소명]/[저장소경로]. repo-name/a/b/처럼 패턴이 /로 끝난다면, b가 아티팩토리 폴더로 인식되고 파일은 해당 폴더 안에 업로드된다. 업로드 경로를 다양하게 설정하려면 placeholder를 {1}, {2}, {3}과 같이 포함할 수 있다. 이것은 추후에 괄호로 묶인 소스 경로로 치환된다. 자세한 내용은 Using Placeholders 내용을 참고하자(https://www.jfrog.com/confluence/display/RTF/Using+File+Specs#UsingFileSpecs-UsingPlaceholders).
props	[옵션] 세미콜론(;)으로 구분된 key=value 쌍의 목록으로, 업로드된 속성에 포함될 속성이다. 특정한 키가 여러 값을 가져야 하면, 쉼표를 이용해 구분한다. 예를 들어, key1=value1;key2=value21,value22;key3=value3처럼 표현한다.
flat	[기본값: true] true로 지정하면 아티팩트가 지정된 경로에 정확하게 업로드되며, 소스의 파일시스템 구조는 무시된다. false로 지정하면 파일시스템 구조를 유지한 채 지정된 경로로 업로드된다.
recursive	[기본값: true] true로 지정하면 소스 폴더 경로의 하위 폴더 아티팩트 또한 수집돼 업로드된다. false로 지정하면 지정된 소스 경로의 아티팩트만 업로드된다.
regexp	[기본값: false] true로 지정하면 로컬 파일시스템에 위치한 업로드할 아티팩트의 경로를 표현한 패턴 속성을 정규표현식으로 해석한다. false로 지정하면, 패턴 속성을 와일드카드 표현으로 인식한다.

다음은 파이프라인에서 사용할 File Specs 코드다.

```
def server = Artifactory.server 'Default Artifactory Server'
def downloadSpec = """{
  "files": [
    {
        "pattern": "example-project/$BUILD_NUMBER/*.zip",
        "target": "/home/jenkins/tomcat/webapps/"
        "props": "Performance-Tested=Yes;Integration-Tested=Yes",
    }
```

```
    ]
}""
server.download(downloadSpec)
```

이 코드를 Deploy to Prod 스테이지 블록으로 감싸자.

```
stage('Deploy to Prod') {
    def server = Artifactory.server 'Default Artifactory Server'
    def downloadSpec = """{
      "files": [
        {
          "pattern": "example-project/$BUILD_NUMBER/*.zip",
          "target": "/home/jenkins/tomcat/webapps/"
          "props": "Performance-Tested=Yes;Integration-Tested=Yes",
        }
      ]
    }""
    server.download(downloadSpec)
}
```

Deploy to Prod 스테이지를 production 노드 블록으로 감싸자.

```
node('production') {
  stage('Deploy to Prod') {
    def server = Artifactory.server 'Default Artifactory Server'
    def downloadSpec = """{
      "files": [
        {
          "pattern": "example-project/$BUILD_NUMBER/*.zip",
          "target": "/home/jenkins/tomcat/webapps/"
          "props": "Performance-Tested=Yes;Integration-Tested=Yes",
        }
      ]
    }""
    server.download(downloadSpec)
```

```
      }
   }
```

배포 자동화 파이프라인 코드 조합

다음은 조합된 배포 자동화 파이프라인 코드다.

```
node('docker') {
  stage('Poll') {
    checkout scm
  }
  stage('Build & Unit test'){
    sh 'mvn clean verify -DskipITs=true';
    junit '**/target/surefire-reports/TEST-*.xml'
    archive 'target/*.jar'
  }
  stage('Static Code Analysis'){
    sh 'mvn clean verify sonar:sonar -Dsonar.projectName=example-project
    -Dsonar.projectKey=example-project -Dsonar.projectVersion=$BUILD_NUMBER';
  }
  stage ('Integration Test'){
    sh 'mvn clean verify -Dsurefire.skip=true';
    junit '**/target/failsafe-reports/TEST-*.xml'
    archive 'target/*.jar'
  }
  stage ('Publish'){
    def server = Artifactory.server 'Default Artifactory Server'
    def uploadSpec = """{
      "files": [
        {
          "pattern": "target/hello-0.0.1.war",
          "target": "example-project/${BUILD_NUMBER}/",
          "props": "Integration-Tested=Yes;Performance-Tested=No"
        }
      ]
```

```
      }"""
      server.upload(uploadSpec)
    }
  }
  node('docker_pt') {
    stage ('Start Tomcat'){
      sh '''cd /home/jenkins/tomcat/bin
      ./startup.sh''';
    }
    stage ('Deploy '){
      unstash 'binary'
      sh 'cp target/hello-0.0.1.war /home/jenkins/tomcat/webapps/';
    }
    stage ('Performance Testing'){
      sh '''cd /opt/jmeter/bin/
      ./jmeter.sh -n -t $WORKSPACE/src/pt/Hello_World_Test_Plan.jmx -l
      $WORKSPACE/test_report.jtl''';
      step([$class: 'ArtifactArchiver', artifacts: '**/*.jtl'])
    }
    stage ('Promote build in Artifactory'){
      withCredentials([usernameColonPassword(credentialsId:
        'artifactory-account', variable: 'credentials')]) {
        sh 'curl -u${credentials} -X PUT
        "http://172.17.8.108:8081/artifactory/api/storage/example-project/
        ${BUILD_NUMBER}/hello-0.0.1.war properties=Performance-
Tested=Yes"';
      }
    }
  }
  node('production') {
    stage('Deploy to Prod') {
      def server = Artifactory.server 'Default Artifactory Server'
      def downloadSpec = """{
        "files": [
          {
              "pattern": "example-project/$BUILD_NUMBER/*.zip",
              "target": "/home/jenkins/tomcat/webapps/"
              "props": "Performance-Tested=Yes;Integration-Tested=Yes",
```

```
        }
      ]
    }"""
    server.download(downloadSpec)
  }
}
```

Jenkinsfile 수정

젠킨스 멀티브랜치 CD 파이프라인은 Jenkinsfile을 이용한다. 이번 절에서는 기존의 Jenkinsfile을 수정할 것이다. 다음 단계를 따라 하자.

1. 깃허브 계정에 로그인한다.

2. 포크된 저장소로 이동한다.

3. 저장소 페이지에서 Jenkinsfile을 클릭한다. 그 이후 Edit 버튼을 클릭해 Jenkinsfile을 수정한다.

4. 기존 코드를 다음 코드로 덮어쓴다.

```
node('docker') {
  stage('Poll') {
    checkout scm
  }
  stage('Build & Unit test'){
    sh 'mvn clean verify -DskipITs=true';
    junit '**/target/surefire-reports/TEST-*.xml'
    archive 'target/*.jar'
  }
  stage('Static Code Analysis'){
    sh 'mvn clean verify sonar:sonar -Dsonar.projectName=example-project
    -Dsonar.projectKey=example-project
    -Dsonar.projectVersion=$BUILD_NUMBER';
  }
  stage ('Integration Test'){
```

```
      sh 'mvn clean verify -Dsurefire.skip=true';
      junit '**/target/failsafe-reports/TEST-*.xml'
      archive 'target/*.jar'
   }
   stage ('Publish'){
      def server = Artifactory.server 'Default Artifactory Server'
      def uploadSpec = """{
        "files": [
         {
           "pattern": "target/hello-0.0.1.war",
           "target": "example-project/${BUILD_NUMBER}/",
           "props": "Integration-Tested=Yes;Performance-Tested=No"
         }
       ]
     }"""
   server.upload(uploadSpec)
      }
stash includes:
'target/hello-0.0.1.war,src/pt/Hello_World_Test_Plan.jmx',
name: 'binary'
}
node('docker_pt') {
   stage ('Start Tomcat'){
      sh '''cd /home/jenkins/tomcat/bin
      ./startup.sh''';
   }
   stage ('Deploy '){
      unstash 'binary'
      sh 'cp target/hello-0.0.1.war /home/jenkins/tomcat/webapps/';
   }
   stage ('Performance Testing'){
      sh '''cd /opt/jmeter/bin/
      ./jmeter.sh -n -t $WORKSPACE/src/pt/Hello_World_Test_Plan.jmx -l
$WORKSPACE/test_report.jtl''';
      step([$class: 'ArtifactArchiver', artifacts: '**/*.jtl'])
   }
   stage ('Promote build in Artifactory'){
      withCredentials([[usernameColonPassword(credentialsId:
```

```
      'artifactory-account', variable: 'credentials')]) {
        sh 'curl -u${credentials} -X PUT
        "http://192.168.56.102:8081/artifactory/api/storage/example-
      project/${BUILD_NUMBER}/hello-0.0.1.war?properties=Performance-
      Tested=Yes"';
      }
    }
  }
  node ('production') {
    stage ('Deploy to Prod'){
      def server = Artifactory.server 'Default Artifactory Server'
      def downloadSpec = """{
        "files": [
          {
              "pattern": "example-project/$BUILD_NUMBER/*.zip",
              "target": "/home/jenkins/tomcat/webapps/"
              "props": "Performance-Tested=Yes;Integration-Tested=Yes",
          }
        ]
      }""
      server.download(downloadSpec)
    }
  }
```

5. 완료되면 의미있는 주석을 추가해 내용을 커밋한다.

▌준비 완료된 배포 자동화

깃허브에 코드를 변경하거나 젠킨스 대시보드에서 젠킨스 파이프라인을 시작시키자.

젠킨스에 로그인한 후 젠킨스 대시보드에서 멀티브랜치 파이프라인을 클릭한다. 다음과 유사한 결과를 볼 수 있을 것이다.

Poll	Build & Unit test	Static Code Analysis	Integration Test	Publish	Start Tomcat	Deploy	Performance Testing	Promote build in Artifactory	Deploy to Prod
6s	19s	22s	3s	3s	1s	413ms	1s	1s	1s
4s	20s	22s	4s	1s	1s	413ms	1s	356ms	1s

준비 완료된 젠킨스 배포 자동화 파이프라인

▌요약

배포 자동화에 대한 내용이 모두 끝났다. 이번 장에서는 젠킨스를 이용해 배포 자동화를 구성하는 방법을 배웠다. 또한 지속적 배포와 배포 자동화의 차이점도 명확하게 분석했다. 필요한 모든 것들이 Continuous Integration과 지속적 배포를 구성한 앞 장에서 준비 됐기 때문에, 이번 장에서 설정한 내용은 많지 않았다.

이 책을 통해 독자가 젠킨스에 대해 더 많은 내용을 알게 됐기를 진심으로 바란다.

다음 기회를 기다리며, 모두에게 감사하다.

부록

그 밖의 도구와 설치 방법

부록에서는 외부 인터넷에서 젠킨스 서버에 접근 가능한 방법을 하나씩 알아본다. 또한 윈도우와 리눅스에 깃을 설치하는 방법도 알아본다.

▌ 로컬 서버를 외부 인터넷에 노출하기

젠킨스에서 파이프라인을 시작시키기 위해서는 깃허브에서 Webhooks를 만들어야 한다. 또한, 깃허브의 Webhooks가 동작하게 하기 위해서는 젠킨스 서버가 인터넷을 통해 접근 가능해야 한다.

이 책에서 다룬 예제를 연습하는 동안, 아마도 샌드박스 환경에 설치한 젠킨스를 인터넷을 통해 접근 가능하게 할 필요성을 느꼈을 수도 있다.

다음 절에서, ngrok이라는 이름의 도구를 사용해 이를 달성해 볼 것이다. 다음과 같이 젠킨스가 인터넷에서 접근 가능하도록 만들어보자.

1. 젠킨스 서버 머신에 로그인한다(스탠드얼론 윈도우/리눅스). 도커를 이용해 젠킨스를 실행 중이라면, 도커 호스트 머신에 로그인한다(대부분의 경우 리눅스).

2. https://ngrok.com/download에서 ngrok 애플리케이션을 내려받는다.

3. ZIP 패키지를 내려받았을 것이다. unzip 명령어로 압축을 해제한다(우분투에서 ZIP 도구를 설치하려면 sudo apt-get install zip을 실행한다).

4. 다음 명령어로 ngrok ZIP 패키지의 압축을 해제한다.

```
unzip /path/to/ngrok.zip
```

5. 리눅스에서 ngrok을 실행하기 위해 다음 명령어를 실행한다.

```
./ngrok http 8080
```

혹은, 다음 명령어를 실행한다.

```
nohup ./ngrok http 8080 &
```

6. 윈도우에서 ngrok을 실행하려면 다음 명령어를 실행한다.

```
ngrok.exe http 8080
```

7. 다음에 나온 것과 비슷한 결과를 볼 수 있다. 강조된 부분이 localhost:8080의 외부 URL이다.

```
ngrok by @inconshreveable (Ctrl+C to quit)
Session Status online
Version 2.2.8
Region United States (us)
Web Interface http://127.0.0.1:4040
Forwarding http://8bd4ecd3.ngrok.io -> localhost:8080
Forwarding https://8bd4ecd3.ngrok.io -> localhost:8080
Connections ttl opn rt1 rt5 p50 p90
0 0 0.00 0.00 0.00 0.00
```

8. 위 외부 URL을 복사한다.

9. 젠킨스 서버에 로그인한다. 젠킨스 대시보드에서 Manage Jenkins ➤ Configure
   System으로 이동한다.

10. 젠킨스 설정 페이지에서 Jenkins Location 영역까지 스크롤을 내린 후 ngrok에서
    생성한 외부 URL을 Jenkins URL 영역에 붙여넣는다.

11. Save 버튼을 눌러 설정을 저장한다.

12. 이제 인터넷에서 외부 URL을 통해 젠킨스에 접근할 수 있을 것이다.

13. 깃허브에서 Webhooks를 생성할 때, ngrok에서 생성한 이 외부 URL을 사용
    하자.

윈도우와 리눅스에 깃 설치

이번 절에서는 윈도우와 리눅스에 Git을 설치하는 방법을 다룬다.

윈도우에 깃 설치

윈도우에 깃을 설치하는 방법은 다음과 같다.

1. https://git-scm.com/downloads에서 깃을 다운로드한다.

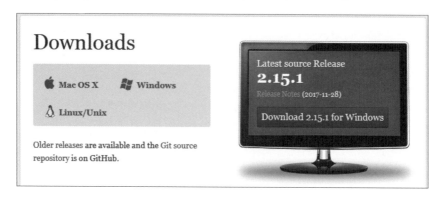

2. 다운로드한 실행 파일을 클릭해 설치 과정을 진행한다.

3. 라이선스에 동의한 후 Next를 클릭한다.

4. 다음 화면과 같이 모든 컴포넌트를 선택한 후 Next를 클릭한다.

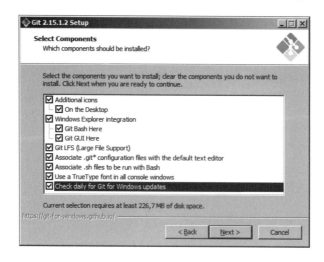

5. 깃에서 사용될 기본 편집기를 선택한 후 Next를 클릭한다.

6. 다음 화면과 같이 적절한 환경을 선택해 path 설정을 조정한 후 Next를 클릭한다.

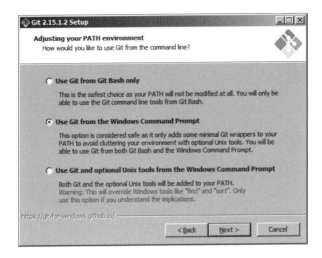

7. SSH 실행 파일로 Use OpenSSH를 선택한 후 Next를 클릭한다.

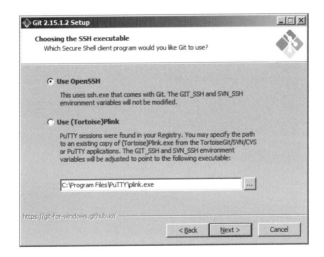

8. HTTPS 전송 방식으로 Use the OpenSSL library를 선택한 후 Next를 클릭한다.

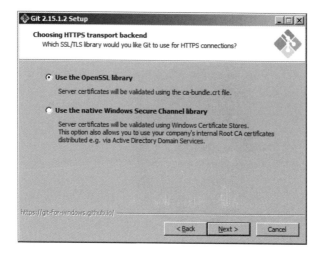

9. 라인 종료 변환 기능을 상황에 맞게 선택한 후 Next를 클릭한다.

10. 터미널 에뮬레이터를 선택한 후 Next를 클릭한다.

11. 다음 화면과 같이 Enable file system caching과 Enable Git Credentials Manager 옵션을 선택한 후 Install을 클릭한다.

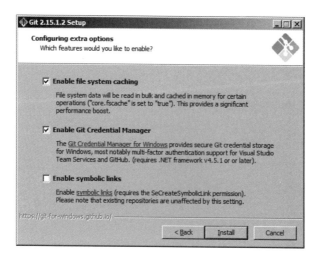

12. 깃 설치가 시작될 것이다. 완료된 후 Finish를 클릭한다.

리눅스에 깃 설치

다음과 같이 리눅스에 깃을 설치해보자.

1. 리눅스에 깃을 설치하는 것은 간단하다. 이번 절에서는 우분투 16.04.x에 깃을 설치할 것이다.
2. 우분투 머신에 로그인한다. 관리자 권한이 필요하다.
3. GUI를 사용하는 경우 터미널을 연다.
4. 다음 명령어를 순서대로 실행한다.

   ```
   sudo apt-get update

   sudo apt-get install git
   ```

5. 다음 명령어로 Git 설치를 확인한다.

   ```
   git --version
   ```

6. 다음과 같은 결과를 볼 것이다.

   ```
   git version 2.15.1
   ```

찾아보기

에이콘출판의 기틀을 마련하신 故 정완재 선생님 (1935-2004)

초보를 위한 젠킨스 2 활용 가이드 2/e

지속적인 통합과 배포

발 행 | 2018년 10월 15일

지은이 | 니킬 파타니아
옮긴이 | 이 상 욱

펴낸이 | 권 성 준
편집장 | 황 영 주
편 집 | 임 다 혜
디자인 | 박 주 란

에이콘출판주식회사
서울특별시 양천구 국회대로 287 (목동)
전화 02-2653-7600, 팩스 02-2653-0433
www.acornpub.co.kr / editor@acornpub.co.kr

이 도서의 국립중앙도서관 출판시도서목록(CIP)은 서지정보유통지원시스템 홈페이지(http://seoji.nl.go.kr)와
국가자료공동목록시스템(http://www.nl.go.kr/kolisnet)에서 이용하실 수 있습니다.(CIP제어번호: CIP20180.)

책값은 뒤표지에 있습니다.